THE  EXPRESS

CARTOONS

FIFTY FIRST SERIES

GILES CHARACTERS ™ & © 1997 Express Newspapers plc.
Published by

Pedigree®
BOOKS

The Old Rectory, Matford Lane, Exeter, Devon, EX2 4PS
Under licence from Express Newspapers plc.
Printed in Italy. ISBN 1-874507-86-4

£6.99

GI 51

An Introduction by
BILLY CONNOLLY

I remember clearly, as a child in Glasgow, avidly turning to the 'funny' section
of the Sunday newspaper every week, virtually devouring the offerings there and
talking myself into believing that they were funny, when clearly they were anything
but, in the belief that to criticise them was a great deal less than patriotic –
and that wouldn't do at all!

From the age of twelve to fourteen I was a newspaper delivery boy. During
this time I took to reading the Daily Express in the little shed which we used as our
headquarters. It was then that I discovered two things that would enrich my
life for years to come, Giles and Beachcomber.

Beachcomber was abstract in the very best of British comic writing tradition,
while Giles was topical, satirical and in the strangest and most endearing way, part of us all.
He created a loveable classless family to whom everything topical was a source of great fun,
led from the back by my hero, the brolly–wielding Grandma. In a perfect world everyone
would have a granny like her, but until that utopia arrives I am afraid you will have to
make do with this collection of Giles cartoons. I hope you
enjoy them as much as I do.

INTRODUCTION

For over fifty years, Giles' cartoons have provided
an amusing chronicle of Middle England. Using the family of
characters that are now as well known as any TV-soap family – Mother,
Father, Grandma, Ernie, Stinker, Bridget, Vera, the twins and Butch the Dog –
he traced the changes that were wrought on post-war Britain by the rapidly-
evolving modern world.

Throughout his career, he turned again and again to subjects such as
transport, public health, country life, education and the leisure activities of the
emerging middle class: boating, fishing, holidays at home and abroad, whilst
petty bureaucracy, hypocritical politicians and self-regarding
pseudo-intellectuals are among the bestknown and most
regularly-skewered targets of his affectionate barbs.

In this collection, you will not only find plenty to laugh about,
you will also find a social history of Britain – albeit a highly
personal one. Giles' genius was such that he could
transform his personal vision into one in
which millions could share.

CONTENTS

"Morning Luv. Are my eyes still like limpid pools, my lips like fire, my ears like little sea-shells –
like you said they were at the party last night?"

"If there's a thing I 'ate it's snow."

"This delegation wishes to register a strong protest about Father Christmases
who come home late and forget to fill our socks."

"Mum! Cyril's wrote a wicked word."

9

"Let's buy Grandma something really useful – like a train-set or some roller skates."

"Dad – he's pinching our coal."

11

"Stand by for squalls. Somebody is about to connect the empty chicken house with his Christmas dinner."

"Vicar, thou hast a wolf amidst thy flock."

"Timber!"

"Good news – the builders who started on your storm damage repairs asked me to tell you
they'll be back early in the New Year."

THAT SPECIAL DAY...

Mother's Day, Father's Day, national events such as Crufts, Wimbledon and The World Cup...
occasions for the country to come together behind a common cause, to show a united front and put aside personal
and cultural differences? Obviously, no one bothered to tell Mother, Father, Grandma and the kids.

Just as much havoc results from the preparation of a well-meant breakfast in bed
for hard-working Mother as at every other time of year. Dad's long-anticipated Father's Day fishing trip
turns into a typically-chaotic family picnic and the local florist is denied a small portion of his Mother's Day cash
bonanza by the sharp-witted Ernie. Giles' characters aren't about to let sentiment come between them and
the comic potential of even the most carefully-organized event.

"Butch would have won – but I think he dropped a few points when he took the sleeve out of the judge's jacket."

"How many times must I tell you not to accept I.O.U.'s."

"You don't think it looks a wee bit obvious. Hymn – first and last verses only, sermon – 3 minutes dead, Psalm – first and last verses only . . ."

19

"Florrie – did you say that as it is Mothers' Day your husband was going to cook lunch while you had a game?"

"Bonk, bonk, love-fifteen ... bonk, bonk, fifteen-all ... bonk, bonk, fifteen-thirty ... bonk, bonk, thirty-all ... bonk, bonk, thirty-forty ... bonk, bonk, deuce ... radio and TV for two whole glorious weeks."

"Which show did you say Bridget's new boy friend would have been on but for the TV strike – Eurovision or the Muppets?"

"Michael's going to sing you a little ditty he wrote for Father's Day."

"The Lord introduces British Summer Time in his usual mysterious way, belting with rain out of one window and two inches of snow out of the other."

"Forty quids' worth of roses because HE thinks SHE sent him a Valentine's card ... actually, I sent it."

"Oh Lord! I forgot – it's Mother's Day."

"There you are! You didn't think we would let you spend Father's Day on your own."

MESSING ABOUT IN BOATS

Boating, on a river or at sea, was one of Giles' abiding passions. It also provided him
with a rich vein of humour. A man might imagine himself the king of the sea aboard the magnificent yacht
glimpsed at the Annual Boat Show, but the damp, windy reality quickly blows away his pretensions
to the amusement of all – except for the long-suffering wife and family who have been
press-ganged into the service of his dream.

"WE'RE ALL GOING ON A..."

The arrival of Giles' cartoon family is enough to shred the nerves of the hardiest
holiday-maker. Visitors from another world, the ancient monoliths of Stonehenge – nothing is
safe from the children's instinct for mischief. While Mother tries to keep them out of trouble,
Father will do anything for a bit of peace and quiet...

I must go down to the sea again, to the lonely sea and the sky ...

The Dream of a Yacht

"I am NOT streaking in front of the Royal Yacht!"

"That was a 42-footer with six Mercruiser 950 h.p. engines."

"Have you any other security besides a fair chance of winning the Daily Express £1 million?"

"Caravan? The caravan came off hours ago."

"All right – space-men have landed and captured Grandma and Auntie Vera. Now go and play something that doesn't make quite so much noise."

"Mummy, I wish every time we order a simple ice-cream Papa wouldn't phone Wall Street for a Dow Jones report on the falling £ against the dollar."

"Now suppose we put it back where the Druids left it?"

(Stonehenge)

"We're now going into Cornwall. So far, I believe Cornwall is in pretty good shape.
Let's see if we can keep it that way."

(Devon)

"Tea's ready, Don Juan!."
(Cornwall)

The dream of Vera ... on a Penzance beach.

(Penzance)

40

"An enterprising one is our Rhamjah!"

"I'll tell you what I think about Bank Holidays by the sea."

"Don't say it! Don't you dare say you knew as soon as I'd got it up the traffic would move on."

COUNTRY LIFE

For much of his life, Giles lived on a working farm and the concerns
of the countryside and those who lived and worked there were always close to his heart.
For Giles, the countryside was not just somewhere to go to take a break from the pressures of city
living. Nowhere is the arrogance of city-dwellers (often exemplified by the nonsensical edicts passed down
by cosily metropolitan politicians) better illustrated than when they venture out into Giles'
countryside of curmudgeonly land-workers and unco-operative animals. Here is the
true heart of the nation, Giles seems to say. Forget that at your peril.

"Remember last week – 'Hullo, boys! What you all going to have?' Mind you that was when they thought there was going to be an Election, of course."

"I suppose this sudden urge to marry me couldn't have anything to do with Farmer's new £14,000,000 subsidy?"

"Yet it's *us* they tag 'dirty'."

"Sorry to keep you waiting, M'lady – they're judging this gentleman's sheep at Smithfield this afternoon."

"Get him off my chair."

"Mum, quick! Dad's on television!"

"Well – how did your Farmers' Meeting on the Drink-More-Milk campaign go?"

"I thought you told me that George was at the Smithfield this week."

"Hey – you missed one."

"What you got – a warning from the Ministry saying we mustn't use our hoses?"

"Count me out for the Smithfield, lads. I want to finish my ploughing."

"Bert, I don't want to depress you but your governor's just bought one of those new tractors that don't need a driver."

"We're just teaching him to know a Whitehall land requisitioner when he sees one."

"Fred, call Myrtle – I'm not having her running around with those dope addicts next door."

THE BEST DAYS OF OUR LIVES?

Giles claimed that the character of Chalkie was based on a teacher from his own distant
schooldays. Whether or not his inclusion in Giles' cartoon world was meant as a kind of delayed revenge
by his former pupil, Chalkie has become one of the most enduring of his characters. The younger teachers who
share a staff room with Chalkie almost always find themselves envious of the older man's control
over a class that includes Ernie and Stinker – two kids guaranteed to see any
less-determined disciplinarian into early retirement.

But the war of nerves between Teacher and Pupil is far from one-sided. Fortunately
for Giles' legion of admirers, Chalkie's old-school ways only encourage the children under his supervision to
find ever more inventive ways to challenge his authority.

"That's my Chalkie – rest of the school get sent home because of the fuel shortage and we have to hop round the room to keep warm."

"If you please, Sir, this delegation offers the teachers' strike the whole-hearted support of the entire school."

"And now, if the last boy to leave school yesterday, November the Fifth, will kindly step forward ..."

"And now, if Smith will be good enough to tell us on which of the planets he spent his Christmas holidays ..."

"... a teaching career is suddenly becoming attractive to young people." – Sir David Eccles, Minister of Education.

"She made me write out 200 times: 'I must not consume alcohol during school hours'."
(Headline: Pub used for emergency classroom)

"Should any of you think of making minor alterations on the way home, photo-copies have been sent to all your parents."

"I say, chaps! Looks like some of the lower element don't approve of our report that their holidays are too long and their working day too short."

"All this fuss about schoolchildren being
compelled to wear uniforms would surely
be solved if only the head and the teachers
had to wear the uniform as well."
    –Reader's letter.

"Now, if Michelangelo will remove his portraits of our three political leaders with which he has desecrated our walls we will discuss his artistic merits after class."

"I'm going to try it this term – last year Chalkie was the only teacher who didn't get done up."

 # FAMILY VALUES

Where can you turn when the world is getting you down? To the bosom
of your family, of course. However, anyone finding themselves in the bosom of Giles' cartoon
family would be forgiven for rushing straight back out into the world again.

Father just wants a quiet life. Runny-nosed Vera is an epidemic waiting to happen.
Ernie, shrewd beyond his years, is always scheming to get the better of his school teacher
nemesis, Chalkie, or any unfortunate stranger that crosses his path. Stinker is always on hand
with a camera to record the latest family disaster. The twins, Laurence and Ralph work as a
single unit, joining in the latest caper with predictably unfortunate results.
Grandma... well, Grandma just is.

Mother is the still centre about which this tornado of mayhem whirls,
struggling against all the odds to make endless cups of tea, cook the dinner, do the
washing-up and find enough time for the (very) occasional round of golf.

But, whatever their individual faults and foibles, Giles' family
also embody a set of very British virtues. No matter what the world throws at them,
foul weather or fair, international incident or pompous politician, they face it with the
kind of stoical good humour that those of Giles' generation remembered from
the years during and immediately following the last war.

If there really is a 'British Character', then maybe Giles and his
'family' provides us with the clearest illustration of what has become of
it in the last fifty years. Here are the parents, the Grandparents
and the children in their own cartoons...

IN TROUBLE AND STRIFE

Love and romance are all very well, but who's going to do the Hoovering?
A man's home may be his castle, but his wife's the one scrubbing the drawbridge and making sure
His Lordship's dinner is on the table when he gets in.

As time takes its toll on the once youthful Romeos and their Juliets, Giles'
wise eye perceives that love is only one ingredient of a successful marriage. The others? Tolerance
and understanding of each other's foibles and mutual support in the
face of life's ups and downs.

"Bloomin' shame – can't afford two bus fares now, so the poor little wife has to walk."

The English

GILES presents a story to strike a chord in many hearts. You could call it "The Graduation of a Husband—from First Stirrings—to the Full Burden."

1. Youth's call to youth

2. First damping of ardour

3. Nightly vigil at her window

4. First success

9. The parting

10. The passing years

11. The reunion

12. Second instalment

Husband

5. *Second damping of ardour*

6. *Wishful thinking*

7. *Fact*

8. *First instalment*

13. *Her parents (third damping of ardour)*

14. *Third instalment*

15. *Ripeness is all*

Now
Start
Again
At No. 1

"I believe you're glad it's raining so we can't play tennis."

"Call dad and remind him he arranged last night to go on the Great Marathon Race this morning."

"Most jobs in industry will always call for male superior strength and stamina."

"We MIGHT be in Regent's Park – he MIGHT have escaped from a circus – and you MIGHT learn to read a —— map one day, mightn't you, dear?"

"Ere! Where's me bleedin' Coronation St?"

"'How much for one strawberry each?' I've never been so embarrassed in all my life!"

"Would Mr. Universe be good enough to inform Miss World what he would like in his sandwiches?"

"Wasn't the one with the cap supposed to stop the ball going in the net?"

"It is a wise wife who remembers that if she wants a young, vigorous, exciting husband, she must see that he gets meat and two veg. each day."—Barbara Cartland.

For those of you who only dine at the more expensive restaurants or get your lunch out of a paper bag, the index on the opposite page may help to prove that Barbara Cartland is quite right.

1. **VIGOROUS,** exciting husband taking his indigestion pills.

2. **EXCITING,** vigour-producing veg.

3. **VIGOROUS** husband eagerly drinking tea to take away the taste of exciting meat and two veg.

4. **VIRILE** husband who has eaten nothing else all his life saying: "Here we go again."

5. **ANOTHER** vigorous husband sleeping off the effects of this exciting meat and two veg.

6. **E N E R G E T I C** husband thinking that if he hadn't had so much damn meat and two veg. there would not be so many hungry little mouths to feed.

7. **ANOTHER** exciting meat and two veg. coming up.

8. **WAITRESS** thinking: "Boy, am I glad my old man's a vegetarian."

9. **VIGOROUS,** exciting husband saying "Pardon."

10. **FUTURE** vigorous, exciting husband starting off on the right foot.

"They have a hard life, don't they? We get them up and feed them – secretaries look after them all day –
barmaids look after them all evening – now we've got Train Hostesses."

"When I said it's time we got the garden things out for Spring I was thinking more in the line of these."

"I think all this is grossly exaggerated, don't you, dear?"

"I expect you heard the disastrous news about the cricket, dear."

"THERE'S NO ONE QUITE LIKE GRANDMA!"

Rationing, wars in Korea and Vietnam, moon landings, water shortages
and flash floods... Grandma strides through the increasingly complex and uncertain events of
the last fifty years with blithe indifference. Probably the greatest of Giles' cartoon creations, Grandma
is the blunt instrument that flattens the over-inflated egos of politicians and policemen,
shop-keepers and schoolchildren with too much time on their hands.

Accompanied by the long-suffering hypochondriac Vera, Grandma forges toward the future like a force
of nature ... and the future had better watch out.

"Grandma, with a grave international crisis over the future of cod you're not supposed to give yours to the cat."

"Think very carefully, sonny – are you absolutely sure that was the
man you saw using a hose on his window box?"

"Before you start – do you mind getting off my skis?"

"When tea comes off the ration next week I suppose we'll be losing old Hot-and-strong and Weak-and-milky."

"Germany rearming only a few miles across the sea isn't going to stop *me* having a paddle."

"Would you mind telling the old fool that everyone who calls isn't someone from the B.B.C. trying to shanghai her for 'This is Your Life'."

"Here's an amusing little story – 'Experts say gripe water has twice the alcohol content of beer ...'"

"She's half Bolshevik all the year round but let anyone criticise the Queen's hat ..."
(Headline of the day: QUEEN'S TOUR: Canadians criticise H.M.'s dress)

"I've had her all the way from my house – 'I didn't vote for you to vote yourself a rise to take three months' holiday in the Bahamas'."

"Get that thing out of here or you'll be the one with the tears my boy."

"You asked for that – 'Funny comic nose, Madam? Oh, I see you've already got one!'"

"Then one day that damn bag flew open and out fell a flask of tea, sandwiches and an apple."

"You're wasting your time, cat – the most she'll leave you is her lucky charm and half a bottle of peppermints."

"Can you imagine what she'd have said if I'd said no she couldn't have a go at my hang-glider?"

THE LITTLE DARLINGS

No one could ever accuse Giles of having an overly-romantic view of children.
Unworldly they may be – innocent they most definitely are not. Ernie displays an uncanny
maturity in finding just the right way to unsettle Mother, Father and any other adult that stands in the way of his
latest master-plan. Any baby-kissing MP soon learns the error of his ways. The delicate products of trendy,
over-indulgent parents always fall foul of the more robustly brought up kids. In Giles' world, most
sensible parents have recognised that bringing up children is akin to living in a earthquake zone –
at the first rumble of trouble, it's best to keep your heads down until the tremor subsides.

Life of

A Merry Christmas

the Party!

from Giles

"Darling, the gentleman's an M.P. and in a hurry to get to London – tell him where you've buried his trousers and shoes."

"Of course it's blocked – they're not meant to take three children at a time."

"George, do the SAS take on private rescue jobs?"

"We have to pay 10p in a call box."

"Bridget read that cats should be kept indoors because cats don't like fireworks."

"You'll get 'It's-quite-all-right-we-learned-all-about-her-at-school' if you're not down here in ten seconds."

(Coventry)

"Mum! That man's thrown all our toffee and oranges out of the window."

"Quick! There's a brace of 'em – bottom corner by the window."

"Take your coat out of that puddle, Sir Walter Raleigh – here comes your mum."

"And only last night Dad was saying whatever the Budget result things couldn't get much worse."

introducing mr giles...

dear
readers ↑

grandma → 🐦

dear readers,

i have known mr giles a long time now so when this book comes out i am going to be out to because mr giles might start carring on when he sees i have done the introduction.

all his other books have had introductions by famous poeple like ~~wrighters~~ and artists and editors and lord beaverbrooks so i dont expect he will go a lot on the youngest member of the giles famly doing this one because i suppose he would rather have kings or ~~q~~queens or dooks than me.

ever since i took over his job while he was in hospital mr giles calls me big ed but my names really george and mrs giles said he musn't call me that in front of me and i said he wouldn't call lord beaverbrooks big ed and got out of the way just in time.

all the other introducers have said how clever mr giles is and what a nice man mr giles is and mr giles this and mr giles that but i reckon thats a lot of old

. . . . . . by me

apple py because they dont no what mr giles ~~xxx~~ is really like especially in the mornings and mr giles mornings last from the time he gets up till the time we go to bed.   lord beaverbrooks wouldnt have wrote that "giles keeps the world sane by la~~x~~ughing at its soaring moments" if he had seen mr giles the day we stuck some of grandmas bulls eyes on his clean drawing board.   if he'd heard what mr giles said he'd have writ somthing nasty about mr giles. ~~mr giles said grandma was a xxxx~~ mr giles was very cross well i must close now yours truly.

pe.s. if you ask me this is the first time his books been worth for and six because of my letters about him and that nurse dracula which you will find all at the end.

pe.pe.s. the sub editors on the express ~~say my letters give them a xxxx~~ say my letters give them a head ake.

119

"Don't smother your children with love," said a doctor yesterday – " you may make them bored, frustrated, helpless."

One of the babies shown here is suffering from an overdose of mother-love. Are you as bright as the experts? If so, send your selection with a five-hundred-word piece on a postcard explaining a cure for his boredom to any newspaper bar this one, and see if you can win a pram.

"It's worth trying – didn't you read where a girl got suspended from school for wearing a beach suit this week?"

"It's their new game – they read about the woman who slammed her door and the house fell down."

"Yes, I did read about the call for the nation to produce more food. Everybody out!"

"And that, I presume, is the cot and the play pen."

"My Dad won't like this merger – he's got a page from my Horror Comic and I've got the racing page from his paper."

"Dad, what's it worth if I don't tell teacher you and Grandma just used a rude little word?"

"If they put a boy on TV just for swallowing a few nails, think what a hero you'll be when they find you're full of hammers."

"Basically youth starts by being idealistic, anxious to prove itself and serve ..."
– Sir John Hunt, Conference at Harrogate.

"Of *course*, he realises we went to the poll for *his* future, *his* generation, *his* security, don't you, my little sweetheart?"

"A gentleman from the postmen's union is waiting for you in the front room."

"Goodbye, and don't forget – next holiday you bring the Coronation Stone and we'll get you a couple of salmon."

"I bet Ringo's dad didn't make him practice down the bottom of the garden."

"Watch this M.P. pick my brother up – we've painted him all over with treacle."

THIS IS THE MODERN WORLD

Over the fifty years that Giles cast his cartoon eye over the nation, society
has been rocked by change after change. Technology, fashion, the status of women... and the
proliferation of laws meant to protect us from ourselves. Petty bureaucracy, self-serving politicians,
the churches' attempts to keep pace with the modern world all come under fire from Giles' pen.

The way of life typified by Giles' cartoons is one of old-fashioned common
sense; one that greets each new idea with a raised eyebrow, a shrug of the shoulders
and a laconic one-liner ... and then gets on with the business of everyday life.

Here then, a Giles'-eye view ...

"Tell Carol ol' blue eyes is here."

National Safety Campaign No. 1.

National Safety Campaign No. 2.

"I've arranged the appointment with your very important client in Cheltenham, sir."

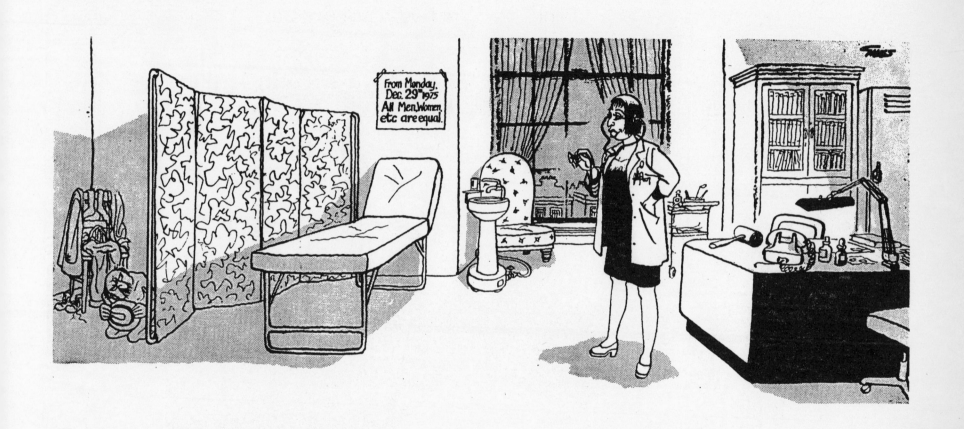

"Come along, don't be shy – under the new Act there's not a scrap of difference between you and me."

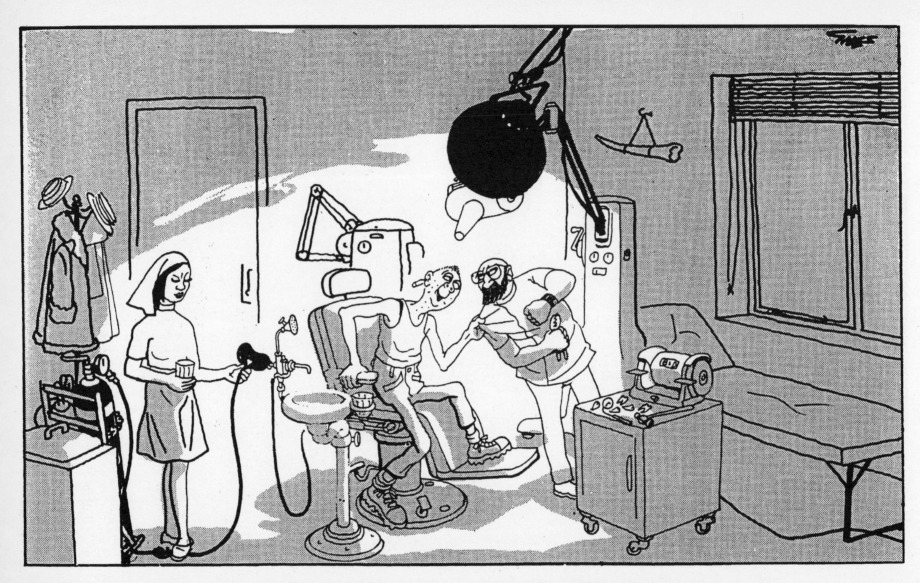

"I got a copper fined £40 for clipping me ear, me teacher fined £50 for kicking me backside –
so if you give me as much as one little twinge, boyo ..."

"I haven't been drinking, Mrs. Mackinlay, but I'm afraid your wee cat has."

"A few burst pipes and a power cut pack 'em in better'n all the sermons, eh, Vicar?"

"Nice try, but I don't think your boy will bring in the cash like a new panda."

"May my first case of the day be a rail striker – six years minimum!"

"It's of great comfort that for the moment <u>our</u> greatest worry is that we dropped a tenner on yesterday's fete."

"What's nine at two quid each, Jack?"

"Well, I for one hold very strong views about people who collect tiger skins."

"I do not minimise for a moment our difficulties ... but we should not approach them in a spirit of gloom, pessimism and defeatism." – Selwyn Lloyd.

"Come off it, Daddy, the promises you've written in your speech can't be as funny as all that."

"The calm, unhurried length of time you took to pass me that spanner you should live to be a bleeding 'undred."

"Oh, Elmer! To think that it might have been one of our very own little bombs!"

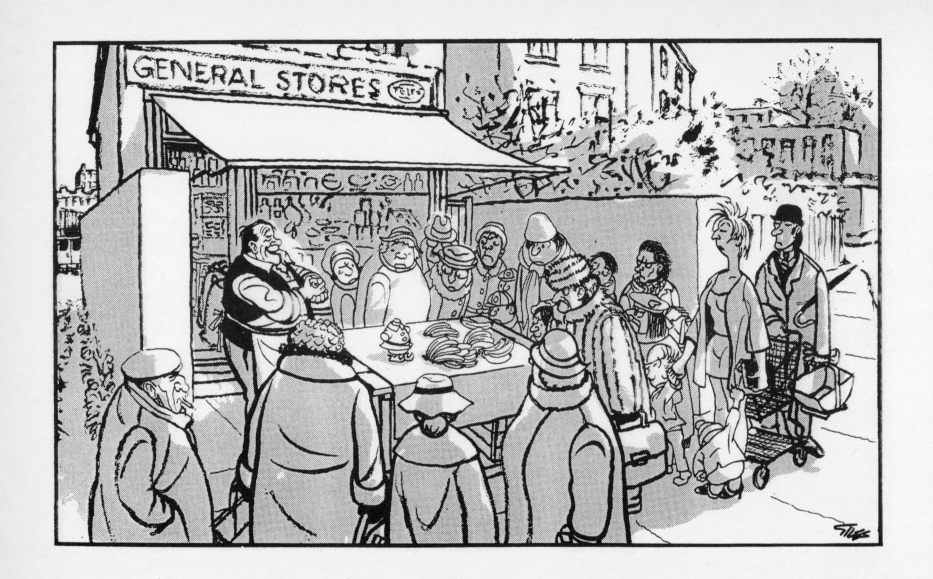

"Make up your minds before the Tate Gallery snaps them up for £1m –
one gnome with his head off and a bunch of bananas."

(Headline of the day: Tate pays £1 million for surrealist painting)

"Your husband is on No. seven – he can't find the tin-opener, and do you want him to attend your Thursday Post-Natal Class by proxy?"

"His subtle humour devours me – 'I see the Russian space ship has landed on your Venus,' he said."

"Did you catch Miss Wintergreen's remark when I suggested her ensemble was perhaps a little macabre for the first day of spring?"

"Protection, mate. First sign of aggro out of any of 'em and pow!!"

"I see that story about an elephant being lost on the railway was a hoax."

"This 'let's-smell-your-breath!' campaign can scare every car off my new car park except that one – that's mine."

"She says will we please be very careful as it's a trinket set and the one she sent last year got broke."

"Carl" Ronald Giles was born in 1916 in Islington, London. Leaving school without any formal training, he worked first as an animator and then as a cartoonist for the long-defunct Reynold's News. His work first appeared in the Express in October 1943. August 1945 saw the debut of Mother, Father and their malevolent brood.

Over the following five decades, Giles has chronicled the life of the nation from the point of view of the silent majority, for whom every day is a battle to maintain their sanity and self respect in the face of hypocritical politicians, petty bureaucrats and the ever-unreliable Human Nature. Perhaps this is why, despite every fad and every new piece of 'progressive' ideology' Giles cartoons stay dear to our hearts ...

The cartoons in this selection originally appeared in the Daily or Sunday Express on the following dates:

Ffreshars

Ffreshars

Joanna Davies

Gomer

Dychmygol yw holl gymeriadau'r nofel hon ac anfwriadol yw
unrhyw debygrwydd rhyngddynt a phobl o gig a gwaed.

Cyhoeddwyd yn 2008 gan
Wasg Gomer, Llandysul, Ceredigion SA44 4JL

ISBN 978 1 84323 968 0

Dymuna'r cyhoeddwyr gydnabod cymorth
Cyngor Llyfrau Cymru.

Argraffwyd a rhwymwyd yng Nghymru gan
Wasg Gomer, Llandysul, Ceredigion.

Er cof annwyl am
Anti Margaret (1910–2006),
a ysbrydolodd fy hoffter o ddarllen
ac ysgrifennu yn y lle cyntaf

Diolchiadau

Diolch i Mam a Dad, Steve, Sara, Elise a Hannah am eu cefnogaeth.

Diolch hefyd i Mihangel Morgan, Llwyd Owen, Caryl Lewis, Rhys Hopkin, Aled Wyn Thomas ac Elin Leyshon am eu sylwadau caredig a'u cymorth.

Diolch mawr i Bethan Mair, Gwasg Gomer, am ei brwdfrydedd a'i chefnogaeth gyson.

Wythnos y Glas, Medi 1991

Lois

'Wyt ti'n siŵr y byddi di'n iawn?' Edrychodd ei mam arni gyda dagrau'n cronni yn ei llygaid.

'Byddaf, Mam, nawr ewch, newch chi!' Roedd Lois yn ysu am gael llonydd i gyfarwyddo â'i hystafell newydd yn Neuadd Taliesin, Prifysgol Aberystwyth.

'Ie, gad i'r groten gael setlo,' dywedodd ei thad, oedd yn cuddio'i emosiwn fel arfer. 'Edrycha ar ôl dy hunan,' dywedodd wrthi'n lletchwith. Dechreuodd Lois deimlo dagrau'n cronni a'i gwddf yn tynhau wrth ei weld yn edrych arni'n bryderus.

'Reit, ma arian i ti fan hyn am y mis cynta. Paid â'i wario fe ar gwrw!' dywedodd ei mam yn llym gan roi'r amlen yn ei llaw. 'Fi'n gwybod shwd y'ch chi yn y colege 'ma. A watsha'r Cerys 'na, ma hi'n ddylanwad drwg arnat ti!'

Cerys oedd ffrind gorau Lois ers y drydedd flwyddyn yn yr ysgol, *blonde bombshell* oedd yn denu dynion fel clêr. Hi hefyd oedd i rannu'r ystafell hon yn y coleg. Roedd hi'n amlwg fod Cerys eisoes wedi cyrraedd ac wedi dewis y gwely gorau yn y gornel ger y ffenest. Roedd ei chasgliad anferth o deganau meddal ar y gwely, ei theledu, ei meicrodon a'r *mini-fridge* foethus ar y sil ffenest. Edrychodd Lois arno'n eiddgar gan feddwl am yr hwyl y byddai'n ei gael o'i lenwi â photeli Martini ar ôl i'w rhieni ei gadael.

Cerddodd allan gyda'i rhieni i'r maes parcio. Roedd hi'n rhyfedd meddwl na fyddai'n dychwelyd gyda nhw i ddiogelwch ei chartre yng Nghwm Gwendraeth. Cododd ei llaw arnynt a gwyliodd ei mam yn edrych yn ôl arni'n ddagreuol wrth i'r car yrru'n ofalus allan o'r dreif.

Daeth rhu byddarol yn sydyn i fyny'r dreif: moto-beic Harley-Davidson enfawr, gyda beicar lledrog yn ei yrru a merch Gothaidd yn cydio'n dynn amdano ar ei gefn. Sgrialodd y moto-beic i stop ger y fynedfa lle safai Lois mewn sioc.

'Ffycin 'el, Ffranc!' meddai'r ferch wrth dynnu ei helmed oddi ar ei phen ac ysgwyd llen o wallt du ar ei hysgwyddau, 'ma'r lle 'ma'n edrych fel Buckingham Palace!'

Dyna oedd yn rhyfedd am Daliesin. O'r tu fas, roedd yn hen adeilad ysblennydd yr olwg gyda gerddi hyfryd o'i gwmpas ar fryn Penglais ond y tu mewn roedd yr ystafelloedd yn hynafol, y celfi'n gyntefig a'r crocbris a dalai'r myfyrwyr amdanynt yn jôc. Enghraifft berffaith, meddyliai Lois, o *fur coat and no knickers*. Syllodd Lois eto ar y ferch ar y moto-beic. Roedd ganddi un rycsac ar ei chefn a dim byd arall.

'Shw'mae,' meddai, a'i llais dwfn yn datgelu ei bod yn dod o Geredigion.

'Haia,' dywedodd Lois yn lletchwith.

'Fflur,' meddai'r ferch wrthi â gwên lydan ar ei hwyneb tlws.

'Lois,' dywedodd Lois yn ofalus.

'Gobeithio bod y ffycars 'ma wedi rhoi ystafell i fi ar ben 'yn hunan,' meddai Fflur wrth ei chawr o

10

gariad. 'Sai'n moyn rhannu 'da rhyw dwat sy'n chwyrnu yn ei gwsg neu'n waeth byth, un sy'n blydi Efeng-yl!' A chamodd Fflur yn awdurdodol trwy'r fynedfa gyda Ffranc yn ei dilyn yn wasaidd.

'Lois!' Daeth Cerys ati, a Hywel yn ei dilyn. Dim ond nhw ill tri oedd wedi dod o'u hysgol nhw i'r coleg hwn. Roedd y tri wedi ennill ysgoloriaethau: Cerys i astudio Hanes Cymru, Hywel i astudio Addysg Grefyddol a Lois i astudio'r Gyfraith. Edrychai Cerys yn gwbl gartrefol ac yn ddel iawn yn ei ffrog mini a'i bŵts cowboi, tra oedd Hywel yn edrych yn betrus ac yn anghyffyrddus, ei wallt sbeici brown-llygoden yn sefyll fel crib ceiliog ar ei ben. 'Dere, y'n ni'n mynd i'r pyb!' meddai Cerys yn gyffrous. 'Mae'r Ffat Slags wedi gwahodd y Ffreshars i gyd i'r Cŵps am sesiwn!'

'Y Ffat Slags? Pwy y'n nhw?' holodd Lois mewn penbleth.

'Ma nhw'n y drydedd a ma nhw'n real gwd laff! Wnes i gwrdd â nhw yn y ffreutur amser cinio,' dywedodd Cerys, a lingo swyddogol y neuadd eisoes yn llifo'n naturiol.

'Wel, mae'n rhaid i fi ddadbacio gynta,' dywedodd Lois.

'Paid becso, gei di wneud 'na fory. Ewn ni i newid a chwrddwn ni â ti wrth y drws ffrynt mewn chwarter awr,' meddai Cerys yn awdurdodol wrth Hywel.

'Ble ma dy ystafell di, Hywel?' holodd Lois.

'Bloc E,' atebodd Hywel yn llawn embaras.

'Ie, E am Efeng-yl,' dywedodd Cerys gan chwerthin.

'Beth, ma bloc i Efeng-yls?' dywedodd Lois mewn penbleth.

'Oes, ac i'r Saeson a'r rhai sy'n dysgu Cymraeg – S-bloc,' chwarddodd Cerys.

Ddeng munud yn ddiweddarach, roedd y ddwy yn eu dillad gorau: Cerys mewn *hot pants* coch yn dangos ei choesau siapus i'r dim a chrys-T gwyn tyn am ei bronnau, a Lois mewn ffrog mini ddu. Arhosai Hywel amdanynt wrth y drws. Doedd e ddim wedi newid, ac eithrio ceisio llyfnhau ei wallt heb lawer o lwyddiant.

'Cerys!' gwaeddodd triawd o ferched blonegog arni o waelod y coridor.

'Dyma nhw nawr!' gwenodd Cerys, yn falch o'i phoblogrwydd.

'Pwy?' holodd Lois.

'Y Ffat Slags,' sibrydodd Hywel gydag ofn yn ei lais.

Ymdebygai'r tair i gymeriadau cartŵn annymunol, meddyliodd Lois wrth eu gweld yn dynesu ati fel tair *scud missile*. Roedd gwallt cyrliog gwyllt gyda'r un yn y canol – yr arweinydd, yn amlwg. Gwisgai'r tair sgertiau mini lledr, du, tyn oedd yn anffodus gan fod eu coesau corn–bîff yn jiglo'n afreolus wrth iddynt gerdded.

'Dyma fy ffrindiau o'r ysgol, Lois a Hywel,' dywedodd Cerys.

Edrychodd y tair arnynt am eiliad cyn eu hanwybyddu a throi eu sylw yn ôl at Cerys. 'Tyrd, er mwyn i ni gael lle!' Rhoddodd yr un â'r cyrls gwyllt ei braich ym mraich Cerys a cherdded allan drwy'r fynedfa. Dilynodd Lois a Hywel, heb weld atyniad y triawd sgrechlyd o gwbl.

Roedd hi'n noson braf gyda'r haul yn machlud yn ogoneddus dros y môr wrth iddynt gerdded i lawr bryn Penglais tuag at y Coopers Arms, neu'r Cŵps, un o'r pybs Cymraeg ar restr 'tafarnau derbyniol' trigolion Taliesin. Edrychodd Lois ar yr olygfa gan deimlo ias yn llifo trwy'i chorff. Dyma hi, o'r diwedd, yn RHYDD!

Dim mam yn aros i fyny yn ei gŵn nos a'i chyrlers i weld oedd hi'n sobr ar ôl bod allan mewn gìg. Neb i ddweud wrthi beth i'w wneud . . . Roedd gweithio fel slaf at ei harholiadau Lefel A wedi bod yn werth chweil.

'Beth ma Cerys yn 'i weld yn y blincin Ffat Slags 'na?' swniodd Lois wrth Hywel wrth i'r pedair ffrind gorau newydd ddechrau canu cân anweddus i dôn Gwŷr Harlech:

'Ni yw merched Taliesin,
Ni yw'r rhai â *discharge* melyn . . .'

'Wel, ma Cerys yn licio bod yn boblogaidd,' meddai Hywel yn ddiplomatig.

'Ie, ond pam ma nhw'n gwneud cymaint o ffws am ferch o'r flwyddyn gynta?' holodd Lois mewn penbleth. Daeth y rheswm yn glir wrth i'r noson fynd yn ei blaen . . .

Eisteddai'r Ffat Slags fel tair ymerodres wrth fwrdd yng nghanol y pyb gyda Cerys yn rhyw *lady-in-waiting* fach wrth eu hochrau. Roedd y bechgyn oll yn glafoerio dros Cerys ac yn prynu diodydd iddi drwy'r nos – yn ogystal ag i'r Ffat Slags, gan mai nhw oedd yn 'gyfrifol' am Cerys ac 'am ei chyflwyno i fywyd a bechgyn Coleg'.

Eisteddai Lois a Hywel ar fwrdd ar wahân, gyda Lois yn llowcio gin a thonic ac yn smygu ei Marlboro Lights yn braf. Yfai Hywel ei Coke gan edrych yn syn ar y rhialtwch o'i gwmpas. Stiwdants ym mhobman, ond pawb o Daliesin, gan fod y Cŵps yn byb Cymraeg. Rhai'n canu, rhai'n yfed llathen o gwrw, rhai'n dangos eu penolau, rhai'n chwydu yn y gornel, rhai'n snogio'n wyllt.

'O's rhywun yn ishte fan hyn?' Fflur, y Goth ar y moto-beic, oedd yno, yn dal peint yn ei llaw ac yn edrych fel rhyw aderyn egsotig yn ei dillad porffor a du a'i lipstic gwaetgoch.

'Na, stedda,' meddai Lois, yn falch o gael rhywun arall i ymuno yn yr yfed gan fod Hywel fel pregethwr dirwest ar noson allan.

'Ffycin 'el!' dywedodd Fflur gan eistedd wrth ochr Lois. 'Mae'r lle 'ma fel blydi ghetto Cymrâg! O'n i wedi dod 'ma i ga'l *change of scene* – ddim i weld yr un ffycars â dwi'n gweld pan dwi'n mynd i gìgs Cymrâg!'

Syllai Hywel arni'n gegrwth; doedd e ddim wedi clywed neb yn defnyddio rhegfeydd i atalnodi o'r blaen.

'Pwy 'yt ti 'de?' edrychodd Fflur ar Hywel yn chwilfrydig.

'Hywel,' atebodd, a'i lais yn crynu.

'Shwd mae? Fflur dw i. A Lois wyt ti, ife?'

Nodiodd Lois ei phen.

'Drychwch ar y tair bitsh 'na fan'na,' meddai Fflur gan wgu ar y Ffat Slags oedd yn cymryd rhan mewn cystadleuaeth yfed, a Cerys yn ceisio cadw i fyny â nhw. 'Cadwch draw wrth rheina,' rhybuddiodd. 'O'dd ffrind i fi yn yr un flwyddyn â nhw ac yn byw yn Nhaliesin yn ei blwyddyn gynta. Ma nhw'n mynd ar ôl unrhyw beth mewn trowsus, a weithie unrhyw beth mewn sgert. Ac os nad y'n nhw'n licio ti, ma nhw'n sgwennu pethe ofnadw amdanat ti yng nghylchgrawn y neuadd, *Ceg y Môr*. Wnaethon nhw alw'n ffrind i'n "Mam Cymru" achos bod hi wedi cael cwpwl o shags . . . Wel, o'dd cymaint o gywilydd arni, symudodd hi mas i fyw mewn fflat yn y dre.'

'Reit, dwi'n mynd lan i daclo Cerys. Ddyle hi ddim

cymysgu 'da'r Ffat Slags 'na!' dywedodd Lois yn bendant.

'Gad hi fod,' dywedodd Hywel. 'Dwyt ti ddim isie dechrau ffeit. Os glywan nhw di, fyddan nhw ar dy ôl di.'

'Ie, smo ti'n moyn ypseto rheina,' rhybuddiodd Fflur. 'Wyt ti isie bod ar yr *hit list* hefyd?'

'Wel, mae Cerys yn ffrind i fi ac mae angen ei rhybuddio hi' meddai Lois, gan sefyll ar ei thraed a cherdded tuag at Cerys a'i chriw.

'Cerys,' meddai Lois, 'alli di ddod draw fan hyn am funud?'

'Be sy'n bod?' gofynnodd Cerys gan gerdded ati'n anfodlon. 'Pam 'se ti'n dod i eistedd 'da ni? Mae'n rhaid i ti ddysgu shwd i finglo! Dwi wedi'n cael ni "mewn" 'da'r Ffat Slags a nhw yw bosys y neuadd. Wyt ti'n gwybod pa mor lwcus y'n ni?'

'Dwi wedi clywed pethe drwg amdanyn nhw, Cerys,' dywedodd Lois yn lleddf. 'Bwlis y'n nhw, a dwi'n siŵr bo nhw'n iwso ti er mwyn cael dynion i ddod i siarad gyda nhw.'

'*So what?*' meddai Cerys. 'Paid â bod yn hen fenyw, nei di? A phwy ddiawl yw'r blydi Goth 'na ti'n siarad 'da? Ma golwg y diawl ar honna.' A ffwrdd â hi 'nôl at ei ffrindiau gorau newydd heb feddwl ddwywaith.

'Wnest ti 'i rhybuddio hi am y Ffat Slags?' holodd Hywel yn obeithiol wrth i Lois ddychwelyd i'w sedd.

'Do, ond mae'n pallu gwrando,' dywedodd Lois.

'Wel, rho amser iddi,' dywedodd Fflur yn ddidaro. 'Bydd hi'n dysgu'n ddigon clou i'w hosgoi nhw pan ddeith hi i'w nabod nhw'n well.' Yfodd yn ddwfn o'i pheint a'i orffen â chlec. 'Gwrandwch, fi wedi cael digon fan hyn gyda'r twats *Welsh-Nash* 'ma i gyd. Pam

15

'se ni'n symud mlaen i rywle arall? Ma'n ffrind i, Cai, sy yn y band Annwfn yn chwarae gìg yn y Bay Hotel nes mlaen.'

Edrychodd Lois eto ar Cerys ac roedd hi'n amlwg yn mynd i aros gyda'r Ffat Slags drwy'r nos. Ac roedd Lois yn ffan mawr o Annwfn, un o fandiau mwya poblogaidd y sîn Gymraeg – roedd John Peel hyd yn oed yn chwarae eu cerddoriaeth ar ei raglen radio.

'OK, pam lai,' dywedodd Lois, yn teimlo'n herfeiddiol ei bod yn gadael nyth Gymraeg glyd y Cŵps. 'Hywel, wyt ti'n dod?'

'Na, dwi'n meddwl yr af i 'nôl i'r neuadd nawr. Ma cwrdd 'da fi fory.'

'Cwrdd?' chwarddodd Fflur.

'Ie, mae e'n Efeng-yl,' meddai Lois yn gyflym.

'Pawb at y peth y bo!' dywedodd Fflur. 'Neis i gwrdd â ti, Hywel, wela i ti 'to – ond ddim yn y capel!' chwarddodd, cyn tynnu Lois o'i chadair. 'Dere,' meddai, wrth iddi weld bechgyn y drydedd yn paratoi i chwarae gêm 'coc neu belen'. (Bwriad y gêm: dyfalu prun oedd prun wrth i'r bechgyn arddangos un rhan fach i'w cynulleidfa.) A sleifiodd y ddwy allan o'r Cŵps i ryddid y dref.

Wrth i'r ddwy gerdded fraich ym mraich drwy strydoedd Aber i gyfeiriad y prom, penderfynodd Lois geisio dysgu mwy am ei ffrind newydd. 'O ble wyt ti'n dod, Fflur?'

'Llanbed *born and bred*, gwlad yr hambôns. O ble wyt ti 'te, Caerfyrddin?'

'Wel, ddim yn bell. Ar bwys Crosshands. Cwm Gwendraeth.'

'O ie, twll o le, ife? Es i drwyddo fe unwaith ar y ffordd i Gaerdydd.'

'Wel, sdim byd lot 'na, sbo. Ond pam wyt ti wedi dod i Aberystwyth? Bach yn agos i Lanbed, on'd yw e?'

'Wel, sai isie bod yn rhy bell wrth Mam a Dad, na Ffranc chwaith.'

'Ffranc?'

''Y nghariad i, y boi mowr ar y moto-beic.'

'Ie, mae e'n un mowr 'fyd,' chwarddodd Lois.

'Odi glei,' chwarddodd Fflur, 'ym mhob ffordd, cred ti fi. Na, ma Ffranc fel y banc, solet, dibynadwy, mae e'n gwybod shwt i edrych ar 'y ngôl i . . .'

'Ti'n lwcus,' meddai Lois yn eiddigeddus. Doedd hi ddim wedi cael yr un cariad eto; roedd y bechgyn ffit yn yr ysgol i gyd yn meddwl ei bod hi'n *nerd* am ei bod yn eisteddfota'n gyson. Ond nawr, yn y coleg, gallai ddechrau o'r newydd a dod o hyd i fachgen ei breuddwydion . . .

''Co ni!' dywedodd Fflur yn llawn cynnwrf wrth i westy mawr gwyn y Bae ddod i'r golwg ar y prom. Edrychai'r prom yn hudolus gyda'r nos; chwipiai'r tonnau'n wyllt yn erbyn y lan ac roedd golau tylwyth teg ar hyd yr Inn on the Pier yn rhoi naws ledrithiol i'r lle. Ar ddiwedd y prom, roedd cysgod bygythiol Craig Glais – neu Consti, fel y dysgai Lois ei galw – yn edrych i lawr ar y môr. Aeth cryndod sydyn drwyddi wrth iddi ddilyn Fflur i mewn i westy'r Bae.

Roedd y lle'n orlawn – o fwg, o gerddoriaeth, o fyfyrwyr ac o adar brith y dre. Roedd y bechgyn hyn yn dipyn fwy golygus na 'jocs' y Cŵps.

''Co Cai fan'na,' meddai Fflur gan bwyntio at ddyn ifanc yn ei ugeiniau canol a ymdebygai i Iesu Grist ar asid – gwallt browngoch hir a blêr, *kaftan* gwyn, sandalau tyllog, a'i lygaid yn goch. Roedd yn amlwg yn feddw dwll. 'Cai!' gwaeddodd Fflur gan gamu ato gyda Lois yn ei dilyn yn ansicr. 'Sut wyt ti ers tro'r hen gont?'

'Well o dy weld di, fy mlodyn bach euraid,' atebodd Cai gan ei chofleidio cyn drachtio'n ddwfn o'i wydraid Jack Daniels. 'A phwy di'r lefren fach 'ma sy 'da ti?'

'Lois yw hon, ffreshar fel fi!'

'Shw'mae, Lois. Watsha di'r Fflur 'ma, bydd hi'n dy arwain di ar gyfeiliorn, fel gwnaeth hi i fi!'

'Fi! Beth amdanat ti, Cai? Lois, roedd Cai yn athro Cymraeg am gyfnod yn fy ysgol i nes iddo fe gael ei dwlu mas.'

'Ei dwlu mas, am beth?' Edrychodd Lois arno'n syn.

'Roedd yn real *travesty of justice*,' dywedodd Cai yn fonheddig, gan godi ei wydr gyda'i fys bach yn yr awyr fel dandi. 'Ro'n i'n *victim of circumstance,* yn ymladd yn ofer yn erbyn biwrocratiaeth y dyn mawr . . .'

Torrodd Fflur ar ei draws gan ddweud, 'Ga'th e 'i dwlu mas am roi sbliffs i ni'r plant!'

'A beth sy'n bod ar hynny, dwed?' holodd Cai yn ffug-ddiniwed. 'Ma'n helpu dyn i werthfawrogi barddoniaeth . . . Pam ti'n meddwl fod Dafydd ap Gwilym yn *obsessed* 'da gwyrdd?'

Doedd Lois ddim yn siŵr beth oedd e'n ei feddwl. Roedd hi wedi cael ambell i bwff o *joint* gyda chyngariad i Cerys o'r enw Ger oedd yn smocio, adeg Eisteddfod Genedlaethol y flwyddyn flaenorol. Ond daeth yr hwyl i ben wrth iddynt ddychryn am eu bywydau. Roedd y si ar droed fod *raids* yr heddlu'n digwydd yn y Maes Pebyll. Felly claddodd Ger y stash mewn coedwig gerllaw – ac yna methu dod o hyd iddo ddiwrnod yn ddiweddarach!

'Pryd wyt ti'n chware 'de?' holodd Fflur yn awyddus.

'Pan fydda i'n barod,' atebodd Cai yn fonheddig.

'Mewn rhyw hanner awr,' dywedodd bachgen tal, gosgeiddig oedd yn sefyll gerllaw.

Syllodd Lois ar y bachgen, ei llygaid gwyrdd yn lledu. *Oh my God*! Pwy oedd yr Adonis yma? Daeth cân newydd ar y jiwc-bocs yr union adeg pan sylwodd hi ar y bachgen hwn: 'My lovin. (You're never gonna get it)' gan En Vogue. Oedd hyn yn arwyddocaol? Roedd e'n ynganu'r geiriau gyda'r gân. Safai allan yn y dorf oherwydd ei bryd a'i wedd anghyffredin; roedd yn dal, tua 6' 4" – oedd yn siwtio Lois i'r dim gan ei bod hi'n 5' 11" ac yn ei gweld hi'n anodd dod o hyd i ddyn tal ymysg y Cymry. Roedd ganddo lygaid tywyll cul, gwallt brownddu oedd yn tyfu dros ei lygaid mewn ffordd hynod o secsi a dwylo brown, ystwyth cerddor.

'Daniel! Y ffycar! Shwd wyt ti, boi?' gwaeddodd Fflur arno cyn ei gofleidio'n falch. Sylwodd Lois fod y Daniel yma'n eitha swil yn gorfforol ac yn lletchwith ym mreichiau Fflur.

'Fflur, dwyt ti ddim yn newid dim,' meddai wrthi gan wenu.

Roedd Lois bron â simsanu o weld y wên oedd yn goleuo'i wyneb a dechreuodd wrido. Sylwodd Fflur ar wyneb Lois a dyfalu'n syth ei bod yn ffansïo Daniel.

'Wel, Daniel, rwyt ti mor secsi ag arfer. Dere i gwrdd â ffrind newydd i fi. Yr unig un dwi 'di cwrdd o'r blydi Taliesin 'na sy ddim yn dwat llwyr! Lois, dwed helô wrth Daniel.'

'Helô!' dywedodd Lois yn ufudd, gan wenu'n lletchwith.

'Haia, Lois. Wyt ti'n lico Annwfn 'te?' holodd Daniel.

'Lico nhw? O, dwi'n dwlu arnyn nhw! 'Da fi'r albwms i gyd!'

'Wel, Daniel sy'n chwarae bas i Annwfn, Lois,' dywedodd Fflur gan rolio'i llygaid.

'Sori!' dywedodd Lois, yn teimlo mor ffôl â Baby yn *Dirty Dancing*, pan ddywedodd wrth Patrick Swayze ei bod wedi cario *water-melon* i'r parti. Ond fel arfer, o'dd Cerys a hithau mor *pissed* mewn gìgs, o'n nhw braidd yn sylwi ar y prif ganwr, heb sôn am y baswr!

'Paid poeni,' meddai Daniel yn garedig. 'Does neb yn sylwi ar weddill y band, dim ond Cai, gan ei fod e'n gymaint o *attention seeker*,' chwarddodd gan bwnio Cai yn chwareus ar ei gefn.

'Eiddigedd, a'i snowt bach gwyrdd yn codi 'to, Daniel?' holodd Cai yn ddireidus. 'Alla i helpu'r peth os 'di'r merched i gyd yn 'y nghwrso i?'

'Dwi'n siŵr dy fod ti'n cael dy siâr, Daniel, yr hen gadno!' chwarddodd Fflur.

'Wel, mae'n anodd ffeindio rhywun sydd â bach o ddyfnder,' dywedodd Daniel gan giledrych ar Lois.

'Dyfnder, myn diain i!' dywedodd Cai. 'Os oes 'na borfa ar y pitsh . . .'

'Ych a fi!' dywedodd Fflur.

'Ti'n dwlu arno fe,' chwarddodd Cai cyn troi at Lois a rhoi ei fraich o'i chwmpas. 'Ie, lefren fach *juicy* fel ti, dyna beth dwi'n licio! Beth amdani, Lois? Ti ffansi colli dy *cherry* i roc-star mwya Cymru?' Rhoddodd ei wefusau ar ei rhai hi ac roedd Lois bron â marw o embaras – roedd e'n drewi fel bragdy! A'r stybl! Ych! A beth fyddai Daniel yn ei feddwl wrth iddi snogio Cai fel hyn?

'Stop hi, Cai, y mochyn! Ma hon yn rhy ddiniwed i rywun fel ti!' Tynnodd Fflur Lois o'i grafangau. 'Reit,' dywedodd Fflur gyda gwên, 'y'n ni bwytu dagu, Daniel; wyt ti'n mynd i fod yn ŵr bonheddig a phrynu dau gin a tonic bach i ni'n dwy, i neud lan am ymosodiad dy gydymaith ar fy ffrind newydd?'

'Wrth gwrs, mileidi,' ffug-foesymgrymodd Daniel o'i blaen cyn troi at Lois a sibrwd yn ei chlust, 'Wnest ti ddim joio'r gusan 'na 'da Cai, do fe?'

'Ych! Naddo!' dywedodd Lois yn ddiffuant.

'Gwd!' gwenodd ei wên *million-dollar* arni eto cyn diflannu i sgrym y bar.

Roedd Cai wedi symud i ffwrdd at brae arall – ffreshar fach fochgoch oedd wrth ei bodd fod prif ganwr Annwfn yn gwasgu'i bronnau'n herfeiddiol.

'So, beth o't ti'n meddwl o Daniel, 'te?' holodd Fflur gan roi gwên wybodus iddi.

'O, mae e'n lysh!' dywedodd Lois, a'i phen mewn cymylau pinc candi yn dychmygu Daniel yn ei chusanu, Daniel yn ei gwely, Daniel a hithau ar y traeth yn cael picnic, ac yna'n cofleidio ar y traeth fel yn y ffilm *From Here to Eternity* . . .

'Wel, odi mae e'n bishyn,' meddai Fflur. 'Ond, mae e'n *high-maintenance* iawn.'

'Be ti'n feddwl?' holodd Lois gan deimlo dŵr oer yn cael ei daflu ar ei ffantasïau rhamantus.

'Wel, mae e wedi cael amser caled . . .' Stopiodd Fflur wrth weld Daniel yn dod 'nôl tuag atynt gyda'r diodydd gan ddweud trwy gil ei gwefusau – fel Les

Dawson mewn drag – "Co fe'n dod, weda i wrthot ti 'to.'

Gafaelodd y ddwy yn eu G&Ts gan ddiolch i Daniel. 'Dwi'n mynd i'r bog; bydda i 'nôl mewn munud,' dywedodd Fflur yn sydyn. Roedd ennyd o ddistawrwydd wrth i Lois a Daniel fagu eu diodydd yn lletchwith.

'Mae'n yffach o gês, on'd yw hi?' dywedodd Daniel wrth wylio Fflur yn camu'n hyderus trwy'r dorf yn ei ffrog borffor laes a'i Doc Martens mawr du.

'Ydi. Dwi erioed wedi cwrdd â rhywun fel Fflur o'r blaen,' cytunodd Lois.

'Wel, mae wedi cael amser caled,' dywedodd Daniel yn dawel.

'Be?' holodd Lois, gan deimlo *déjà vu* o rywle'n go sydyn.

'Wel, dwi'n siŵr y gwneith hi ddweud wrthot ti pan mae'n barod. Mae wedi cael problemau . . . teuluol.' Edrychai Daniel yn lletchwith, fel petai wedi dweud gormod.

Penderfynodd Lois newid y pwnc, 'Felly, Daniel, ydy Cai'n mynd i fod yn ddigon . . . sobor i ganu heno?' Cyfeiriodd at y seren roc oedd yn brysur yn snogio'r ffreshar fechan ar ganol y llawr dawnsio.

'O ydy,' chwarddodd Daniel. 'Mae e fel hyn bob amser cyn mynd ar y llwyfan. Er mwyn cyrraedd y pedwerydd dimensiwn, medde fe, er mod i'n meddwl 'i fod e'n neud e achos 'i fod e'n *piss-head*!'

Chwarddodd y ddau. Edrychodd Daniel ar ei wats yn sydyn. 'Reit, mae'n well i mi fynd draw i gasglu Jim Morrison er mwyn i ni gael gosod lan. Wela i ti wedyn,' dywedodd gan wenu arni eto.

'Pob lwc gyda'r chwarae,' meddai Lois gan wenu'n ôl, a'i chalon yn curo fel gordd.

'Wel, fyddi di ddim yn sylwi arna i ta beth!' chwarddodd Daniel arni.

'Wrth gwrs bydda i,' *yn fwy nag wyt ti'n sylweddoli,* meddyliodd Lois gan fethu tynnu'i llygaid oddi arno.

'Bydda i isie *critique* manwl o'n perfformiad ni oddi wrthot ti pan ddof i 'nôl,' dywedodd Daniel yn chwareus.

'Wrth gwrs,' dywedodd Lois, 'ac os wyt ti'n dda, fe bryna i beint i ti.'

Gwenodd Daniel arni cyn cerdded at Cai, oedd a'i ddwylo i lawr crys-T y ffreshar druan.

'Roeddech chi'ch dau yn edrych yn gartrefol iawn fan'na 'da'ch gilydd,' dywedodd Fflur, oedd yn cario dau wydraid o gin dwbwl tuag atynt.

'O, mae e mor neis, Fflur,' dywedodd Lois. 'Mae e'n sensitif, yn ddoniol, yn gerddorol, yn dal . . . Y Dyn Perffaith.'

'Dyw'r fath beth ddim yn bodoli, Lois fach,' chwarddodd Fflur a'i llygaid am eiliad yn llawn o chwerwder a'i gwnai'n hŷn na'i deunaw mlynedd.

'Beth am Ffranc?' holodd Lois. 'Wedest ti ginne 'i fod e'n edrych ar dy ôl di!'

'Ti'n meddwl bod Ffranc wedi dod mewn bocs fel'na'n barod? Na, mae 'di cymryd tair blynedd o waith caled i gael Ffranc i fihafio'i hunan, a fel'na mae 'da pob dyn! Ti'n gorfod treino nhw er mwyn cael unrhyw siâp mas ohonyn nhw.'

'Wel, ma Daniel yn rili neis. A dwi'n meddwl ei fod e'n lico fi hefyd.'

'Lois, mae e'n bedair ar hugain, gyda lot o

broblemau. Iawn os ti isie fflyrtio ond paid syrthio mewn cariad 'da'r boi!'

'Na, na, wna i ddim. Jyst bach o hwyl, dyna i gyd . . .' dywedodd Lois cyn drachtio mwy o gin a throi i edrych ar Daniel yn tiwnio'i gitâr ar y llwyfan. Daliodd ei lygad a gwenodd yntau arni. Teimlai ei chalon yn curo'n wyllt eto, fel aderyn yn ceisio dianc o gawell. A gwenodd hi'n ôl yn enigmatig, gobeithiai!

'Stopia neud llygaid llo ar y boi, wnei di?' meddai Fflur, oedd wedi gweld y cwbl. 'Wyt ti erioed wedi clywed am *playing hard to get*?'

'Wel, sdim lot o brofiad 'da fi 'da dynion.'

'Ma hynny'n amlwg . . . Paid ti â becso, gyda Anti Fflur i dy helpu di, byddi di'n arbenigwraig cyn pen dim!' A chynigiodd Fflur lwncdestun: 'I ni, a blwyddyn gynta ffwcedig o dda!'

Cododd Lois ei gwydr a chwerthin. Roedd hi'n falch ei bod wedi cwrdd â Fflur. Fyddai bywyd byth yn ddiflas gyda ffrind newydd fel hon.

Gyda hynny, dechreuodd y band ganu un o ganeuon enwoca Annwfn, 'Cusan Candi', a hoeliodd Lois ei llygaid ar Daniel: ei wyneb sensitif wedi ymgolli yn ei gitâr, a'i ddwylo medrus yn bodio'r offeryn fel petai'n ddynes . . . Penderfynodd Lois yn y fan a'r lle y byddai'n cael y dyn hwn. Pa bynnag ffordd, hi fyddai ei gariad, ei unig gariad, a hynny'n fuan . . .

*

Yr un noson – Tafarn y Cŵps

Cerys

'Coc fel carotsen!' chwarddodd Catrin, y brif Ffat Slag, wrth roi *running commentary* i Cerys o'r bechgyn a'i hamgylchynai.

'Ie, ac ma hwnna'n *obsessed* gyda'r pen-ôl!' pwyntiodd Bethan, Ffat Slag arall, at fachgen bochgoch oedd yn downio llathen o gwrw ger y bar.

'Sdim byd yn bod ar neud e lan y pen-ôl,' dywedodd Sali, yr ola o'r triawd blonegog, 'ond dy fod ti'n cerdded fel John Wayne am ddiwrnode wedyn!' Chwarddodd y tair yn braf ac ymunodd Cerys yn yr hwyl. Dyma beth roedd hi eisiau – merched profiadol, poblogaidd, allai ei dysgu am fywyd coleg. Ac roedd yn fonws eu bod mor hyll â phechod – hyd yn hyn, roedd yn rhaid iddi ddweud mai hi oedd y berta yn y flwyddyn gynta Gymreig, o bell. Oedd, roedd Lois yn ddel yn ei ffordd ond doedd ganddi mo'r *sex appeal* oedd gan Cerys. Wedi'r cwbl, doedd 'run bachgen erioed wedi'i gwrthod hyd yn hyn.

'Cerys! Sawl dyn wyt ti wedi'i gael?' holodd Sali'n chwilfrydig.

'Wel, dwi wedi cael tuag ugain hyd yn hyn,' dywedodd Cerys yn falch.

'Ugain?! Wyt ti bron yn *born-again virgin*!' pwffiodd Catrin. 'Gwranda, wnes i a'r merched roi sialens i'n hunain i gael rhyw 'da o leia hanner cant o ddynion cyn diwedd y flwyddyn!'

'Wnaethoch chi gyrraedd y record?'

'Do glei, a mwy! O'dd y *Guinness Book of Records* yno'n cadw sgôr!' dywedodd Sali'n falch.

'Wel, dwi ddim yn gweld neb fan hyn dwi'n ffansïo,' meddai Cerys, yn edrych lawr ei thrwyn ar y bechgyn bochgoch, plorog, di-siâp a'i hamgylchynai.

'Wel, ma merch gyda dy *looks* di yn mynd i fynd am y pishyns,' dywedodd Bethan yn ddidaro.

'Trueni nad oes dim llawer o bishyns yn y neuaddau Cymraeg. Y Saeson yw'r rhai mwya pishynllyd,' dywedodd Sali'n drist.

'Heblaw am Marc Arwel . . .' ychwanegodd Catrin gyda gwên hiraethus ar ei hwyneb.

'Marc Arwel? Pwy yw e? Ma'n swnio fel Efeng-yl!' dywedodd Cerys.

'Wel, ma fe'n angel pen ffordd yn sicr!' chwarddodd Bethan. 'Fe yw'r Athro Hanes Cymru ac y'n ni 'di trio cal mewn i'w gecs e ers blynyddoedd nawr.'

'Mae e'n lysh!' meddai Catrin. 'Ma fe 'run sbit â Johnny Depp ac ma'r merched – a rhai o'r bechgyn 'fyd – i gyd yn ei ffansïo fe!'

'Ie, bydd e miwn 'ma nes mlaen. Gei di'i weld e dy hunan!' ychwanegodd Sali'n gynhyrfus.

'Beth? Ma fe'n dod mas 'da'r stiwdants?'

'O, ydy, mae'n lico cymdeithasu 'da ni. Bod yn un o'r gang.'

'Ie, achos bod 'i wraig e mor blydi *boring*.'

'Gwraig?' holodd Cerys.

'O, ie, ond dyw e ddim yn ffyddlon iddi hi. Mae hi mor *boring* ac yn blaen fel bwced!' dywedodd Catrin cyn gwthio dyrnaid o *pork scratchings* i'w cheg.

'Reit! Smo ni'n yfed digon!' cyhoeddodd Sali yn uchel. 'Dyma noson gynta Cerys ac ma isie ei haddysgu yn y ddawn o downio!' Aeth Sali i'r bar i archebu rownd o *tequilas* a sylwodd Cerys ar Lois, drwy

gil ei llygaid, yn ei galw draw. Blydi Lois! Pam na ddôi
hi draw i eistedd gyda hi a'r Slags yn lle'r Hywel
pathetig a'r Goth rhyfedd yna!

'Ie?' dywedodd wrth Lois yn siarp.

'Cerys,' meddai Lois, 'alli di ddod draw fan hyn am
funud?'

'Be sy'n bod?' gofynnodd Cerys gan gerdded ati'n
anfodlon. 'Pam 'se ti'n dod i eistedd 'da ni? Mae'n
rhaid i ti ddysgu shwd i finglo! Dwi wedi'n cael ni
"mewn" 'da'r Ffat Slags a nhw yw bosys y neuadd. Wyt
ti'n gwybod pa mor lwcus y'n ni?'

'Dwi wedi clywed pethe drwg amdanyn nhw,
Cerys,' dywedodd Lois yn lleddf. 'Bwlis y'n nhw, a
dwi'n siŵr bo nhw'n iwso ti er mwyn cael dynion i
ddod i siarad gyda nhw.'

'*So what?*' meddai Cerys. 'Paid â bod yn hen fenyw,
nei di? A phwy ddiawl yw'r blydi Goth 'na ti'n siarad
'da? Ma golwg y diawl ar honna!' Blydi hel! Roedd Lois
yn sgwâr ar brydiau! Doedd dim rhyfedd ei bod yn dal
heb golli'i gwyryfdod, a hithau'n ddeunaw yn barod!
Collodd Cerys ei gwyryfdod pan oedd hi'n bymtheg, i
Deian Rhys, un o styds Dosbarth Chwech, a doedd hi
ddim wedi bod yn segur ers hynny. Na, doedd Lois, ac
yn enwedig Hywel, yn gwneud dim i'w *street cred* hi;
roedd hi'n amser symud mlaen i fyd newydd y Ffat
Slags. A dychwelodd Cerys i eistedd gyda'i ffrindiau
newydd a chlecio'r *tequila* o'i blaen.

Ni sylwodd ar Lois, Hywel a Fflur yn gadael y Cŵps.
Roedd hi'n rhy brysur yn llygadu'r dyn deniadol oedd
newydd lanio wrth y bar.

''Co fe!' sibrydodd Sali yn llawn cynnwrf. 'Marc
Arwel!'

'*Oh my God*!' meddai Cerys, a'i llygaid yn culhau

27

wrth edrych ar y styd o'i blaen. Roedd yn dywyll ac yn dal, â gwên lesmeiriol yn chwarae ar ei wefusau. Gwisgai grys oedd yn amlwg yn *designer* – Armani, tybiai Cerys, ac roedd ei gyhyrau cadarn yn amlwg ynddo.

'Cerys!' dywedodd Catrin. 'Mae gen i sialens i ti!'

'Sialens?' holodd Cerys yn betrus.

'Ie; rhaid i ti shago Marc Arwel heno, neu fyddwn ni'n dy gosbi di!' meddai Sali'n ddireidus.

'Cosbi?'

'Ie, bydd rhaid i ti roi amser da i Bethan fan hyn!'

'Be?' lledodd llygaid Cerys.

'Paid â bod mor blwyfol, wnei di Cerys fach?' meddai Bethan. 'Ma pawb sydd â chydig o steil yn *bi* yn coleg.'

'Ie, ni yw'r Pussy Posse!' chwarddodd Catrin.

Penderfynodd Cerys mai jocian roedd y tair a chwarddodd gyda nhw. Ond roedd Sali'n ciledrych ar Cerys fel ci newynog yn llygadu stecen . . .

'Cer i siarad â fe, wnei di?' gorchmynodd Catrin.

'Ydw i'n edrych yn iawn?' holodd Cerys gan dwtio'i gwallt ac ychwanegu mwy o finlliw coch.

'*Jail bait*!' chwarddodd y tair Ffat Slag yn unsain.

Cerddodd Cerys at y bar i brynu diod gyda sigarét yn ei llaw. Sylwodd fod Marc Arwel yn smygu a phenderfynodd mai'r *approach* orau fyddai gofyn iddo am dân. Safodd wrth ei ochr a gofyn yn angylaidd, 'Esgusodwch fi, oes gennych chi dân?' Trodd Marc Arwel i edrych arni a gwnaeth *double-take* wrth sylwi ar y coesau siapus yn yr *hot pants,* a'r bronnau bach pyrci.

'Wrth gwrs, 'co ti.' Gydag un fflic profiadol, cyneuodd y sigarét iddi. 'Ffreshar wyt ti?'

'Ie, ydy e mor amlwg â hynny?'

'Dim o gwbl,' atebodd. 'Ond mi fuaswn wedi sylwi ar ferch mor brydferth â ti cyn hyn . . .'

'O'dd y merched yn dweud eich bod chi'n *smooth talker*,' gwridodd Cerys yn ddel.

'Oedden nhw nawr?' cilwenodd Marc Arwel cyn codi llaw ar y Ffat Slags, oedd yn gwylio'r cyfan o'u bwrdd bychan fel tair hebog.

'Beth yw dy enw di?'

'Cerys, Cerys Evans.'

'Wel, Cerys Evans, a hoffet ti ddiod gyda fi?'

'Gin a tonic, plis,' atebodd Cerys gan ddyfalu y byddai hwnnw'n swnio'n soffistigedig.

'Wrth gwrs; dwi'n meddwl yr ymuna i â ti.' Archebodd Marc Arwel gin a thonic yr un iddynt.

'Felly, beth wyt ti'n ei astudio, Cerys?' holodd Marc Arwel gan roi ei ddiod iddi.

'Diolch. Hanes Cymru.'

'A, newyddion da iawn i fi. Fi yw'r Athro Hanes Cymru.'

'Dwi'n gwybod,' gwenodd Cerys, gan dynnu'n ddwfn ar ei sigarét cyn chwythu cwmwl o fwg.

'Rwyt ti'n wybodus iawn,' meddai Marc Arwel gan edrych i fyw ei llygaid cyn chwythu cylch perffaith o fwg uwch ei ben.

'Ym mhob maes,' gwenodd Cerys yn awgrymog.

'Ydych chi'n fflyrtio 'da fi, Miss Evans?' holodd Marc hi'n ddireidus.

'Falle.'

'A beth wyt ti'n ei gynnig?'

'Beth y'ch chi'n moyn? Dadansoddiad o Gymru'r Oesoedd Canol?'

'Wel, ro'n i'n meddwl am weithgaredd mwy . . . allgyrsiol.'

Sylwodd Cerys arno'n edrych yn farus ar ei bronnau. 'O's 'da chi ddigon o stamina? Y'ch chi dipyn yn hŷn na fi wedi'r cwbl . . .'

'Digon hen i ddysgu tric neu ddau i ti . . .'

Gwenodd Cerys arno. Roedd hi'n eitha meddw ar ôl y tequilas a'r gin a phlygodd yn agos ato i holi yn ei glust: 'Beth amdani? Ffansi ffyc?'

Daeth golwg o sioc dros ei wyneb cyn iddo wenu gwên fach slei. 'Gwranda.' Gostyngodd Marc Arwel ei lais yn sydyn a sibrwd yn ei chlust. 'Allwn ni ddim siarad fan hyn. Gorffenna dy ddiod ac mi wna i gwrdd â ti yng ngwesty'r Seabank ar waelod y prom. Mae'n dawel iawn fan'na; dim llygaid yn ein gwylio,' meddai gan amneidio tuag at y Ffat Slags, oedd yn dal i lygadrythu arnynt.

'OK,' dywedodd Cerys, ei chalon yn curo fel gordd, ond ei hwyneb yn berffaith sidêt wrth iddi gymryd dracht ddofn o'i gin. Roedd hwn yn ddyn, yn ddyn yn tynnu at ei ddeugain oed! Dyma beth fyddai shag y ganrif! A gweithred i sicrhau ei lle yng nghriw y Ffat Slags am byth.

'Wela i di mewn deng munud,' meddai Marc Arwel wrthi'n isel.

'Edrych mlaen,' meddai Cerys yn ôl gan gil-wenu arno.

'Merch fach ddrwg wyt ti,' crechwenodd Marc Arwel cyn clecio'i ddiod a gadael y dafarn.

Dychwelodd Cerys at y Ffat Slags gan ddweud, 'Sori, ferched, ond mae gen i ddêt . . .'

'Dêt?' bloeddiodd Sali'n uchel.

'Ssht! Cadw dy lais i lawr!' dywedodd Cerys. 'Dwi'n mynd i gwrdd â Marc Arwel yn y Seabank mewn deng munud!'

'O'r mowredd!,' ebychodd Catrin, â'r eiddigedd yn pefrio yn ei llygaid.

'Dyw e ddim yn deg!' cyhoeddodd Sali. 'Y'n ni 'di trio'i gael e ers ddwy flynedd, ac rwyt ti'n 'i gael e mewn dwy funud!'

'Cofia weud popeth wrthon ni fory!' dywedodd Catrin.

'Ie, pob manylyn – mesuriadau, technegau rhywiol, sawl blewyn sydd ar ei gerrig e . . .'

'Popeth!' ebychodd Sali'n farus.

'Wrth gwrs,' gwenodd Cerys arnynt. 'Sori, Bethan, fydd yn rhaid i ti ffindo rhywun arall i chwarae 'da hi heno . . !'

'Bydd Catrin yn ddigon hapus i lanw twll!' dywedodd Bethan gan grechwenu ar ei ffrind. Ac wrth i chwerthin y tair atseinio yn ei chlustiau, camodd Cerys allan o'r Cŵps a dechreuodd gerdded yn gyflym tuag at westy'r Seabank.

Edrychai'r Seabank fel rhyw gastell gothig ysblennydd i Cerys wrth iddi ddringo'r grisiau i'r brif fynedfa. Roedd yn amlwg wedi bod yn westy hyfryd yn ei ddydd, ond nawr roedd y carped wedi treulio ac roedd angen cot o baent ar y muriau. Ond ni welai Cerys mo hyn wrth i'w llygaid glas golau gwrdd â llygaid duon Marc Arwel.

'Dwi wedi bwcio ystafell i ni,' dywedodd wrthi mewn ffordd ffwrdd-â-hi.

'Ystafell?' dywedodd Cerys. 'Dwyt ti ddim yn credu mewn *foreplay*, wyt ti!'

'Sori, Cerys, ond dwi'n ddyn priod; ma'n rhaid i fi fod yn ofalus. A gallwn ni ddim eistedd yn y bar gyda phawb yn ein gweld ni. Ond dwi wedi archebu dwy botel o siampên i ni . . .'

'A wystrys hefyd?' chwarddodd Cerys.

'Na, does dim angen wystrys arna i,' a winciodd arni'n slei.

Camodd y ddau i mewn i'r lifft, gyda Marc Arwel yn dal allwedd yn ei law. Roedd y ddau'n dawel hyd nes i'r hen wraig oedd yn rhannu'r lifft hefo nhw adael ar y trydydd llawr. Caeodd drysau'r lifft yn araf ac yna tynnodd Marc Arwel Cerys tuag ato gydag un bachiad pwerus. Roedd ei dafod yn ei cheg cyn y gallai ddweud dim. Roedd hi'n amlwg fod MA yn wahanol i'r bechgyn diolchgar y bu'n mocha gyda nhw yn y gorffennol, meddyliodd Cerys wrth iddi deimlo'i law yn crwydro rhwng ei choesau. Roedd hwn yn ddyn a wyddai'n union beth roedd e'n ei wneud.

Llithrodd y drysau ar wahân unwaith yn rhagor ar y chweched llawr a chamodd y ddau allan. Byrlymai'r gwaed yng nghlustiau Cerys. Roedd eu hystafell yn fawr a moethus ac eisteddai'r ddwy botel siampên mewn pwcedaid o rew ar fwrdd bychan. Agorodd Marc un ohonynt yn fedrus ac arllwys dau wydraid. Siampên! Roedd hi'n lwcus i gael potel o Diamond White gan ei hen gariadon, meddyliai Cerys. Trodd Marc y stereo mlaen a dechreuodd cân y Rolling Stones 'Sympathy for the Devil' chwarae.

'I ni,' cynigiodd Marc lwncdestun.

'I ni,' adleisiodd Cerys gan fwynhau teimlad y bybls yn tasgu ar ei thafod.

'Ffycin hel,' dywedodd Marc yn sydyn.

'Be?' syllodd Cerys arno mewn penbleth. Oedd e'n dechrau difaru?

'Rwyt ti mor blydi secsi, ma'n rhaid i fi dy gael di nawr!' Cymerodd ei gwydr oddi wrthi a'i roi ar bwrdd. Cariodd hi yn ei freichiau cryfion a'i gosod yn ofalus ar y gwely. Tynnodd ei dillad gan ei chusanu o'i gwddf i'w bronnau wrth iddo ddatgelu'r croen. Crynai Cerys gan lesmeirio o nwyd oedd yn llifo drwyddi. 'Cerys, rwyt ti'n anhygoel,' ebychodd Marc wrth iddo rwygo'i nicers oddi arni.

'Hei, ma rheina'n nicers newydd!'

'Mi bryna i gant o nicers i ti!' chwarddodd, cyn plymio i ddyfnderoedd ei benyweidd-dra a llyfu fel cath farus. Oedd, roedd Cerys wedi cwrdd â'i dyn perffaith . . .

Ar ôl awr o garu nwydwyllt, gorweddai Marc a Cerys yn un swp chwyslyd ar y gwely mawr. Roedd Cerys yn teimlo mor fuddugoliaethus nes ei bod bron â chanu grwndi. Dyn priod, a darlithydd . . . a hyn ar ei noson gynta! Ac roedd e'n *gorgeous*! Nawr, gydag ychydig o waith, byddai'n gadael ei wraig ac yn ei phriodi hi. Gallai adael coleg a bod yn wraig sy'n siopa'n llawn amser . . . Gwyliau yn St Tropez . . .

'Cerys . . .' Rhoddodd Marc Arwel wydraid arall o siampên yn ei llaw. 'Mae'n bwysig i ni gadw hyn yn gyfrinach . . . Mi hoffwn dy weld di eto . . . Ond mae'n rhaid i ni fod yn ofalus . . .'

'Wrth gwrs,' atebodd Cerys, 'dwi'n deall.'

'Wyt ti?' edrychodd Marc yn ddwfn i'w llygaid gan chwarae gyda'i chyrls euraid. 'Os daw unrhyw un i wybod am hyn, mi fedrwn i golli fy swydd a nghartre!'

'Dwi'n addo cadw'n dawel!'

'Paid â dweud wrth neb, yn enwedig y Ffat Slags!'

'Ond ma nhw'n gwybod mod i wedi gadael y Cŵps i gwrdd â ti!'

'Dwed wrthyn nhw ein bod wedi cael drinc 'da'n gilydd a dyna i gyd ddigwyddodd.'

'Dy'n nhw ddim yn mynd i gredu 'na, odyn nhw?' wfftiodd Cerys.

'Fe gredan nhw unrhyw beth os gwnei di eu hargyhoeddi nhw,' gwenodd Marc arni'n dyner.

'Ai fi yw'r fyfyrwraig gynta i ti gysgu 'da hi?' holodd Cerys yn chwarae gyda'r blew mân ar ei fynwes frown.

'Ie, wrth gwrs . . .' dywedodd Marc gydag argyhoeddiad.

'Mis yma!' chwarddodd Cerys.

'Na, wir,' dywedodd Marc gan gydio ynddi'n dynn. 'Dwi ddim yn gwneud arfer o gopio off gyda phob merch bert sy'n dod yn ffreshar. Mae gormod gen i i'w golli.'

'Wel, wnest ti ddim oedi cyn mynd 'da fi,' atgoffodd Cerys e.

'Mae gen ti rywbeth . . . sbesial, Miss Evans!' chwarddodd Marc cyn claddu'i ben rhwng ei bronnau.

'Ieuenctid?' holodd Cerys.

'Oi! Dwi ddim mor hen â 'na!' dywedodd Marc yn amddiffynnol.

'Tri deg wyth?' holodd Cerys.

'Tri deg chwech, diolch! Ma'r ddwy flynedd 'na'n bwysig.'

'Ddwywaith fy oed i!' atgoffodd Cerys e.

'Ie, ond dwi yn fy mhreim!' dywedodd Marc.

'O'n i'n meddwl bod dynion yn eu preim yn ddwy ar bymtheg?' chwarddodd Cerys.

'Na, chwedl gwlad yw honna. Gwranda, pwy sy orau, y bechgyn bach dwy ar bymtheg yna rwyt ti wedi'u cael ynteu dyn fy oed i?'

'Wel, ma nhw'n gallu gwneud sawl perfformiad . . .'

'Wyt ti'n barod am *encore* 'te, y slwten fach ewn?'

Tynnodd Marc hi'n agosach ato ac anghofiodd Cerys bob dim am ei wraig, ei waith, y Ffat Slags a phawb arall. Roedd hi mewn cariad . . .

*

Yr un noson – Tafarn y Cŵps

Hywel

Doedd Hywel ddim yn siŵr ei fod wedi gwneud y peth iawn yn dod i Brifysgol Aberystwyth. Oedd, roedd y sîn Efeng-yl yn ffynnu yno ond roedd y rhan fwyaf o'r myfyrwyr yn mynd i feddwl ei fod yn real *nerd.* Edrychodd o'i gwmpas yn y Cŵps gan weld golygfeydd a ymdebygai i arlunwaith Hieronymus Bosch o'i flaen – penolau pinc yn hongian dros ben trôns, bechgyn barfog yn llymeitian llathenni o gwrw ac yna'n torri gwynt yn swnllyd. Merched yn snogio'i gilydd – dyma'n wir beth oedd golygfa gofiadwy . . . Edrychodd ar Cerys yn mwynhau gyda'r Ffat Slags, y triawd mwya erchyll o ferched roedd o wedi'u gweld tu allan i gomic *Viz.* Roedd hi'n ei anwybyddu fe a Lois a gallai weld bod hynny'n brifo'i ffrind sensitif. Doedd Hywel yn malio dim, gan nad oedd Cerys erioed wedi bod yn ffrind agos iawn iddo. Ond gwyddai fod Lois yn teimlo'r peth i'r byw. Roedd e'n methu deall pam roedd hi'n addoli'r ferch gymaint. Roedd hi'n hunanol, yn slei ac roedd ei *moods* yn newid gyda'r tywydd. Roedd e wastad wedi teimlo y dôi Cerys i ddiwedd anffodus ryw ddydd ac roedd e eisiau bod yn ddigon pell oddi wrth *fall-out* pan ddigwyddai hynny. A doedd e ddim yn siŵr iawn sut ferch oedd y Fflur

'ma chwaith. Goth oedd yn llanw'r lle gyda'i pherson-
oliaeth, ond o leia roedd hi'n gynnes tuag ato fe.

'Oi, Hywel, ti ffansi drinc arall? Beth am JD bach
yn y Coke 'na sy 'da ti?' gwaeddodd Flur wrth ei
brocio'n gyfeillgar yn ei asennau.

'Na, ma Coke yn iawn, diolch.'

'Dere mlaen w, dyma dy noson gynta di. Mae'n
rhaid i ti feddwi!'

'Dyw e ddim yn lico blas alcohol,' dywedodd Lois
mewn llais awdurdodol. Roedd hi wedi hen arfer â
Hywel a'i arferion sanctaidd – am gyfnod roedd ganddi
grysh arno fe.

Cofiodd Hywel gyda gwên y tri mis yn y Chweched
Isaf, pan fu Lois yn cario copi clawr caled o'r Beibl
gyda hi i bob man i geisio'i argyhoeddi mai hi fyddai
ei bartner delfrydol. Fodd bynnag, pan ddeallodd mai
un o'i reolau pendant oedd dim rhyw cyn priodi,
pylodd ei diddordeb carwriaethol ynddo, a daethant
yn ffrindiau da yn lle hynny. Roedd Hywel yn hoff
iawn ohoni, yn ei gweld fel enaid hoff, cytûn a oedd,
fel fe, yn lletchwith mewn digwyddiadau cymdeithasol.
Arferai'r ddau rannu lifft adre gyda'i gilydd pan fyddai
Cerys fel arfer wedi denu bachgen arall i'w gwe.

'Reit, dwi'n mynd lan i daclo Cerys. Ddyle hi ddim
cymysgu da'r Ffat Slags 'na!' dywedodd Lois yn
bendant.

'Gad hi fod,' meddai Hywel. 'Dwyt ti ddim isie
dechrau ffeit. Os glywan nhw ti, fyddan nhw ar dy ôl
di.'

'Ie, smo ti'n moyn ypseto rheina,' rhybuddiodd
Fflur. 'Wyt ti isie bod ar yr *hit list* hefyd?'

'Wel, mae Cerys yn ffrind i fi ac mae angen ei

rhybuddio hi,' meddai Lois, gan sefyll ar ei thraed a cherdded tuag at Cerys a'i chriw.

'Wedes i wrthi,' dywedodd Fflur wrth Hywel. 'Sdim pwynt dweud dim, bydd rhaid i'ch ffrind ffeindio mas yn ei ffordd ei hunan.'

'Ma Lois yn becso gormod amdani,' meddai Hywel yn dawel.

'Ie, mae hi'n ymddangos yn ferch neis. Mae'n galed ffeindio pobol normal yn y gwallgofdy 'ma,' dywedodd Fflur gan dynnu'n ddofn ar ei sigarét ac edrych o'i chwmpas yn ddirmygus.

'Wyt ti wedi arfer â'r sîn yn Aber 'te?' holodd Hywel.

'Ffycin 'el, odw! Dwi'n dod o Lanbed 'chan. Fan hyn y'n ni'n dod mas bob penwythnos!'

'Pam o't ti isie dod i'r coleg 'ma 'te?'

'Lot o resyme; ma nheulu i'n agos, a Ffranc . . .'

'Ffranc?'

'Ie, nghariad i, mae e'n gweithio yn y siop recordie yn dre, Stuarts.'

'O . . .' Doedd Hywel ddim yn siŵr beth arall i'w holi. Er bod Fflur yn hwyl, roedd hi'n eitha *scary* ac yn ddwys iawn, a synhwyrai Hywel fod elfen ddesbret yn perthyn iddi y tu ôl i'r brafado, bod yn RHAID iddi gael hwyl, beth bynnag y gost.

'Wnest ti 'i rhybuddio hi am y Ffat Slags?' holodd Hywel yn obeithiol wrth i Lois ddychwelyd i'w sedd.

'Do, ond mae'n pallu gwrando,' atebodd Lois.

'Wel, rho amser iddi,' dywedodd Fflur. 'Bydd hi'n dysgu'n ddigon clou i'w hosgoi nhw pan ddeith hi i'w nabod nhw'n well.' Yfodd yn ddwfn o'i pheint a'i orffen â chlec. 'Gwrandwch, fi wedi cael digon fan hyn gyda'r twats *Welsh-Nash* 'ma i gyd. Pam 'se ni'n symud mlaen i rywle arall? Ma'n ffrind i, Cai, sy yn y band Annwfn yn chwarae gìg yn y Bay Hotel nes mlaen.'

Allai Hywel ddim dychmygu dim byd gwaeth. Roedd e'n ffan o hen glasuron y '60au – Bob Dylan, Credence Clearwater Revival a Jethro Tull – a doedd e ddim eisiau gweld mwy o feddwi a chwydu. Roedd e eisiau dianc i'w ystafell fach glyd i wrando ar ei hoff recordiau wrth sgwennu llythyr at ei ffrind, Iestyn, oedd yng Ngholeg Bangor . . .

'OK, pam lai,' dywedodd Lois, yn teimlo'n herfeiddiol ei bod yn gadael nyth Gymraeg glyd y Cŵps. 'Hywel, wyt ti'n dod?'

'Na, dwi'n meddwl yr af i 'nôl i'r neuadd nawr. Ma cwrdd 'da fi fory.'

'Cwrdd?' chwarddodd Fflur.

'Ie, mae e'n Efeng-yl,' meddai Lois yn gyflym.

'Pawb at y peth y bo!' dywedodd Fflur. 'Neis i gwrdd â ti, Hywel, wela i ti 'to – ond ddim yn y capel!' chwarddodd, cyn tynnu Lois o'i chadair.

Cododd Hywel hefyd. 'Paid yfed gormod,' meddai wrth Lois yn dadol.

'OK, tad-cu,' chwarddodd Lois.

'Paid wanco gormod,' dywedodd Flur wrtho.

'Be?' edrychodd Hywel arni'n syn.

'Wel, dyna pam ti isie mynd 'nôl mor gynnar, on'd ife?'

Gwenodd Hywel yn wan arni. 'Wel, wela i chi fory.'

'Ie, mi ddof i i dy ôl di i ni gael cinio 'da'n gilydd,' dywedodd Lois gan wasgu ei law. Gallai Hywel weld ei bod yn teimlo'n euog yn ei adael.

'Paid poeni amdana i; bydda i'n iawn.'

A gwyliodd y ddwy yn camu'n braf gyda'i gilydd i ganol y dre. Falle y byddai'n beth da bod Lois yn dianc o afael Cerys, ond roedd Fflur hefyd yn gymeriad grymus . . .

Cerddodd Hywel i fyny rhiw Penglais yn meddwl pa mor galed yr oedd wedi gweithio i gyrraedd y man hwn. Ac a bod yn onest, nawr ei fod yno, roedd yn teimlo'n eitha siomedig. Oedd, roedd 'na hwyl i rai, ond hwyl alcohol a rhyw oedd e; roedd e'n edrych am rywbeth mwy . . .

Gyda hynny, gwelodd ferch yn gorwedd ar ganol y ffordd o'i flaen. Roedd hi'n gwbl ddiymadferth, fel doli glwt.

'Hei!' gwaeddodd Hywel gan fynd fyny ati ac ysgwyd ei braich yn wantan. 'Deffra! Rwyt ti ar ganol yr heol.'

'Yyyy . . .' oedd yr unig ymateb.

'Dere 'chan!' Dechreuodd Hywel fynd i banig wrth weld traffig yn agosáu. 'Ma car yn dod.' Wrth lwc, roedd hi'n ddigon ysgafn iddo'i chodi a'i llusgo'n drwsgwl i ddiogelwch y palmant.

'Yrrgh!' Cyfogodd y ferch dros ei dreinyrs newydd. Fel arfer, roedd cyfuniad lliwgar o foron a phys yn rhan o'r rysáit.

'Dere mlaen!' dywedodd Hywel gan ddechrau colli'i amynedd. 'Lle wyt ti'n byw?'

'Tali . . . yyyy.'

'Taliesin?' holodd Hywel yn awyddus.

'Tali . . . bleerch!' ac unwaith eto chwydodd y ferch, y tro hwn ar y palmant, diolch byth.

'Reit, af i 'nôl â ti nawr.' A gafaelodd Hywel ynddi a'i helpu tuag at y neuadd. Sylwodd ei bod yn ferch ddigon del – un fer a llond pen o wallt cyrliog du, blew amrannau eithriadol o hir a llygaid mawr glas.

'Beth-yw-dy-enw-di?' dywedodd Hywel fel Dalek yn ceisio ymresymu â hi.

'Mel-er-i,' atebodd cyn cael KO yn ei freichiau. *Typical*! Doedd neb arall o gwmpas – ymdebygai'r lle i seilam mawr gyda'r coridorau hirion a'r goleuadau gorlachar. Beth ddylai ei wneud â hi? Doedd e ddim eisiau mynd â hi at y Warden a'i chael i drwbwl ar ei noson gynta. Allai e mo'i gadael ar ei phen ei hun yn y ffreutur – beth petai rhywun yn ymyrryd â hi? Beth petai'n tagu ar ei chyfog ei hun? . . . Na, byddai'n rhaid iddi ddod i'w ystafell yntau a chysgu yno nes byddai'n dod ati'i hun.

Chwarddodd Hywel wrtho'i hun wrth ei llusgo i fyny'r grisiau. Ei noson gynta yn y coleg a dyma fe, gyda merch yn ei wely'n barod! Agorodd ddrws ei ystafell fechan – diolch i Dduw fod ganddo ystafell iddo'i hun – a gydag ochenaid, gosododd Meleri'n ofalus ar ei wely.

Nawr, lle roedd e'n mynd i gysgu? Edrychodd ar y gadair anesmwyth wrth erchwyn y gwely – ych! Roedd e'n chwe troedfedd a thair modfedd, fyddai e byth yn ffitio yn y gadair fach gul 'na! Ar ôl pendroni am eiliad, gosododd Meleri ym mhen pellaf y gwely, ar ei hochr rhag iddi dagu, a gorweddodd yntau gyda'i draed yn gorffwys wrth ei phen. Doedd e ddim eisiau unrhyw gamddealltwriaeth pan ddeuai Meleri at ei hun yn y bore . . .

*

'AAARGH!' Deffrodd Hywel â braw. Roedd y sgrech yn fyddarol – fel un ei gi, Cas, pan fyddai rhywun yn sathru ar ei chwt mewn camgymeriad.

'Mam?!' neidiodd Hywel i fyny yn y gwely'n wyllt.

'Pwy ffyc wyt ti?' Edrychodd Meleri arno, â'i llygaid mawr yn agor led y pen mewn sioc.

'Hywel Morgan.' Yna, llifodd y geiriau allan yn un llifeiriant brysiog rhag iddi sgrechian eto. 'Wnes i dy ffeindio di yn ddiymadferth yn nghanol yr heol ar fy ffordd 'nôl i'r neuadd neithiwr. Digwyddodd dim byd, onest. Gest ti KO a doedd neb o gwmpas, felly des i 'nôl â ti i'n stafell i rhag i ti gyfogi mwy a thagu.'

Wrth glywed ei eiriau olaf a sylwi ar ei banig amlwg a'r diniweidrwydd yn ei wyneb, ymlaciodd Meleri.

'Cyfogi mwy? O na, wnes i ddim . . .'

'Do, fe wnest ti. Dros fy nhreinyrs newydd i a chwbwl. Gallet ti fod wedi cael niwed mawr ar yr heol, ti'n gwybod.'

'Ie, fi'n gwybod. Diolch i ti am fy helpu i, Harri.'

'Hywel.'

'Sori, Hywel. Dwi ddim yn cofio dim ar ôl y pyb crôl 'na . . . Dwi'n cofio gadael y Cŵps . . . a fi'n credu bod y merched wedi mynd mlaen i'r Llew Du. Ond o'n i isie *kebab* a wel, sai'n cofio dim byd arall. Dwi'n lwcus bo ti'n ŵr bonheddig,' a gwenodd arno'n ddel. Roedd ganddi wên anhygoel, meddyliodd Hywel, yn gynnes a llydan, yn gwbl ddiffuant.

'Dim problem. O'n i ddim isie dy gael di i drwbwl 'da'r Warden.'

'Diolch byth!' ebychodd Meleri. 'Bydde Mam a Dad yn rili *pissed off* 'da fi 'se ni'n cael *chuck* mas o 'ma ar ôl un noson! Smo ti'n meddwl ei fod fel *Prisoner Cell Block H*? O'n i'n disgwyl mwy am yr arian y'n ni'n talu i gael byw yn y *ghetto* ma!'

'Odi, mae'n eitha sylfaenol,' dywedodd Hywel.

Doedd e ddim isie iddi fynd, felly penderfynodd ofyn iddi a hoffai goffi.

'Dwi'n gwneud paned i fi fy hun. Hoffet ti gael un hefyd?'

'O ie, plis, mae 'ngheg i fel dap Arab! Alla i gael coffi du, cryf, plis?'

'Iawn,' a chododd Hywel i wneud y coffi.

'Ti'n lico Bob Dylan, wyt ti?' holodd Meleri wrth weld y posteri niferus ohono ar y muriau.

'Ydw,' atebodd Hywel yn swil. 'Dim ond yr hen stwff dwi'n licio, ac ma'n ffrind i Lois wastad yn dweud mod i'n henffasiwn.'

'Beth ma hi'n wybod?' dywedodd Meleri yn frwdfrydig. 'Ma Bob Dylan yn frenin ac ma ELO yn ffantastig!' Roedd hi'n edrych drwy ei gasgliad CDs ac yn amlwg yn rhannu'r un chwaeth ag yntau. Fe roddodd hi gân ELO, 'Mr Blue Sky', ar y stereo a dechrau canu braf.

'Sdim *hangover* da ti 'te?'

'Na, dwi'n iach fel cneuen nawr,' gwenodd arno wrth yfed ei choffi.

'So, Hywel, wyt ti'n gwneud arferiad o ddeffro gyda merched meddw yn dy wely?'

'Na, dim ond y rhai pert!' Methai gredu ei fod wedi'i hateb yn y fath fodd a gwridodd hyd at ei glustiau.

Chwarddodd Meleri. 'Rwŷt ti'n real *charmer*, Hywel Morgan. Na, a bod yn onest 'da ti, dwi'n rili ddiolchgar i ti. Bydde rhai dynion wedi cymryd mantais ohono i neu wedi fy ngadael ar yr heol. Bydd rhaid i fi stopio yfed cymaint . . .' Ac am eiliad daeth cysgod dros ei hwyneb.

'Wel, paid poeni, does dim niwed wedi'i wneud,'

dywedodd Hywel yn gyflym, gan sylwi ar y newid yn ei hwyliau. Edrychodd arni'n gorwedd yno yn ei wely gyda'i gwallt du fel môr sidan o gyrls i lawr ei chefn. Roedd hi'n wahanol i'r merched roedd o wedi'u gweld o'r blaen: roedd hi wrth ei bodd gyda'r un gerddoriaeth ag e, roedd hi'n ddoniol ac yn ddel. Os gallai ei chael i yfed llai, byddai'n berffaith! Ond beth ddigwyddai pan sylweddolai ei fod yn Efeng-yl? Roedd bod yn Efeng-yl fel gweld rhywun â ferwca mewn pwll nofio – byddai pawb 'normal,' yn enwedig y merched del, yn cadw draw.

Penderfynodd Hywel fwrw'r amheuon o'i ben wrth iddo gynnig bisgïen siocled i Meleri a rhoi coffi arall iddi. Roedd ganddo ferch ddel yn ei stafell, yn chwerthin am ei jôcs, ac am y tro, roedd hynny'n ddigon.

Pennod 2

Bythefnos yn ddiweddarach

Lois

Roedd Lois wrth ei bodd gyda'i ffrog fini newydd; roedd hi'n gwta, yn goch ac yn secsi, heb fod yn rhy tarti. Nawr, chydig mwy o *eyeliner* du a byddai'n barod i fynd i nôl Fflur o'i hystafell i fynd allan. Diolch i Fflur, roedd Lois wedi cael gwahoddiad i barti yn nhŷ Cai Annwfn heno ac roedd hi ar binnau'n edrych ymlaen at gael cip arall a sgwrs, gobeithio, gyda Daniel. Roedd hi wedi methu meddwl am ddim ond y bachgen tal, sensitif, secsi hwnnw ers iddynt gwrdd bythefnos yn ôl. Ond roedd e'n bedair ar hugain ac roedd Lois, wrth archebu'r ffrog goch, yn ceisio edrych yn hŷn i'w ddenu. Daeth Cerys i mewn i'r ystafell a golwg chwyslyd arni.

'Ble wyt ti wedi bod?'

'Gyda MA,' meddai Cerys gan wenu'n gam. 'MA' oedd ei henw cod am Marc Arwel ac roedd Lois wedi syrffedu'n barod yn gwrando ar yr hanes *blow-by-blow* (yn llythrennol!) yr oedd Cerys wrth ei bodd yn ei rannu gyda hi ar ôl ei sesiynau rhyw gyda'r darlithydd egnïol.

'Bydda'n ofalus!' rhybuddiodd Lois gan edrych ar Cerys ac adnabod y drygioni yn ei llygaid.

'Ie, ie, Mam-gu,' dywedodd Cerys gan sylwi ar ffrog

Lois. 'Ble gest ti honna? Mewn sêl yn siop S+M neu be?'

'O na!' dywedodd Lois yn betrus. 'Dyw hi ddim yn ormod, odi hi?'

'Wel, ma'n dibynnu ble wyt ti'n mynd. Ddim i gyfarfod Efeng-yls da Hywel, ife?' chwarddodd Cerys ac arllwys gwydraid o Martini iddi ei hun o'r *mini-fridge*.

'Na, i barti,' dywedodd Lois yn ffwrdd-â-hi. Doedd hi ddim wir eisiau i Cerys ddod rhag iddi dynnu sylw Daniel oddi wrthi hi, a hithau wedi gosod y sylfeini'n barod gyda fe. Un edrychiad oddi wrth Cerys a byddai hi'n dominô arni hi!

'Parti?' holodd Cerys. 'Ble?'

'Un o ffrindie Fflur. Fyddet ti ddim isie dod gan dy fod ti'n meddwl ei bod hi'n Goth stiwpid.' Gwyddai Lois fod Cerys wastad wedi ffansïo Cai Annwfn ers dyddiau ysgol, gyda phosteri ohono ar hyd y wal yn ei hystafell yn dystiolaeth o'i hobsesiwn. Ond roedd Cerys wedi sylwi bod Lois yn cuddio rhywbeth a dywedodd yn wylaidd, 'Plis, Lois, dwêd wrtho i.'

Allai Lois ddim dweud na wrthi. 'OK, ond mae'n rhaid i ti beidio â mynd ar ôl y boi 'ma dwi'n rili licio sy'n mynd i fod 'na heno . . .'

'Pwy? Y Daniel 'na? Na, paid poeni, gen i nwylo'n llawn gydag MA!'

'Parti yn nhŷ Cai Annwfn yw e,' dywedodd Lois yn ddi-hid gan aros am yr ymateb. Am unwaith roedd ganddi'r llaw uchaf ar Cerys o ran adnabod pobol cŵl.

'Be?! Ma *Fflur* yn 'i nabod e? Shwd 'ny?'

'O'dd e arfer 'i ddysgu hi yn yr ysgol cyn iddo fe gael ei dwlu mas,' atebodd Lois. 'Ti'n difaru nawr bo ti heb wneud ffrindie 'da Fflur fel wnes i? Achos ma Cai'n casáu'r Ffat Slags a dyw e ddim isie nhw na'u ffrindie ar gyfyl y lle, medde Fflur.'

'Wel, sai'n mynd i weud 'thyn nhw, odw i!' atebodd Cerys yn syth. 'Plis, Lois, gad i fi ddod, dwi'n addo bihafio . . .'

'Mhm!' ebychodd Lois, heb gredu am eiliad y byddai Cerys yn 'bihafio' o gwbl. 'OK 'te, ond rhaid i ti addo cadw dy grafangau oddi ar Daniel a bod yn neis wrth Fflur, iawn?'

'Iawn!' dywedodd Cerys, gan ddechrau lluchio'i dillad o gwmpas fel corwynt cotwm.

*

'Dewch i mewn, foneddigesau!' meddai Cai wrth agor drws ei dŷ ar Consti a moesymgrymu'n or-ffurfiol o'u blaenau. Rhoddodd roi winc ar Cerys. 'A phwy sydd wedi dod 'da ti heno, Fflur f'anwylyd?' holodd, gan roi cusan fawr wleb ar wefusau Fflur.

'Ych, Cai, ti'n drewi o seidr!' dywedodd Fflur gan sychu ei boch yn gyflym. 'Cerys yw hon, ffrind i Lois. Ti'n cofio Lois?'

'Wrth gwrs mod i,' gwenodd Cai arni. 'Bydd Daniel yn falch o dy weld di, dwi'n siŵr.'

Llamodd calon Lois wrth ei glywed e'n sôn am Daniel. Oedd hi'n bosib fod Daniel yn ei hoffi hi hefyd?

'Dere at Dadi,' dywedodd Cai gan fachu Cerys yn syth fel corryn mawr randi. 'Mae gen i goctel arbennig i ferched secsi fel ti.'

'O! Beth?' holodd Cerys gan wincio ar Lois wrth gerdded tuag at y gegin gyda Cai.

Erbyn iddi gael diod oedd â digon o alcohol ynddo

46

i fodloni holl drigolion Aber, sylwodd Lois fod Fflur yn brysur yn fflyrtio gyda Steve, y drymiwr hirwallt o dras Sbaenaidd oedd hefyd yn Annwfn. Doedd hi'n amlwg ddim yn meddwl am Ffranc heno. Teimlai Lois yn lletchwith yn sefyll yno'n magu potel o gwrw yn ei mynwes, oedd yn bygwth dianc o'i ffrog O.T.T. unrhyw funud. Ond yna, gwelodd Daniel yn sefyll yno fel petai *spotlight* o'i gwmpas. Edrychai'n fwy golygus heno nag erioed. Roedd yn beth rhyfedd, synfyfyriai Lois, nad oedd hi byth yn gallu cofio pryd a gwedd dynion roedd hi'n rili ffansïo'n iawn yn ei dychymyg, tra bod wynebau dynion hyll yn serio'u hunain ar ei chof. Ond nawr, cofiai'n iawn am ei lygaid siocled, y cudyn o wallt brown tywyll a hongiai'n rhywiol dros ei dalcen a'i freichiau brown, ystwyth . . .

'Lois?' Shit! roedd e wrth ei hochr hi! Llyncodd ei chwrw'n lletchwith gan besychu fel mul cyn dweud, 'D . . . Daniel. Shw'mae!'

'Neis i dy weld ti,' meddai Daniel gan wenu'n gynnes arni. Sylwodd ei fod wedi ciledrych ar ei bronnau yn y ffrog goch a diolchodd ei bod wedi'i dewis.

'Hoffet ti ddiodyn bach arall?' holodd. Synhwyrai Lois ei fod mor nerfus â hi.

'Na, ma un 'da fi, diolch.'

'O'dd . . .'

'Wnes i . . .' *God*! Roedd pethe mor lletchwith. Pam na allai hi fod yn *smooth* fel Cerys gyda dynion? Dechreuodd eto, 'Wnes i fwynhau'ch gìg chi yn y Bae tro diwetha. Mae'r gân newydd yn rili dda.'

Goleuodd ei wyneb a dywedodd yn falch, 'Diolch i ti. Wi'n falch dy fod ti wedi hoffi'r un newydd achos fi sgwennodd hi. Yn barod ar gyfer yr albwm newydd, ti'n gweld. Ni'n lawnsio fe cyn bo hir.'

'O, 'na dda!' dywedodd Lois. 'Alla i ddod?' O na! Beth oedd hi wedi'i ddweud? Roedd hi'n swnio fel rhyw grwpi pathetig!

'Wrth gwrs,' atebodd Daniel. 'Mae'r gìg ym Mhontrhydfendigaid. Bydd pawb yn gallu dod.'

Teimlai Lois fel petai bwcedaid o ddŵr oer wedi'i daflu drosti. 'Pawb yn gallu dod.' A hithau'n meddwl ei bod yn sbesial; mae'n amlwg ei bod yn twyllo'i hun.

Gyda hynny, daeth merch osgeiddig o'r drydedd flwyddyn draw atynt a rhoi ei braich am Daniel. Roedd ganddi wallt euraid fel y ferch yn hysbysebion Timotei a choesau brown diddiwedd a edrychai'n hyfryd, diolch i'r ffrog wen gwta oedd amdani. Dywedodd mewn llais bach Marilyn Monroe-aidd: 'Danny, there you are! Can you get me another G&T please?' a thaflodd edrychiad ar ffrog Lois fel petai'n edrych ar rywbeth roedd mastiff wedi'i gynhyrchu ar ganol stryd ar ôl chwe chwrs o Pedigree Chum. 'Yes, OK Lucy,' dywedodd Daniel yn lletchwith, cyn troi'n ôl at Lois – dim ond i'w gweld yn diflannu i fyny'r grisiau i gyfeiriad y tŷ bach.

Erbyn hyn, roedd y parti ar ei anterth. Cyrff yn dawnsio, snortio, smygu ac yfed, oll i gerddoriaeth fyddarol The Fall, un o brif ddylanwadau Cai. Roedd goleuadau amryliw yn fflashio a theimlai Lois yn simsan wrth ddringo'r grisiau. Sut allai fod wedi bod mor ffôl? Wrth gwrs bod gan foi mor olygus â Daniel gariad, a honno'n edrych fel blincin Elle McPherson hefyd! Pa obaith oedd ganddi hi? A hithau yno'n edrych fel rhyw gimwch gwallgo yn ei ffrog stiwpid. Tynnodd gardigan ddu o'i bag a'i rhoi amdani a'i botymu i'r top. Yn sydyn, ar ben y grisiau gwelodd ddau gorff yng nghanol sesiwn rywiol go swnllyd. Gwelodd gyrls melyn a chyrls brown gwyllt yn gymysg â'i gilydd ar y llawr, gyda thraed blewog mewn sandalau budr yn hongian oddi ar dop y grisiau. Yna, gwelodd ben-ôl bach bantam Cai yn codi ac yn suddo'n egnïol fel piston injan. O na! Cerys a Cai yn cael rhyw ar y stâr! Camodd Lois drostynt yn drwsgl gan feddwl pa mor crap oedd y parti 'ma mewn gwirionedd.

Yn ôl yn yr ystafell fyw, roedd Fflur a Steve yn cusanu'n nwydwyllt ac aeth Lois at Fflur wedi cael llond bol. 'Gwranda, dwi'n mynd adre, OK?'

Stopiodd Fflur yn stond gyda Steve yn dal i gusanu ei gwddf a dweud, 'Paid â bod yn sili. Isie bach o help i ymlacio sy arnat ti! Dere 'ma!'

Eisteddodd Lois wrth ei hochr yn anghyfforddus a rhoddodd Fflur dabled fach yn ei llaw. 'Ecstasi yw e,' dywedodd Fflur. 'Wneith e i ti deimlo'n lot gwell!'

'Dwi ddim yn siŵr, Fflur,' dywedodd Lois gan edrych ar y dabled fach oedd â llun cwningen arni am ryw reswm.

'Go on, neith e i ti deimlo'n lyfli!' dywedodd Fflur gan roi cusan fawr iddi.

Edrychodd Lois ar bawb arall yn cael hwyl o'i chwmpas. Meddyliodd am Cerys a Cai yn mwynhau ei gilydd ar y grisiau a Daniel a'r hen fitsh yna yn snogio'n rhywle, siŵr o fod. A dyma lle roedd hi eto fel rhyw athrawes ysgol sur yng nghanol criw o blant hapus. Cymerodd y dabled oddi wrth Fflur a'i llyncu'n syth.

'Nawr, yfa lot o ddŵr 'da hwnna,' dywedodd Fflur, 'ac mewn cwpwl o funude fyddi di'n hedfan!'

Roedd Fflur yn iawn. Hanner awr yn ddiweddarach, roedd hi YN hedfan. Teimlai'n â'r gerddoriaeth fyddarol a'r bobol brydferth o'i chwmpas. Beth oedd yr ots am Daniel? 'Ti'n gweld?' dywedodd Fflur gan ei chofleidio'n falch. 'Sdim rhyfedd eu bod nhw'n ei alw fe'n Ecstasi!'

Awr yn ddiweddarach ac roedd Lois yn un domen chwyslyd. Roedd hi'n methu peidio dawnsio. Doedd y gerddoriaeth erioed wedi'i chyflyru yn y fath fodd o'r blaen. Roedd cwmwl euraid o gwmpas pawb, fel pobol oedd wedi bwyta llond bol o Ready Brek . . . Dechreuodd ddawnsio gyda rhyw foi hynod garedig oedd wedi rhoi diod o fodca a Red Bull iddi. Roedd e mor ystyriol . . . mor hyfryd . . . Teimlodd ei wefusau'n ei chusanu'n eofn a chusanodd e 'nôl – wel, byddai'n anghwrtais peidio! Ond yna, dechreuodd deimlo'n sâl a cheisiodd wthio'r dyn ymaith ond roedd ei gorff yn drwm fel dur. Chwarddodd arni gyda dannedd bach miniog fel pirana yn ei ben, a rhoddodd ei law dew i fyny ei sgert yn eofn a cheisio tynnu'i nicars i lawr. 'Dere mlaen,' meddai. 'Paid â bod yn goc-tîs!'

'Ych!' ebychodd Lois gan deimlo'r chwd yn codi, a chyn iddi fedru rhedeg i'r tŷ bach, roedd jîns drud y boi mochaidd oedd yn ceisio'i dadwisgo yn gymysgedd o gyfog a Red Bull.

'Y! Ffyc off, yr hwch!' gwaeddodd yn ddig a'i gwthio'n giaidd nes ei bod yn gorwedd yn un swp ar y llawr.

Cododd yn drwsgl a gwthio'i ffordd yn lletchwith trwy'r cyrff chwslyd oedd yn dawnsio a chwerthin o'i chwmpas. Clywai lais yn y pellter yn gweiddi 'Lois! Aros!' a meddyliodd mewn panig mai Daniel oedd e. Doedd hi ddim am iddo fe 'i gweld hi yn y fath gyflwr. Rhedodd allan o'r tŷ i gyfeiriad y prom cyn baglu dros ei sodlau uchel a syrthio eto ar ei gliniau ar y palmant.

'Aw!' sgrechiodd mewn poen. Roedd ei phigwrn wan wedi troi ac roedd yn uffernol o boenus. Roedd ei theits *fishnet* yn ddarnau, diolch i gampau'r boi brwnt yn y parti ac i'w chywmp, ac roedd gwaed yn llifo o'r clwyfau ar ei phengliniau.

'Lois?' Safai Daniel yno yn edrych arni'n betrus. Plygodd i'w chodi, 'Wyt ti'n OK? Beth ddigwyddodd?'

'Dwi'n iawn, dwi'n iawn,' dywedodd, gan geisio stopio'r dagrau rhag llifo. 'Cer di 'nôl i'r parti, dwi'n mynd i Daliesin. Lle mae'r tacsis?'

'Dwyt ti ddim yn iawn,' meddai, a'i harwain at fainc gerllaw. 'Nawr eistedd lawr i fi gael gweld dy bengliniau di.' Tynnodd gadach o'i boced a dechrau sychu'i chlwyfau. Roedd Lois yn teimlo'n ofnadwy ac wedi sobri'n rhyfeddol o gyflym.

'Pwy oedd y boi 'na – dy gariad di?' holodd Daniel yn dadol gan roi ei siaced o gwmpas ei hysgwyddau, oedd yn crynu gan sioc digwyddiadau'r noson.

'Ych, na! Rhyw perf oedd yn trio fe mlaen 'da fi, nes bo fi'n sic drosto fe!'

Chwarddodd Daniel a dechreuodd Lois chwerthin hefyd. 'Eniwê,' dywedodd Lois yn dod ati'i hun, 'well i ti fynd 'nôl at dy gariad *di*. Dyw hi ddim yn edrych y teip fyddai'n rhy hapus dy fod ti allan fan hyn gyda fi.'

'Pwy?' holodd Daniel mewn penbleth.

'Y flonden 'na oedd gyda ti ginne fach,' dywedodd Lois, yn methu cuddio'i chenfigen.

Gwenodd arni a dweud, 'O, Lucy ti'n feddwl? Na, mae hi wastad yn trio fe mlaen ond does dim diddordeb 'da fi. Mae'n hen fitsh, yn ôl pob sôn. Cafodd Steve brofiad anffodus 'da hi unwaith. Bach o *bunny boiler*.'

'O,' meddai Lois gan deimlo'n llawer gwell yn

sydyn. 'Diolch i ti am edrych ar 'y ngôl i. Dwi'n teimlo'n rili stiwpid.'

'Wel, falle 'i fod e'n beth da i ti weld nad yw Ecstasi yn rhywbeth i chwarae ag e,' dywedodd Daniel yn lleddf gan edrych ar y môr oedd yn chwipio'r traeth yn ddidrugaredd o'u blaenau.

'Shwd o't ti'n gwybod mod i 'di cymryd rhywbeth?' holodd Lois gyda chywilydd, gan synhwyro nad oedd Daniel yn ffan mawr o gyffuriau.

'Wel, dwi'n nabod yr arwyddion,' dywedodd Daniel yn gwta cyn parhau gyda'r busnes o fopio'r gwaed oedd yn dal i lifo o'r clwyfau ar ei phengliniau.

''Na i ddim o fe eto, dwi'n addo,' dywedodd Lois yn teimlo fel merch fach unwaith eto ac yn eitha hoffi'r teimlad o gael dyn mawr, tal fel Daniel yn edrych ar ei hôl hi. Daliodd Daniel yn ei llaw yn dynn gan edrych i fyw ei llygaid a dweud,

'Dwi'n falch. Falle na fydda i ddim yma tro nesa i sychu dy glwyfau di!'

'Oi! Chi'ch dou!' Daeth llais Cai o'r tu ôl iddynt i darfu ar yr awyrgylch rhamantus. 'Fi a Cerys yn mynd lawr i'r traeth. Chi'n ffansi dod?'

'Na, dyw Lois ddim yn teimlo'n rhy dda. Y'n ni'n mynd i eistedd fan hyn am bach,' dywedodd Daniel gan lapio'i got o'i chwmpas yn dynnach.

Hongiai Cerys oddi ar fraich Cai, oedd yn dal potel o Jack Daniels yn un llaw a bron Cerys yn y llall. Roedd hi'n amlwg yn gwbl feddw ac, yn ôl ei llygaid, wedi cymryd rhywbeth hefyd. 'Ti'n iawn, Cerys?' holodd Lois, yn poeni am ei chyflwr.

'Fel y boi!' chwarddodd Cerys, ac edrychodd ar Daniel yn awgrymog gan roi winc arno cyn bwrw golwg ar gyflwr Lois a sylwi bod ei ffrog goch mewn stad uffernol erbyn hyn. 'Wedes i wrthot ti i beidio gwisgo'r ffrog 'na!' dywedodd wrthi'n ddi-hid. A gyda hynny, ymlwybrodd y ddau yn feddwol tuag at y traeth gan stopio bob eiliad neu ddwy i gael snog go dda.

'Ma dy ffrind di'n dipyn o gês,' dywedodd Daniel wrth wylio Cerys yn stripio yn y pellter ac yn rhedeg i'r dŵr yn noethlymun, gyda Cai, hefyd yn noeth, yn ei dilyn.

'Ydi, mae'r dynion i gyd yn dwlu arni,' dywedodd Lois gydag ychydig o genfigen yn ei llais. Gallai hi a Daniel fod yn cael profiad *From Here to Eternity* ar y traeth yr eiliad hon fel Cai a Cerys, petai hi heb fod yn gymaint o *lightweight*.

'Dim *pob* dyn,' dywedodd Daniel gan edrych eto i fyw ei llygaid. Sychodd y cymysgedd o fasgara a dagrau oedd wrth ei llygaid yn dyner, cyn cydio yn ei hwyneb a'i chusanu. Ac roedd yn deimlad anhygoel. Aeth Lois yn wan o dan ei gyffyrddiad ysgafn a rhoddodd ei breichiau o'i gwmpas. Teimlodd ei gorff yn sythu ychydig cyn iddo'i chusanu drachefn. Cydiodd yn ei dwylo a dweud yn ofalus, 'Gymerwn ni bethe'n ara deg, iawn?' Gwenodd arni. 'Does dim brys, o's e?'

Roedd Lois yn difaru bod mor eofn wrth ymateb mor gryf i'w gusanau. Doedd Daniel yn amlwg ddim yn chwilio am *one-night stand*. Ac mewn gwirionedd, doedd hi ddim chwaith. Roedd hi eisiau iddo'i pharchu hi, fel roedd hi'n ei barchu ac yn ei garu. Edrychodd Lois i'w lygaid gan deimlo'n gwbl ddiogel yn ei gwmni. Daniel, ei dyn perffaith . . .

*

Yr un noson

Cerys

Roedd Cerys yn teimlo'n rhywiol iawn wrth iddi gerdded gyda Fflur a Lois tuag at dŷ Cai ar fryn Consti. Roedd Lois druan yn edrych fel doli ar gyfer *sex addicts* yn ei ffrog blastig goch, ac roedd Fflur yn edrych fel Morticia o'r *Addams Family* yn ei ffrog ddu laes a'i cholur Gothaidd. Diolch byth fod gan Cerys chwaeth dda mewn dillad, meddyliodd wrthi'i hun gan fwrw golwg blês ar ei *hot pants* denim pinc newydd a'i chrys-T Rolling Stones tyn. Doedd hi ddim yn gwisgo bra y noson honno chwaith, er mwyn i Cai gael gwerthfawrogi 'i nipls bach pyrci. Wedi'r cwbl, roedd Marc Arwel yn eu galw'n 'rhosynnau'r diafol'.

Wrth feddwl am Marc Arwel, teimlodd Cerys bigyn bach o euogrwydd cyn cofio'i fod gyda'i wraig heno a mwy na thebyg yn cael rhyw 'da hi yr eiliad hon wrth iddi gerdded heibio'i gartref ar Marine Parade, ar waelod y prom. Roedd e wedi dangos ei gartref yn falch i Cerys o'i ystafell yn yr Hen Goleg yr wythnos flaenorol. Roedd yn dŷ crand, Fictoraidd gyda thri llawr a golygfa hyfryd o'r môr o'r ystafelloedd blaen, yn ôl MA. Gobeithiai Cerys y byddai'n cael gweld y tu mewn i'r palas yma, ryw dydd . . .

Ond Cai oedd ffocws ei noson heno. Roedd hi wedi'i ffansïo ers iddi 'i weld yn chwarae yn nhafarn y Feathers yn Aberaeron, mewn gìg aeth hi a Lois iddo pan oeddent yn bymtheg oed. Cofiai ei garisma gwyllt ar y llwyfan; roedd fel Jim Morrison yn ei anterth, gyda'i wallt cyrls anniben yn chwyrlïo o'i gwmpas wrth iddo ddawnsio'n wyllt o gwmpas y llwyfan a gwneud i Mick Jagger yn ei flodau edrych fel hen ŵr trwsgwl.

Roedd hi wedi suo'i hun i ecstasi droeon gartre yn ei gwely bach wrth ddychmygu Cai a hithau'n cael y rhyw mwya brwnt a chwyslyd a gafodd hi gyda neb erioed. Mae ambell ddyn y gallwch ddweud wrth edrych arno ei fod yn mynd i fod yn arbennig o dda yn y gwely, ac roedd Cai yn un ohonynt. Ymfalchïai Cerys yn y radar oedd ganddi i synhwyro pa ddyn fyddai'n llew rhwng y cynfasau a pha un fyddai'n falwen. A doedd hi erioed wedi bod yn anghywir eto.

'Dyma fe!' Daeth llais dwfn Fflur i dorri ar ei synfyfyrion. Gwelodd ddrws coch budr hen dŷ Sioraidd oedd yn rhan o deras bychan ar fryn Consti. Siglodd Cerys ei chyrls aur o'i chwmpas ac ychwanegu mwy o finlliw gwaetgoch ar ei gwefusau. Ac yna agorodd E y drws. Roedd yn union fel yr oedd hi wedi dychmygu – Jim Morrison ifanc, neu 'Jim *Morriston*' fel y galwai ei ffrindiau fe am ei fod yn dod o Abertawe yn wreiddiol.

Gwelodd Cerys ei fod wedi sylwi arni'n syth. Moesymgrymodd o'i blaen yn or-ffurfiol gan roi winc arni. 'A phwy sydd wedi dod 'da ti heno, Fflur f'anwylyd?' holodd Cai gan roi cusan fawr wleb ar wefusau Fflur.

'Ych, Cai, ti'n drewi o seidr!' dywedodd Fflur gan sychu ei boch yn gyflym. 'Cerys yw hon, ffrind i Lois.'

'Dere at Dadi,' dywedodd Cai gan fachu Cerys yn syth fel corryn mawr randi. 'Mae gen i goctel arbennig i ferched secsi fel ti.'

'O! Beth?' holodd Cerys gan wincio ar Lois wrth gerdded tuag at y gegin gyda Cai.

'Wel, mae'n goctel sydd yn darogan y dyfodol . . .'

Oedodd gan daflu tri chiwb o iâ yn gelfydd i wydr fel Tom Cruise yn y ffilm *Cocktail*. 'Sex on the Beach yw 'i enw fe. Wyt ti'n ffansïo un?' Oedodd cyn ychwanegu'n awgrymiadol: 'A wedyn cael y coctel?'

Chwarddodd Cerys gan ildio i'r snog stecslyd a blannodd Cai ar ei hwefusau. Roedd dynion mor hawdd eu trin . . .

Awr yn ddiweddarach, roedd Cerys ar ben y grisiau yn nhŷ Cai yn mwynhau'r rhyw chwyslyd, chwim y bu'n breuddwydio cyhyd amdano. Roedd Cai yn garwr cwbl wahanol i Marc Arwel – yn gyflym, yn danllyd ac yn dipyn fwy meddw hefyd, meddyliodd, wrth gydio'n eofn ym mochau ei ben-ôl bach blewog er mwyn iddo blymio'n ddyfnach i mewn iddi.

A bod yn onest, doedd e ddim cystal carwr â Marc Arwel. Roedd gan Marc brofiad blynyddoedd ac roedd yn *connoisseur* rhyw tantrig, er mai anaml iawn y gallent fwynhau moethusrwydd cymryd eu hamser, gan fod Marc wastad ar frys i ddychwelyd adre.

Roedd Cerys wedi cymryd tabled Ecstasi gyda Cai gan ei fod wedi dweud bod rhyw yn arbennig ar 'E'. Ac roedd yn wir. Gobeithiai Cerys roi cynnig arno gyda MA rywbryd. *God!* Dyna lle roedd hi'n cael rhyw gyda roc-god ei breuddwydion ers iddi fod yn ei harddegau ac roedd hi'n methu meddwl am neb ond hen ŵr yn ei dridegau – a hwnnw'n ddarlithydd Hanes Cymru! Taflodd MA allan o'i meddwl ac arwain gwefusau barus Cai at ei bronnau parod . . .

'Diod arall?' holodd Cai hanner awr yn ddiweddarach wrth iddo godi'i jîns yn fodlon. Roedd Cerys wrthi'n tacluso'i cholur yn ei ystafell molchi a dywedodd, 'Ie, fodca a thonic mawr, plis.'

'Your wish is my command, Madam!' dywedodd

Cai gan roi cusan iddi ar ei gwddf cyn straffaglu'i ffordd i lawr y grisiau tuag at y gegin.

Gwenodd Cerys arni'i hun yn y drych a thanio sigarét. Meddyliodd na fyddai eisiau gweld Cai eto ar ôl heno. Roedd y ffantasi'n well na'r realiti ond o leia gallai ddweud wrth y Ffat Slags ei bod wedi cael rhyw gyda Cai Annwfn!

Cerddodd i mewn i'r lolfa lle roedd y gerddoriaeth yn fyddarol a'r lle'n llawn o bobol yn dawnsio'n nwydwyllt. Teimlai wedi ymlacio'n llwyr ac yn gwbl hapus. Oedd, roedd E yn gyffur a hanner. Sylwodd ar Fflur yn snogio rhyw foi hirwallt, seimllyd yn y gornel ac edrychodd am Lois. Gwelodd hi'n dawnsio fel rhywbeth gwyllt wrth i ryw foi swrth a thew ei bodio'n eofn. Druan o Lois, o'dd hi wastad fel Sinderela, yn methu darganfod ei Prince Charming. Does bosib mai'r corrach blewog yna oedd Daniel. Roedd Lois wedi dweud ei fod yn chwe troedfedd a phedair modfedd ac yn debyg i Johnny Depp. Edrychodd o'i chwmpas a gweld boi tal golygus yn y gornel yn edrych ar Lois a'i chydymaith yn graff. Mae'n rhaid taw hwn oedd Daniel. Camodd Cerys draw ato'n herfeiddiol a gofyn, 'Ti yw Daniel?'

'Ie,' atebodd gan edrych arni'n syn. 'Pwy wyt ti?'

'Cerys, ffrind i Lois draw fan'na. Gwranda, mae wedi gwisgo'r ffrog stwipid 'na heno i dynnu dy lygaid di. 'Na i gyd dwi 'di 'i glywed ganddi ers pythefnos yw Daniel hyn a Daniel llall. Wyt ti'n mynd i adael i'r hen feddwyn tew 'na 'i chael hi heno neu be?' Teimlai Cerys yn falch ei bod wedi gwneud ffafr â Lois. Wedi'r cwbl, diolch i Lois roedd hi wedi medru ticio Cai oddi ar ei rhestr o ddynion yr hoffai gysgu gyda nhw. A chyda hynny, gadawodd Daniel i sefyll yno yn gegagored a throdd ar ei sawdl am y gegin i chwilio am Cai.

Roedd Cai yno'n paratoi fodca iddi'n drwsgwl; roedd yn feddw gaib erbyn hyn. 'Dyma ti fy Inamorata,' dywedodd pan welodd hi'n agosáu. Rhoddodd ei diod yn ei llaw a theimlodd Cerys y fodca cryf yn llosgi'i gwddf wrth iddi'i lowcio'n gyflym. Downiodd Cai ei JD mewn un glec a chydiodd yn y botel a dweud, 'Nawr 'te, beth am chydig o Sex on the Beach?'

'Gad i fi orffen y fodca 'ma cyn cael diod arall!' chwarddodd Cerys.

'Pwy wedodd unrhyw beth am ddiod arall?' meddai Cai can godi ei aeliau i fyny ac i lawr yn awgrymog fel Sean Connery yn chwarae Bond ar ei fwyaf peryglus.

'Wyt ti erioed wedi cael rhyw ar y traeth?' holodd Cai wrth iddynt gerdded allan o'r tŷ tuag at lan y môr.

'Naddo,' chwarddodd Cerys, yn teimlo'n fwy meddw byth wrth i Cai chwarae gyda'i bron wrth iddynt gerdded tuag at y prom. Pasiodd y ddau heibio i dŷ Marc Arwel a gwaeddodd Cerys ei enw'n uchel yn ei medd-dod, yn y gobaith ei fod yn medru ei gweld.

'Pwy yw Marc?' holodd Cai.

'Marc Arwel, fy narlithydd Hanes i, dyma'i dŷ e!'

'Oi Marc!' gwaeddodd Cai, gan ymuno yn y gêm a thaflu carreg at y ffenest. Gwelodd Cerys olau'n cynnau yn yr ystafell wely a chwarddodd. Stopiodd Cai rhag cerdded yn ei flaen a dechreuodd ei gusanu'n ffyrnig o flaen ffenest ffrynt y tŷ. Gobeithiai fod MA'n medru eu gweld, wrth i'w wraig weu o flaen y tân, neu beth bynnag roedd menywod *boring* yn eu tridegau yn ei wneud gyda'r hwyr!

Wrth iddynt barhau i gerdded tua'r traeth, gwelodd Lois yn eistedd ar fainc gyfagos gyda Daniel wrth ei

hochr a'i fraich o'i chwmpas yn gariadus. Bingo!
Roedd Cerys yn well na Cilla Black ei hun! Ond roedd
golwg y diawl ar Lois. Pam uffach o'dd hi 'di gwisgo'r
ffrog taci 'na?

'Oi! Chi'ch dou!' galwodd Cai. 'Fi a Cerys yn mynd
lawr i'r traeth. Chi'n ffansi dod?'

'Na, dyw Lois ddim yn teimlo'n rhy dda. Y'n ni'n
mynd i eistedd fan hyn am bach,' dywedodd Daniel
gan lapio'i got o'i chwmpas yn dynnach.

'Ti'n iawn, Cerys?' holodd Lois, fel arfer yn real
ffysi Annie!

'Fel y boi!' chwarddodd Cerys gan edrych ar Daniel
yn awgrymog a rhoi winc arno, cyn bwrw golwg ar gyflwr
Lois a sylwi bod ei ffrog goch mewn stad uffernol erbyn
hyn. 'Wedes i wrthot ti i beidio gwisgo'r ffrog 'na!'
dywedodd wrthi'n ddi-hid. Oedd, roedd gan Lois lawer
i'w ddysgu am roi argraff dda ar ddêt cynta. Chwarddodd
Cerys gan feddwl ei bod hi newydd wneud pob dim ar
ddêt cynta! Doedd dim angen rhamant arni hi.

Edrychodd ar y môr oedd mor braf a chroesawgar
o'i blaen a dweud wrth Cai, 'Wyt ti'n ffansïo dip bach
cyn i ni gael sesiwn arall?' A chyda hynny tynnodd ei
dillad a chusanu Cai yn ddwfn ar ei wefusau cyn
rhedeg oddi wrtho tuag at y dŵr. Clywodd Cai yn
gweiddi'i gymeradwyaeth wrth iddi neidio i mewn i'r
môr oer, a wnaeth iddi gyffroi mwy. Gwelodd Cai yng
ngolau'r lleuad yn dod tuag ati gyda'i bidyn yn galed,
yn chwerthin yn braf wrth iddo redeg drwy'r tonnau.
Dechreuodd y ddau gusanu yn y dŵr a theimlai Cerys
yn gwbl hapus gyda hi ei hun . . . Oedd, roedd bywyd
yn grêt.

*

Yr un noson

Hywel

Pam fod gen i wallt mor ofnadwy, meddyliodd Hywel wrth iddo geisio meistroli'r crib afreolus ar dop ei ben yn aflwyddiannus yn y drych. Ar ôl awr o ffaffio, roedd wedi penderfynu gwisgo'i grys du newydd o Top Man a'i jîns du newydd o River Island. Heblaw am y gwallt, roedd yn edrych yn eitha da. Ond roedd 'na un ploryn mawr ar ei ên oedd yn achosi problemau iddo hefyd. Roedd wedi ceisio lladd y bwystfil pyslyd trwy roi dos go dda o Brut arno ond roedd y weithred honno wedi gwaethygu'r sefyllfa ganwaith, a nawr roedd yn arteithiol o boenus ac yn goch fel bitrwt!

Gobeithiai y gallai Meleri weld heibio'r gwallt truenus a'r plorod. Cysurodd ei hun wrth ychwanegu mwy o Brut o dan ei geseiliau ac i lawr ei drôns. Aw! Roedd hwnna'n llosgi hefyd! Roedd Hywel a Meleri'n mynd i'r sinema i weld *Terminator 2*. Roedd Meleri, fel Hywel, yn ffan mawr o'r Terminator ac er mai 'fel ffrindiau' roedden nhw'n mynd, i Hywel roedd hwn yn ddêt ac roedd e'n benderfynol o edrych ei orau.

Roedd Lois wedi'i rybuddio rhag bod yn rhy amlwg wrth iddynt gael sgwrs am Meleri yn gynharach y diwrnod hwnnw. Roedd Lois yn llawn bwrlwm gan ei bod yn mynd i barti gyda Fflur i dŷ Cai Annwfn. Poenai Hywel am gyfeillion newydd Lois a'r obsesiwn oedd ganddi gyda'r Daniel yma; wedi'r cwbl, roedd e chwe mlynedd yn hŷn na hi. Ond roedd Lois yn rhy frwd i wrando arno fe. Serch hynny, roedd Lois yn siarad sens pan ddywedodd wrtho am beidio â bod yn rhy eofn gyda Meleri heno. Wedi'r cwbl, doedd e ddim eisiau codi ofn ar y ferch ac yntau ond yn dechrau dod i'w hadnabod. Gobeithiai y byddai'n ddigon craff i sylwi ar yr arwyddion a ddangosai ei bod hi'n fodlon iddo roi cusan fach iddi ar ddiwedd y noson.

Roedd teimladau Hywel tuag at Meleri wedi dwysáu yn ystod y pythefnos diwetha. Roeddent wedi treulio llawer o amser gyda'i gilydd gyda'r nos yn gwrando ar hen recordiau – Steely Dan oedd eu ffefryn ar hyn o bryd – ac roedd Hywel hefyd yn ei helpu ychydig gyda'i gwaith cwrs. Ddoe roedd y ddau wedi mynd am dro i fryn Craig Glais ac wedi mwynhau picnic yno a'r olygfa ysblennydd o'u blaenau o'r môr a'r prom yn ymestyn i'r pellter. Gwnâi Meleri bopeth yn fwy hwylus, meddyliodd Hywel yn falch wrth fachu'i got ledr newydd a cherdded at fynedfa Taliesin i'w chyfarfod.

A dyna lle roedd hi, yn edrych yn dlws fel arfer mewn jîns a thop llaes coch. Roedd ganddi ychydig o finlliw ar ei gwefusau a disgleiriai ei llygaid glas yn fwy nag arfer.

'Ti'n barod 'te, Hywel?' holodd Meleri. 'Mae'r ffilm yn dechrau mewn ugain munud!'

'Ydw. Dere,' atebodd Hywel gan ffugio dihidrwydd er bod ei galon yn curo'n gyflymach nag erioed wrth iddi roi ei llaw am ei fraich. Dyma fe, Hywel Morgan, yn mynd i'r sinema gyda merch nad oedd yn ffrind ysgol, am y tro cynta yn ei fywyd. Ac roedd hi'n ferch mor brydferth . . .

*

'Wel, dwi ddim yn gwybod a oedd honna'n well na'r un cynta. Dwi'n colli'r boi o'dd yn chwarae Reese. O'dd e mor arwrol . . .' meddai Meleri mewn breuddwyd wrth iddynt gerdded allan o'r sinema bychan ger y prom.

'Be ti'n feddwl?' dywedodd Hywel gan ffugio dicter. 'Dyna Arnie ar ei orau, fenyw! A beth am y T1000 newydd – anhygoel!'

'Olreit! Lle ma dy anorac di, sad-do!' chwarddodd Meleri, a'i brocio'n chwareus. 'Nawr 'te, cwestiwn bach i ti. Pwy fyddai'n ennill mewn brwydr: Alien, Predator neu'r Terminator?' Roedd hon yn gêm yr oeddent wrth eu bodd yn ei chwarae a phendronodd Hywel yn ofalus cyn ateb,

'Wel, Terminator, siŵr iawn, achos mae bron yn amhosib i'w ladd e!'

'Mmm . . .' meddai Meleri. 'Falle dy fod ti'n iawn. Eniwê, beth am ddrinc fach yn y Bae cyn bo ni'n mynd 'nôl i Daliesin?'

'OK,' dywedodd Hywel yn falch. 'Mae'n noson braf i fynd am dro ar y prom.'

Un o hoff leoedd Hywel yn Aberystwyth oedd y prom. Roedd wrth ei fodd yn clywed y môr yn ei wahanol hwyliau'n rhuo'n ddiddiwedd ac roedd wedi gweld storm hynod ddramatig yn barod, gyda thonnau ugain troedfedd ffyrnig yn bygwth yr Hen Goleg. Heno, a hithau'n nos Sadwrn, roedd y prom yn un bwrlwm prysur o stiwdants, hen a newydd, yn ymlwybro tua'r tafarndai.

'Beth am eistedd tu allan gyda'n diodydd?' dywedodd Meleri wrth weld y torfeydd chwyslyd yn llenwi tafarndai'r Bae a'r Bear.

'Wyt ti'n ddigon cynnes?' holodd Hywel gan estyn ei photel Stella iddi. 'Gei di wisgo nghot i os lici di.'

'Na, dim diolch; dwi'n gwybod bod y got 'na'n rhan o dy ddelwedd cŵl-dŵd di!' chwarddodd Meleri wrth danio sigarét a thynnu'n ddofn arni cyn llowcio'i Stella'n awchus. Yfodd Hywel ei beint o Carling yn araf; doedd e erioed wedi bod yn or-hoff o alcohol ac wrth gwrs, roedd ganddo gredoau oedd yn gwrthwynebu meddwi'n rhacs. Teimlai'n siomedig nad oedd Meleri eisiau gwisgo'i got; oedd hi'n meddwl ei bod hi'n naff? Ac yntau wedi'i phrynu'n arbennig ar gyfer heno gyda'r canpunt a gafodd gan ei fam-gu a'i dad-cu fel gwobr am wneud cystal yn ei Lefel A.

'Lle mae Lois a Fflur heno?' holodd Meleri wrth wylio criw y Ffat Slags yn cerdded heibio'n swnllyd mewn dillad cwta, anaddas i'w cyrff blonegog.

'Ma Lois a Fflur wedi mynd i barti yn nhŷ Cai Annwfn heno ac ma Cerys wedi mynd gyda nhw,' dywedodd Hywel gan edrych ar ddwylo bach gwynion Meleri a cheisio peidio â gwrido wrth feddwl cymaint roedd yn ei ffansïo.

'O na! Dwi'n colli un o bartïon Cai Annwfn!' meddai Meleri gyda siom yn ei llais.

'Gallwn ni fynd os lici di,' dywedodd Hywel, er mai'r peth diwetha roedd e eisiau 'i wneud oedd mynd i barti gwyllt lle na fyddai ganddo gyfle i siarad â Meleri, heb sôn am fygythiad o gyfeiriad dynion eraill a fyddai'n sicr o'i ffansïo a'i denu oddi wrtho.

'Na, paid becso,' dywedodd Meleri. 'Ar ôl y tro diwetha es i ar sesh, ma isie bach o *detox* arna i,' chwarddodd wrth gynnau sigarét arall a chodi i gael diod arall o'r bar.

Rhoddodd Hywel ochenaid o ryddhad nad oedd hi am fynd i barti Cai. Yn ôl Fflur, roedd ei bartïon yn chwedl gwlad am fod yn gwbl wyllt ac afreolus. Meddyliodd sut i godi pwnc bechgyn gyda Meleri i weld pa deip yr oedd hi'n ei hoffi. Falle trwy sôn am obsesiwn Lois gyda Daniel? Ie, dyna ffordd eitha cynnil o godi'r pwnc.

Daeth Meleri yn ei hôl gyda'r diodydd ac eistedd yn ei ymyl. Ymhellach i lawr y prom clywsant sŵn lleisiau'n gweiddi 'Marc! Marc!' a gwelodd Hywel Cerys a Cai Annwfn yn rhedeg tuag at y traeth yn y pellter. Mewn chwinciad, roeddent yn noeth a gwridodd Hywel wrth i Meleri eu gweld hefyd.

'Wel, ma Cerys wedi tynnu heno 'te. Ac o'n i'n meddwl 'i bod hi'n cael *affair* 'da'r darlithydd *slimy* 'na!' chwarddodd Meleri.

'Shwd wyt ti'n gwybod 'na?' gofynnodd Hywel. 'Mae i fod yn gyfrinach!'

'Cyfrinach?' chwarddodd Meleri. 'Does dim cyfrinach yn Nhaliesin, Hywel. Smo ti wedi sylweddoli 'na 'to? Ma pawb yn gwybod busnes pawb, 'na pam dwi'n gwneud yn siŵr mod i ddim yn mynd mas 'da neb sydd ag unrhyw gysylltiad â'r blydi lle!'

'Be ti'n feddwl?' holodd Hywel mewn penbleth. 'Ti mas 'da fi heno a dwi'n byw yno!'

'Ie, ond ffrindiau y'n ni,' atebodd Meleri. 'Dwi wedi dysgu ngwers y ffordd galed,' meddai gyda chysgod yn dod dros ei hwyneb bach pert. 'Pan o'n i yn yr ysgol, o'dd cariad 'da fi a wnes i'r camgymeriad o golli fy ngwyryfdod iddo fe pan o'n i'n bymtheg oed. Roedd e'n hŷn na fi a . . . wel . . . wnes i feddwi mewn parti . . . A'r bore wedyn, o'dd pawb yn gwybod beth o'n i wedi'i 'neud.'

'Ond o'dd e ddim wedi cadw'n dawel?' holodd Hywel, yn anhapus o'i gweld wedi'i hypsetio am y peth.

'O na!' dywedodd Meleri yn chwerw gan danio sigarét arall a chymryd llwnc dwfn o'i Stella. 'Roedd pawb yn gwybod popeth yn yr ysgol ac roedd bechgyn y Chweched yn fy ngalw i'n "slag y flwyddyn". O'dd e'n ofnadw!'

Cydiodd Hywel yn dyner yn ei llaw a gwenodd Meleri arno'n drist cyn tynnu ei llaw yn ôl i gydio yn ei photel Stella.

'Eniwê, dysges i wers bwysig. Mae'n well bod yn ffrindiau 'da bechgyn nes i ti fedru eu trysto nhw'n iawn,' dywedodd. 'Dwi ddim isie i neb siarad amdana i fel'na eto. A dylet ti rybuddio Cerys hefyd, achos ma pawb yn siarad amdani hi'n barod.'

Sylweddolodd Hywel fod Meleri wedi'i brifo cymaint nes y byddai'n amhosib iddo ddweud wrthi eto am gryfder ei deimladau tuag ati, na dweud nad oedd e ddim fel y boi yn ei hysgol hi oedd mor gas wrthi. Ei fod e'n ei charu. Ei charu cymaint nes iddo deimlo weithiau fod ei galon ar ffrwydro.

'Hei!' meddai Meleri fel petai'n ysgwyd ei hunan o'r iselder ysbryd. 'Dim Lois sy draw fan'na? Pwy yw'r boi 'na sy 'da hi? Mae e'n eitha pishyn, on'd yw e?'

Gwelodd Lois, yn amlwg wedi meddwi, yn eistedd ar fainc ar y prom gyda bachgen tal, tywyll wrth ei ochr. Gwenodd Hywel; o leia roedd un breuddwyd wedi dod yn wir y noson honno.

'Ti'n barod i fynd 'nôl?' gofynnodd Meleri iddo wrth ei weld yn synfyfyrio.

'Ydw,' dywedodd Hywel, a cherddodd y ddau ar hyd y prom yn ôl i ganol y dre a chyfeiriad Taliesin.

'Hywel, dwi'n gwybod y galla i dy drysto ti i beidio dweud dim wrth neb am beth ddywedais i wrthot ti heno,' meddai Meleri yn dawel gan edrych i fyw ei lygaid.

'Wrth gwrs 'ny,' dywedodd Hywel yn ddiffuant a gwenu arni. 'Wna i ddim dweud wrth neb.'

'Wel, dyw e ddim yn *big deal*,' dywedodd Meleri, 'ond rhaid i fi ddweud ei bod hi'n neis cael Efeng-yl fel ffrind – mae fel mynd i gonffesiwn!'

A chyda chwarddiad bychan, rhoddodd ei braich ym mraich Hywel heb sylwi ar y siom yn ei lygaid wrth iddi gyfeirio ato unwaith eto fel 'ffrind'. Wrth edrych arni teimlai Hywel don bwerus yn golchi drosto. Roedd e eisiau amddiffyn y ferch fach brydferth, ddoniol a phigog hon, ac os oedd yn rhaid bod yn ddim mwy na ffrindiau am flynyddoedd i gyflawni hynny, yna, dyna beth fyddai'n ei wneud. Oherwydd, falle, ymhen amser, y deuai hi, Meleri Haf, i'w garu e gymaint ag yr oedd e, Hywel Morgan, yn ei charu hi.

Hydref

Lois

'Ann Summers!' gwaeddodd Fflur, wrth iddi hi a Lois fwynhau potel o rym a sbliff gyda'i gilydd yn ei hystafell yn Nhaliesin. Roedd Fflur yn lwcus fod ganddi ei hystafell ei hun allan o ffordd pawb ar y llawr uchaf, lle roedd hi'n ddiogel smygu dôp allan drwy'r ffenest. Treuliai Lois lawer o'i hamser yno gan fod Cerys allan gyda'r Ffat Slags neu Marc Arwel y rhan fwyaf o'r amser y dyddiau hyn.

'Pwy?' gofynnodd Lois mewn penbleth, gan dderbyn sbliff gan Fflur. Roedd hi newydd ddweud wrth Fflur ei bod yn poeni nad oedd Daniel yn ei ffansïo hi go iawn gan eu bod yn dal heb gael rhyw gyda'i gilydd eto. Roedd e'n iawn pan fyddai'n ei snogio hi ac yn teimlo'i chorff ond pan oedd hi'n ceisio symud pethau'n ymhellach roedd yn symud allan o'i ffordd fel rhyw slywen ofnus . . .

'Ann Summers, siop yn Llundain sy'n gwerthu *sex toys* a dillad isaf secsi i droi dynion mlaen,' esboniodd Fflur. ''Co,' meddai, gan dynnu bocs mawr du allan o dan ei gwely. Yn y bocs roedd casgliad o eitemau difyr megis chwip, *lovebeads* pinc llachar oedd yn frawychus i lygaid diniwed Lois, cyffion mawr fflyffi coch, condoms amryliw ac, i gloriannu'r cyfan, ddildo mawr du oedd mor dew â braich babi.

'Yffach, Fflur!' ebychodd Lois mewn sioc. 'Wyt ti'n iwso'r rhain i gyd ar Ffranc druan?'

'Wrth gwrs mod i,' dywedodd Fflur. 'Mae'n dwlu arnyn nhw. Ma dynion i gyd 'run peth, ac mae e wrth ei fodd, yn arbennig gyda Samson.'

'Samson?' gofynnodd Lois yn betrus.

'Hwn!' meddai Fflur gan ysgwyd y dildo mawr du yn ei hwyneb. Dechreuodd Lois chwerthin yn uchel ac ymunodd Fflur gyda hi wrth ddychmygu Ffranc wyneb yn wyneb â'r bwystfil o ddildo!

'Na, Fflur. Dyw Daniel ddim y teip! Allen i byth 'i gyflwyno fe i ddim byd fel Samson!' dywedodd Lois, yn hanner chwerthin, hanner crio gan ei bod yn ysu i golli ei gwyryfdod i'r bachgen enigmatig hwn oedd yn llenwi'i meddyliau ddydd a nos.

'Ma pwynt 'da ti,' dywedodd Fflur gan arllwys celc go dda o rym i'w gwydrau wrth bendroni dros broblem Lois ymhellach.

'Dwi'n gwybod!' meddai Fflur. 'Beth am fod yn rhamantus? Ma Daniel yn foi sensitif fyddai'n gwerthfawrogi tamed bach o soffistigeiddrwydd . . .'

'Fel beth?' holodd Lois. 'Dwi'n dda i ddim gyda dynion!'

'Wel, beth am ei wahodd i dy ystafell am swper bach rhamantus?' awgrymodd Fflur yn hyderus. 'Ie, stecen fach, mefus, wystrys falle – ma nhw i fod yn affrodisiac . . . Siampên . . . Bach o fiwsig clasurol . . . A bingo! Ta ta *cherry*!'

'Ti'n meddwl wneith e weithio?' holodd Lois yn ansicr.

'Wel, ma'n rhaid iddo fe,' dywedodd Fflur, 'achos

os garith e mlaen fel hyn, fydd hi ddim yn hir cyn y byddi di eisiau cael benthyg Samson 'da fi!'

A chwarddodd y ddwy yn braf cyn yfed mwy o rym.

*

Wrth lwc, roedd Cerys allan o'r ffordd gydag MA – yn cael rhyw fel arfer, meddyliodd Lois yn genfigennus. Wel, heno fyddai'r noson pan fyddai hi, Lois, yn darganfod dirgelion rhywiol y byd gyda dyn ei breuddwydion, Daniel Lloyd Owen.

'Lois Lloyd Owen,' oedd, roedd e'n swnio'n iawn, meddyliodd yn hapus. Roedd hi wedi cael cwpwl o gondoms amryliw o stoc niferus Fflur. Superlong oedd cynnig Fflur, 'gan fod Daniel yn foi mor dal'. Roedd y stêcs yn barod, y mefus yn yr oergell, y siampên *on ice* a'r wystrys yn ffres o'r siop bysgod y bore hwnnw.

Cyrhaeddodd Daniel yn brydlon am wyth gyda bwnsiaid hyfryd o rosynnau gwynion iddi. Roedd e mor chwaethus, meddyliodd Lois yn falch. Roedd hi'n casáu rhosys cochion; roedd rhai gwyn neu felyn yn llawer neisiach ac yn dangos ei fod yn deall ei phersonoliaeth i'r dim.

Roedd hi wedi clirio'i desg er mwyn iddynt fedru bwyta'u bwyd arni ac roedd ganddi ganhwyllau bychan wedi'u cynnau yng nghanol y bwrdd ac wedi'u gosod yn ofalus o gwmpas yr ystafell i greu naws ramantus. Roedd hi wedi gwneud ymdrechion rhyfeddol i ymbincio, gyda Fflur wedi'i helpu i roi colur. Roedd ganddi *eyeliner* du yn steil y chwedegau ar ei llygaid mawr gwyrdd ac roedd ei ffrog ddu a gwyn yn gwta ac yn dangos ei chorff i'r dim. 'Os na fydd e'n cael rhyw 'da ti heno,' dywedodd Fflur ar ôl ei hasesu'n fanwl, 'mae'n rhaid ei fod e'n hoyw, neu'n wallgo!'

'Ti'n edrych yn neis,' meddai Daniel gan roi cusan fach iddi ar ei gwefus. Fe'i gwelodd e'n bwrw golwg ar y bwrdd rhamantus o'i flaen a meddyliodd Lois ei fod yn edrych fel anifail wedi'i gornelu. Dechreuodd Lois deimlo bod y noson yn mynd i fod yn fethiant llwyr, felly i geisio newid yr awyrgylch tan ar ôl pwdin, pan fyddai'n pownsio, tynnodd CD 'Bolero' Ravel oddi ar y chwaraewr recordiau a rhoi CD y Beatles ymlaen yn ei le. Gwelodd e'n dechrau ymlacio a thywalltodd wydraid o siampên iddo.

'Wel, o'n i ddim yn gwbod y byddet ti'n mynd i gymaint o drafferth,' dywedodd yn lletchwith, 'neu fyddwn i wedi gwisgo fyny chydig.'

'Ti'n edrych yn neis iawn,' dywedodd Lois. Trodd ei chefn i nôl yr wystrys o'r oergell i guddio'r dyhead yn ei llygaid. A dweud y gwir, roedd e'n edrych yn fwy rhywiol nag erioed mewn jîns 501, crys-T brown a hen siaced ledr goch roedd wedi'i phrynu o'r siop ail-law ac wedi'i gwisgo cymaint nes ei bod yn feddal fel sidan ar ei gefn llydan.

'Wystrys?' dywedodd Daniel yn syn wrth iddi osod dau blataid bychan ohonynt ar y bwrdd.

'Ie,' meddai Lois yn ffwrdd-â-hi. 'Fflur wnaeth 'u hawgrymu nhw; ma nhw i fod yn rili neis.'

'Wel, dwi 'di 'u cael nhw unwaith ac ma fe fel llyncu fflem!' dywedodd Daniel yn crychu ei drwyn arnynt.

'Wel, paid â'u bwyta nhw 'te,' dywedodd Lois yn eitha swta wrth iddi geisio cadw'n cŵl. Mor anniolchgar! Roedd y blydi pethe bach ffiaidd wedi costio ffortiwn iddi!

'Sori, Lois,' meddai Daniel, yn synhwyro ei bod hi'n anhapus.

'Na, mae'n iawn,' dywedodd Lois. 'Ma stecen gyda fi ar gyfer y prif gwrs.'

'Grêt,' meddai Daniel, yn llawer mwy bywiog wrth weld y sirloin fawr gyda sglodion, madarch a winwns roedd Lois wedi'u paratoi ar ei gyfer.

Roedd y noson yn gwella. Dechreuodd Daniel siarad am ei ganeuon ar gyfer albwm newydd Annwfn a chan fod Lois hefyd yn gerddorol, roedd y sgwrs yn symud yn hwylus.

'Wel, roedd y mefus 'na'n lyfli,' dywedodd Daniel gydag ochenaid ar ôl gorffen mefus a hufen iâ i bwdin. Agorodd Lois botel o win coch gan fod y siampên wedi gorffen mewn chwinciad. Gorweddodd y ddau ar y gwely yn gwrando ar albwm diwetha Annwfn a rholiodd Daniel sbliff fawr iddynt. Ar ôl rhai munudau o ddistawrwydd wrth i'r ddau fwynhau'r gwin a'r sbliff, dywedodd Daniel yn dawel, 'Wnes i rili mwynhau'r bwyd a sori am fod yn gas am yr wystrys.'

'Na, mae'n iawn,' chwarddodd Lois. 'Ti o'dd yn iawn, o'n nhw'n edrych fel snot!' A chwarddodd y ddau yn uchel.

Pwysodd Daniel ati i'w chusanu ac oherwydd y cyfuniad o alcohol a dôp, gwthiodd Lois e ar y gwely'n eofn a dechrau datod botymau'i jîns. Teimlodd Daniel yn anesmwytho a rhoi ei law ar ei llaw hi.

'Cymer bwyll,' meddai'n dyner, 'ma digon o amser 'da ni.'

'Sori,' dywedodd Lois gan gyfaddef yn lletchwith, 'dwi . . . dwi ddim wedi gwneud hyn o'r blaen.'

Gwenodd Daniel a dweud, 'Na finne ers tipyn chwaith . . .'

'Be?' holodd Lois yn ddryslyd. 'Boi golygus fel ti?'

'Wel, dwi ddim y teip am *one-night stands*,' dywedodd Daniel wrth i'r ddau ohonynt orwedd yn noeth ym mreichiau ei gilydd o dan y cynfasau.

'Na fi,' dywedodd Lois. 'Ma Cerys yn meddwl mod i'n gwneud *big deal* am y peth achos fe gollodd hi fe pan o'dd hi'n bymtheg!'

'Wel, rwyt ti'n wahanol i Cerys. Paid gadael i neb dy wthio di mewn iddo fe . . . Mae'n rhaid i ti fod yn barod,' meddai Daniel gan gusanu'i bronnau.

'Dwi YN barod,' dywedodd Lois gan roi ei breichiau amdano a'i dynnu tuag ati.

'Oes gen ti rywbeth?' holodd Daniel yn sydyn.

'Beth?' holodd Lois.

'Condom!' sibrydodd Daniel.

'Oes, fan hyn,' dywedodd Lois gan estyn o dan y gobennydd, lle roedd hi wedi gosod y condom yn barod ar eu cyfer i osgoi chwilota ar foment dyngedfennol.

'Iawn,' meddai Daniel. Dechreuodd ei chusanu o'i phen i'w thraed ac roedd Lois yn diolch i'r nefoedd ei bod wedi penderfynu aros cyhyd. Roedd hi'n caru'r dyn hwn gymaint nes ei bod hi'n teimlo fel petai'n llewygu.

'Nawr, fy nhro i!' dywedodd Lois gan gofio tips Fflur am roi 'chwythwaith' o'r safon uchaf. Ond wrth iddi nesáu at y man tyner, sylweddolodd fod Daniel wedi mynd yn gwbl lipa yn ei llaw.

'Beth sy'n bod?' gofynnodd Lois mewn braw. Ei bai hi oedd hyn, mae'n rhaid! 'Beth wnes i o'i le?'

'Dim!' dywedodd Daniel gan symud oddi wrthi ac

eistedd i fyny yn y gwely. 'Mae pethau fel hyn yn digwydd. Un o'r anfanteision o fod yn ddyn, mae arna i ofn,' dywedodd yn ddifater. 'Gormod o ddôp a bŵs,' ychwanegodd, cyn dechrau rholio sbliff arall. 'Tro nesa, OK? Ma digon o amser gyda ni a dwi isie i dy dro cynta di fod yn berffaith.' A rhoddodd gusan iddi cyn dychwelyd at ei sbliff.

Roedd Lois bron â sgrechian o rwystredigaeth! Roedd ei bol yn gwingo gyda'r cyfuniad o gyffroad rhywiol a siom ddirfawr. Beth oedd yn bod arni? Roedd Cerys yn cael rhyw yn ddi-baid. Beth oedd yn bod arni hi 'te? Pam nad oedd Daniel eisiau cael rhyw 'da hi? Ffugiodd Lois ei bod yn iawn am y peth a smociodd y sbliff gyda Daniel am dipyn, cyn iddo roi ei ddillad yn ôl amdano i ddychwelyd i'r tŷ yn y dre a rannai gyda Cai.

'Sinema nos fory. Gwrdda i ti am saith yn y Bae, OK?' holodd Daniel wrth iddo roi ei got amdano.

'Iawn,' dywedodd Lois yn dawel.

'A diolch am y swper, rwyt ti'n gogyddes wych ac yn bert ofnadw 'fyd. Dwi'n lwcus iawn.' A rhoddodd gusan fach arall iddi ar ei gwefusau.

'Wela i di nos fory,' meddai Lois wrtho gan guddio'i theimladau gyda gwên lydan.

Ar ôl iddo adael, criodd i'w gobennydd mewn anobaith. Ai fel hyn oedd perthynas go iawn i fod?

'Be sy'n bod arnat ti?' Roedd Cerys yn ôl o'i *rendezvous* diweddara gyda Marc Arwel ac, fel arfer, roedd mewn hwyliau da iawn.

'Dim byd!' chwythodd Lois i'w gobennydd yn ddiflas.

'Beth, wnaeth e ddim troi lan i'r swper?' gofynnodd Cerys, yn gweld y platiau gwag o'u cwmpas.

'Do!' dywedodd Lois gan droi i edrych arni – ei cholur chwedegaidd yn llanast llwyr dros ei gruddiau ac ar ei gobennydd.

'Ond . . .' meddai Cerys gan arllwys gweddillion y gwin coch i wydr ac eistedd ar erchwyn y gwely i wrando ar Lois.

'Ond, o'dd e ffaelu cael e lan!' Dechreuodd Lois feichio crio. 'Be sy'n bod arna i, Cerys? Dwyt ti ddim yn cael y broblem 'na, wyt ti?'

'Wel, na,' dywedodd Cerys yn wybodus. 'Ond mae'n gallu digwydd. Gormod o alcohol, cyffuriau, blinder, *stress* . . .' Oedodd am ychydig cyn dweud wrth Lois yn ofalus, 'gwranda, o'n i ddim isie dweud hyn wrthot ti ond dywedodd y Ffat Slags nad oedd Daniel erioed wedi cael rhyw iawn 'da unrhyw ferch tra o'dd e yn y Coleg achos beth ddigwyddodd iddo fe cyn dod 'ma . . .'

'Be?' holodd Lois yn syn.

'Wel, wedon nhw 'i fod e wedi bod mewn trwbwl mawr jyst cyn dod i'r coleg achos iddo fe roi tabled Ecstasi i'w frawd bach e, a fuodd hwnnw farw. O'dd ei dad e'n *big noise* yn yr Heddlu ac roedd y stori'n frith dros y wasg i gyd ar y pryd. Ma Sali'n dod o'r un ysgol â fe, ti'n gweld, ac mae'n gwybod y stori i gyd.'

'O, Daniel druan,' meddai Lois, yn teimlo'n ofnadwy am y noson honno pan gymerodd hi'r Ecstasi.

'Wel, ie, trueni mawr,' dywedodd Cerys yn eitha difater, 'ond dyw e ddim yn helpu ti, odi e? Os wyt ti'n moyn fy nghyngor i, Lois, gad e fod. Ma gormod o *hang-ups* 'da'r boi. Wyt ti'n ifanc, ti isie cael gwd shag a bach o sbri – dim delio gyda rhywun sy'n dioddef o iselder a sy'n methu cael codiad!'

'Nid rhyw yw popeth, Cerys!' gwaeddodd Lois arni'n ddig.

'Shwd fyddet ti'n gwybod?' meddai Cerys yn siarp. 'Dwyt ti erioed wedi'i wneud e!'

'A diolch byth am hynny!' dywedodd Lois yn gadarn. 'Dwi ddim isie pobol yn fy ngalw i'n SLAG y coleg!'

'A beth ma hwnna i fod i feddwl?' gwaeddodd Cerys. 'Jyst achos sai'n *frigid* fel ti a dy jynci o sboner!'

'Ffyc off, wnei di!' gwaeddodd Lois cyn rhedeg allan o'i hystafell i fyny at Fflur. Roedd ei noson ramantus yn deilchion a'i ffrind gorau'n bitsh! Pam oedd bywyd mor shit?

*

Yr un noson

Cerys

Gorweddai Marc a Cerys yn y gwely yn y gwesty bach cyfleus ger y Borth yr oedd Marc wedi'i awgrymu fel lle addas ar gyfer eu cyfarfodydd o hyn allan. Roedd rhyw cyflym, gofalus yn ei gar mewn *lay-by* pellennig neu yn ei ystafell yn yr Hen Goleg yn rhy beryglus, ond roedd y lle yma'n berffaith. Yn ddigon agos i Cerys i fedru dal bws i'w gyfarfod, ond yn ddigon pell rhag llygaid chwilfrydig trigolion Aberystwyth.

'Beth wyt ti wedi bod yn 'i wneud gyda dy hunan ers i fi dy weld di tro diwetha 'te?' holodd Marc wrth iddo arllwys gwydraid o win gwyn iddi ar ôl sesiwn arall o garu nwydwyllt.

'Dim lot. Es i i barti wythnos diwetha . . .'

'O do fe nawr? Felly, 'na pham o't ti a'r hipi 'na o

Annwfn yn snogio tu fas i'n ffenest i fel dau beth gwyllt, ife?'

Gwenodd Cerys arno a cheisio dyfalu pa emosiwn oedd hwn – cenfigen ynteu chwilfrydedd, neu'r ddau? Dyna'r unig broblem o fynd allan 'da boi mor brofiadol gyda menywod â MA, roedd e'n anodd ei ddarllen weithiau. Ond dyna un o'r pethau roedd yn apelio ati amdano hefyd, ei fod yn fwy o sialens na'r bechgyn sili oedd yn y coleg gyda'u tafodau'n hongian allan pan ddywedai 'Helô' wrthynt. Pathetig!

'Ie, falle. Pam, wyt ti'n genfigennus?' holodd Cerys yn chwarae gyda'r blew tywyll, cyrliog ar ei fron.

'Dim o gwbl,' meddai Marc, yn gwenu arni'n oeraidd. 'Falle 'i fod e'n arwydd y dylen ni gwlo lawr am chydig.'

Synnodd Cerys ei glywed yn dweud hyn mewn ffordd mor ddideimlad. Dechreuodd raffu esgusodion. 'Gwranda, ffling oedd e. O'n i wastad wedi'i ffansïo fe ers dyddiau ysgol, ond ti dwi isie. Pam ti'n meddwl wnes i stopio tu allan i dy ffenest di er mwyn dangos i ti beth o'n i'n 'i wneud?'

'Wel, dwi ddim yn ddeunaw oed, Cerys, a does dim eisiau chwarae gêmau gyda fi. Dwi wedi'u chwarae nhw i gyd o'r blaen, cyn i ti ddod i'r byd 'ma.' Cyneuodd sigarét. 'Na, o'n i jyst bach yn siomedig, dyna i gyd. O'n i'n meddwl fod 'da ni rywbeth sbesial.'

Methai Cerys gredu ei chlustiau! 'Sbesial? Be, fel sy 'da ti a dy wraig? Mae'n iawn i ti gael rhyw 'da hi a fi ond dyw e ddim yn iawn i fi gael rhyw 'da rhywun arall heblaw amdanat ti?'

'Wel, dwi'n hapus i ti fflyrtio a snogio gyda'r bechgyn yma gan fod hynny'n helpu i gadw'n perthynas ni'n fwy tawel,' dywedodd Marc yn ddi-ffws. 'Ond dwi ddim yn cael rhyw gyda fy ngwraig, Cerys, a heb wneud nawr ers rhai misoedd.'

'O ie,' dywedodd Cerys. 'Dyna beth ma nhw i gyd yn ei ddweud.'

'Ti'n meddwl y buaswn i yma 'da ti pe bawn i'n cael rhyw 'da ngwraig?' dywedodd Marc gan edrych i fyw ei llygaid. 'Ma'n bywyd ni'n gwbl *boring*. *Routine* yw e. Cinio bob dydd Sul yn y Belle Vue, te wedyn gyda'i rhieni stiff, yna adre a gwylio *omnibus Pobol y Cwm*, mas â'r ci am dro ac wedyn, dyna ni, diwedd penwythnos *boring* arall'.

'Pam 'se ti'n 'i gadael hi 'te?' gofynnodd Cerys gan gynnau sigarét.

'Lot o resymau. Plant, fy swydd i, colli'r tŷ . . . Ma rheswm da dros alw priodas yn *tying the knot*, ti'n gwybod. Ma'n gwlwm uffernol o anodd i'w ddatod.'

Daeth cysgod dros ei wyneb a dywedodd gydag angerdd, 'Dwi'n ofni cryfder fy nheimladau tuag atat ti, Cerys. Rwyt ti mor ifanc ac mor *cavalier* yn dy driniaeth o ddynion. Rwyt ti'n casglu calonnau fel petaet ti'n codi chwyn . . .'

'Rwyt ti'n gwybod mod i'n dy garu di, Marc. Shag oedd Cai, dim byd mwy. Ac o'n i ddim isie gwneud ffŵl o'n hunan yn aros am foi sy byth yn mynd i adael ei wraig.'

'Ma'n rhaid i ti fod yn amyneddgar, Cerys. Y'n ni newydd gyfarfod, ac ydy, mae'r rhyw yn anhygoel. Ond mae'n rhaid i ni fod yn siŵr cyn mod i'n troi mywyd i wyneb i waered . . . Dwi YN dy garu di, yr hen gath fach gas, alla i ddim stopio meddwl amdanat ti. Ti'n meddwl mod i 'di mwynhau dy wylio di a'r boi 'na wrthi ar y traeth fel anifeiliaid?'

'Welest ti ni ar y traeth?' holodd Cerys yn euog.

'Wel, dyna beth o't ti isie, on'd ife?' chwarddodd Marc yn sur gan yfed llwnc dda o'i win. 'Paid chwarae 'da fi, Cerys, achos dwi'n chwaraewr lot mwy brwnt na ti.'

'Ma'n ddrwg 'da fi,' dywedodd Cerys gan ei gusanu'n dyner. 'O'n i ddim yn gwbod bo ti'n teimlo fel hyn.'

Chwarddodd Marc. 'Fe ddaw'r diwrnod yn go fuan pan fydda i'n gallu gadael y sham 'ma o briodas a byddi di a fi'n gallu bod 'da'n gilydd am byth. Ond mae'n rhaid i ti fod yn amyneddgar.'

'Wrth gwrs bydda i,' dywedodd Cerys. Ond doedd bod yn amyneddgar ddim yn rhan o'i chyfansoddiad. Nawr ei bod hi'n gwybod bod Marc eisiau bod gyda hi am byth ac mai dim ond ei wraig oedd yn eu rhwystro, wel, gwyddai'n iawn sut i gyflymu'r broses. Roedd Marc yn foi traddodiadol ac os darganfyddai Cerys trwy 'hap a damwain' ei bod yn feichiog, yna fyddai ganddo ddim dewis ond gadael ei wraig bathetig i fod gyda hi. Yna, gallai Cerys adael coleg (doedd y cwrs ddim yn ei chyffroi, beth bynnag) a setlo i lawr fel gwraig *trophy* i ddyn llwyddiannus, rhywiol, oedd yn ennill bywoliaeth dda.

'Dere 'ma!' meddai Marc gan gam-ddeall ei distawrwydd a'i thynnu'n agos ato. 'Ma hanner awr arall gyda ni cyn mod i'n gorfod mynd.' A thywalltodd weddill y gwin dros ei chorff cyn dechrau ei lyfu ymaith yn nwydus. Gwenodd Cerys. Roedd pob dyn yr un peth ac roedd hi'n well nag unrhyw un ar chwarae gêmau, fel y gwelai MA yn y dyfodol agos . . .

*

78

Yr un noson

Hywel

'Ti'n meddwl mod i'n edrych yn OK? Ddim rhy tarti, ddim rhy anffurfiol?' Ffysiai Meleri o flaen y drych am yr ugeinfed tro wrth iddi baratoi i fynd allan. Edrychai'n ddelach nag y gwelsai Hywel hi erioed. Gwisgai ffrog fach las oedd yn gweddu'n berffaith gyda'i llygaid, bŵts cowboi, a siaced ledr Hywel dros y cwbl.

Gorweddai Hywel yn bwdlyd ar ei gwely yn ei gwylio gyda dagrau yn ei galon. 'Na, dwi wedi gweud, ti'n edrych yn iawn, OK?'

'OK! Sdim isie bod fel'na!' dywedodd Meleri. 'Ti'n gwybod fod y dêt 'ma'n bwysig i fi. Sai 'di bod ar ddêt ers blwyddyn ac ma Huw yn rili neis . . .'

Y rheswm dros ddicter Hywel oedd yr 'Huw' yma. Huw Rhuthun, un o gymeriadau mwya lliwgar y neuadd, seren y tîm rygbi, un o fyfyrwyr mwya disglair yr Adran Ddaearyddiaeth ac yn meddu ar bersonoliaeth allblyg oedd yn apelio at bawb, yn fechgyn a merched. Roedd ganddo gorff fel Brad Pitt a mop o wallt cyrliog euraid. Ie, hunllef fwya boi mewnblyg, ansicr fel Hywel, a hwn oedd wedi gofyn i Meleri ddod allan am ddêt y noson honno.

'Ti'n siŵr bo ti'n gwneud y peth iawn yn mynd mas 'da fe?' gofynnodd Hywel, yn gobeithio y byddai'n newid ei meddwl. Roedd Meleri'n brysur yn rhoi ei minlliw ar ei gwefusau ac edrychodd yn syn ar Hywel.

'Be ti'n feddwl?'

'Wel, ma fe dipyn yn hŷn na ti. Mae e'n . . .

brofiadol iawn 'da merched ac yn eitha *player*, dwi wedi clywed.'

'Fel pob bachgen gwerth ei halen,' dywedodd Meleri gyda chwarddiad bach caled. Ai pwyth iddo fe oedd honna, meddyliodd Hywel? Trodd Meleri tuag ato, fel petai'n darllen ei feddwl. 'Gwranda, Hywel, dwi'n gwybod bo ti jyst yn edrych ar 'y ngôl i fel ffrind, ond sdim isie i ti fecso. Dwi'n gwybod beth dwi'n neud a dwi'n rili licio Huw. Ma fe'n wahanol i'r 'Jocs' eraill 'na . . . A ma fe'n uffernol o secsi. Dwi ffaelu credu y byddai rhywun fel Huw yn ffansïo rhywun fel fi!'

'Beth?' dywedodd Hywel, yn methu credu ei glustiau. 'Rwyt ti'n hyfryd!' a gwridodd yn sydyn, ond ni sylwodd Meleri ar ei wyneb wrth iddi ddal ati i ymbincio.

'Wel, mae'n neis iawn bo ti'n dweud hynny, Hywel, ond dyw cyfle fel hyn ddim yn dod bob dydd. A bydd rhaid iddo fe weithio'n galed cyn y bydda i'n barod i neidio i'r gwely gyda fe!' ychwanegodd yn benderfynol.

'Ond o'n i ddim yn meddwl bo ti isie mynd mas 'da neb o Daliesin,' dywedodd Hywel yn bwdlyd.

'Na, ond nid "neb" yw Huw Rhuthun,' gwenodd Meleri'n freuddwydiol. 'Fe yw pishyn mwya'r neuadd – er, dyw hwnna ddim yn dweud llawer,' chwarddodd.

FFYC, gwaeddodd Hywel wrtho'i hun. Pam oedd e wedi oedi cyhyd? Roedd hi'n amlwg wedi syrthio am y Joc ac roedd Hywel, fel arfer, wedi colli'i gyfle. 'Wel, dwi'n mynd nawr,' dywedodd yn ffug ddifater. 'Wela i di fory.'

'Diolch am fenthyg dy got di,' dywedodd Meleri gan roi cusan iddo ar ei foch. 'Mae'n rili neis. Dwi'n addo edrych ar ei hôl hi.'

'Mae'n dy siwto di,' dywedodd Hywel yn dawel gan adael yr ystafell yn drist. Oedd, roedd e wedi dychmygu Meleri'n gwisgo'i siaced ledr orau ond ar achlysur rhamantus lle byddai'r ddau ohonynt yn cerdded ar hyd y prom ac yntau'n ei chynnig iddi i'w chysgodi rhag yr oerfel, nid er mwyn iddi edrych yn ddelach nag oedd hi'n barod ar ddêt gyda boi arall!

Roedd Hywel wedi magu sawl ffantasi'n ddiweddar amdano fe a Meleri: Meleri'n gwisgo'i grys e a dim byd arall ar ôl iddi dreulio'r noson gyda fe yn ei ystafell; Meleri ac yntau'n rhedeg drwy'r tonnau ar y traeth; Meleri ac yntau'n chwerthin ar ffilm gomedi gyda'i gilydd cyn iddi neidio ar ei ben a'i gusanu'n nwydwyllt . . . Ond doedd bywyd ddim fel *When Harry Met Sally*, meddyliodd Hywel yn chwerw, ac roedd ei ffantasïau Cardiau Hallmark yn chwerthinllyd o gawslyd. Ciciodd gan o Coke oedd yn gorffwys yng nghanol y coridor yn ei dymer cyn mynd i'r tŷ bach am slash, ond pwy oedd yno ond Huw Rhuthun a'i giwed o Jocs. Grêt! Byddai'n methu piso nawr gyda'r eirth rygbi 'ma'n ei wylio. Roedd hyd yn oed piso Huw yn well na'i un e, meddyliodd Hywel yn bwdlyd wrth i Huw biso bwa aur perffaith.

'Hei bois,' meddai Huw wrth ei ffrindiau oedd yn piso gerllaw iddo, 'dwi'n gobeithio bydd y boi bach yn cael *work-out* gwerth chweil heno 'fo'r lefren 'na o'r Gyntaf!' A chwifiodd Huw ei bidlen yn falch cyn ei gosod yn ôl yn ei drôns.

'Ie, shwd ddiawl lwyddest ti i fachu honna, gwed?' holodd Cadno, un o'i gyfoedion rygbi bochgoch. 'O'n i'n meddwl ma myff-deifar o'dd hi, achos ges i ddim lwc 'da hi pan dries i!'

'Y crap arferol, bod yn sensitif a'r shit arferol,'

81

crechwenodd Huw arno'i hun yn y drych wrth olchi'i ddwylo mawr. 'A dydi hi ddim yn lesbian, Cadno bach. Glywais i ei bod hi'n mynd fel beic!'

Gyda hynny, teimlodd Hywel yr holl rwystredigaeth oedd wedi crynhoi yn ei grombil ers iddo sylweddoli beth oedd ei wir deimladau tuag at Meleri yn dod i'r wyneb fel un llosgfynydd echrydus. 'Cau dy geg!' gwaeddodd yn ddirybudd. Trodd Huw Rhuthun i edrych arno mewn sioc.

'Be ddeudist ti'r coc-oen uffar?'

'Glywest ti!' gwaeddodd Hywel gan roi dwrn anferth i Huw Rhuthun yn ei geg. Cwympodd hwnnw ar lawr y tai bach ac am eiliad roedd yr olygfa wedi rhewi. Methai Hywel gredu ei fod wedi rhoi dwrn i Huw Rhuthun a doedd Cadno a'i gydymaith, Rhys Du, ddim yn credu chwaith. Ond yna, penderfynodd Hywel mai'r opsiwn orau fyddai rhedeg, cyn iddynt ddod dros eu sioc. A heglodd hi allan o'r tai bach i lawr y coridor tuag at y grisiau. Os gallai ddianc i ystafell Lois, falle byddai ganddo siawns o guddio nes y byddent yn anghofio am y peth. Ond doedd coesau bach pry cop Hywel yn ddim cystadleuaeth i'r cewri rygbi. Mewn hanner munud, roeddent wedi'i ddal ar waelod y grisiau, ac â gwaed yn ei boer bloeddiodd Huw Rhuthun ar Hywel, 'Pwy ffyc ti'n meddwl wyt ti, y twat bach hyll?'

Teimlodd Hywel ddur ei ddwrn yn cyffwrdd â'i drwyn a'r boen fwya annioddefol yn curo yn ei ben fel gordd. Rhoddodd Cadno gic filain iddo yn ei geilliau a gorweddodd yno'n swp o boen a dagrau ar y llawr.

'Dewch, bois. 'Sgynna i ddim amser i' wastraffu ar dwats bach cegog fel hwn. Gen i ddêt!'

Gwyliodd Hywel eu traed yn rhedeg yn ôl i fyny'r

grisiau a cheisiodd godi'n araf. Roedd y boen yn ei drwyn yn waeth na'r boen yn ei geilliau.

'Hywel! Ffycin 'el! Be ddigwyddodd i ti?' Safai Fflur yno yn ei gwisg ddu yn edrych arno mewn sioc.

'Huw . . . Huw Rhuthun!' ebychodd Hywel.

'Wel, dere 'da fi, i ni gael sortio'r trwyn 'na mas,' meddai Fflur yn famol.

'Na, mae'n rhaid i fi rybuddio Meleri,' dywedodd Hywel wrth iddo hanner rhedeg a hanner baglu ei ffordd tuag at ystafell Meleri. Roedd yn rhaid iddo'i dal hi cyn iddi fynd allan gyda'r bastard yna!

'Hywel!' Roedd Meleri wedi agor y drws gan ddisgwyl gweld Huw Rhuthun yn sefyll yno. Edrychodd yn siomedig am eiliad cyn sylwi ar y gwaed a lifai o'i drwyn a'r clais oedd yn dechrau cronni ar ei foch. 'Wyt TI o bawb wedi bod yn ymladd?'

'Meleri, gwranda, Huw Rhuthun oedd e. O'dd e'n gweud pethe drwg amdanat ti yn y toiledau . . . A wnes i roi clowten iddo fe . . .'

'Hywel,' meddai Meleri'n siort. 'Ma'n rhaid i ti beidio cymryd beth ma pobol yn gweud o ddifri. Ti'n gwybod fod Huw yn licio cael jôc. Be sy'n bod arnat ti, gwed?' A cheisiodd Meleri sychu'i drwyn gyda chadach wrth iddo geisio ymresymu gyda hi ymhellach.

'Meleri! Ma fe'n gwmws fel y boi 'na o'dd yn yr ysgol 'da ti. Ma fe ar ôl un peth!'

'Gwranda, Hywel!' dywedodd Meleri, yn amlwg wedi colli ei limpyn. 'Cadw dy drwyn mas o musnes i, wnei di? Dwi'n gwybod shwt i edrych ar ôl fy hunan, OK. A dwi ddim isie blydi Efeng-yl bach sy'n gwybod dim byd am fywyd yn ymladd drosta i chwaith! Tria ffeindio cariad i ti dy hun, wnei di, yn lle sbwylio pethe i fi!'

Edrychodd Hywel arni'n syn. Roedd e'n methu credu'i hagwedd hi. A hithau wedi brolio cymaint ei bod yn mynd i wylio rhag syrthio i'r un fagl eto, dyma hi, yn anwybyddu'i eiriau ac yn dal eisiau mynd allan 'da'r Huw Rhuthun diawledig yna! 'Sai'n dy ddeall di weithiau, Meleri,' dywedodd yn siomedig.

'Gwd!' gwaeddodd Meleri. A thynnodd ei got ledr i ffwrdd a'i lluchio tuag ato. 'A cher â hon hefyd, wnei di? Achos dwi ddim o'i heisiau hi!'

*

'Hywel bach!' ebychodd Lois wrth iddi olchi ei wyneb yn dyner. 'Ti'n gwastraffu dy amser 'da Meleri, ti'n gwybod. Ffrindiau'n unig y'ch chi ac mi fyddi di'n colli ei chyfeillgarwch hi hefyd os ti'n cario mlaen fel hyn.'

'Wnest ti ddim clywed beth wedodd e amdani, Lois,' dywedodd Hywel yn lleddf.

'Roedd e'n beth neis iawn i ti amddiffyn Meleri fel'na,' dywedodd Lois yn garedig gan weld bod dagrau'n cronni yn ei lygaid chwyddedig. 'Ond mae'n amlwg fod *issues* 'da hi ers yr hyn ddigwyddodd iddi yn yr ysgol a dyw hi ddim eisiau clywed bod yr Huw 'ma 'run peth â'i *ex* hi.'

'Ond pam oedd hi mor gas wrtha i?' holodd Hywel. 'O'n i'n meddwl 'i bod hi'n lico fi a falle . . . mewn amser . . .'

'Y bydde hi'n dod i dy garu di?' ychwanegodd Lois yn dawel.

'Stiwpid, ife?' dywedodd Hywel. 'Pwy fydde'n ffansïo Efeng-yl bach hyll fel fi?'

'Gwranda di 'ma, Hywel Morgan. O'n i'n dy ffansïo

di, OK!' chwarddodd Lois. 'Ti'n lyfli, ti'n garedig, ti'n ddoniol a ti'n glyfar. Ma Meleri jyst heb sylweddoli eto beth sydd gyda hi o dan ei thrwyn. Cer i'w gweld hi fory ac ymddiheura er mwyn i chi gadw'ch cyfeillgarwch. Ac aros. Dwi'n siŵr fydd yr Huw 'ma'n dangos ei wir fwriad dros fynd mas 'da hi cyn bo hir . . .'

'Jiw, Lois, ti'n swnio'n rili aeddfed fan'na!' Edrychodd Hywel arni'n syn.

Chwarddodd Lois, 'Wel, mae'n rhwydd rhoi cyngor i bobol eraill, ond sdim clem 'da fi sut i lwyddo 'da Daniel. Dwi hyd yn oed wedi prynu wystrys i weld a fydd hynny'n helpu iddo fe fod isie cael rhyw 'da fi heno!'

Arllwysodd Lois bob o wydraid o win iddynt. Ac er nad oedd e'n hoff o win, derbyniodd Hywel gan ei fod e'n meddwl bod 'sioc' yn rheswm digon dilys dros gael ychydig o alcohol. Roedd Lois yn iawn, roedd e'n meddwl gormod o Meleri i golli ei chyfeillgarwch. Byddai'n ymddiheuro iddi ac yn aros . . . Jyst plis, gweddïodd yn fewnol, plis, Dduw, paid â gadael iddi syrthio am y blydi Huw Rhuthun yna . . .

Tachwedd

Lois

Roedd Lois yn cael trafferth gyda thraethawd mileinig o galed oedd ganddi i'w gwblhau ar gyfer ei chwrs Cyfraith Cytundeb. Doedd y cwrs ddim yn debyg i'r hyn roedd hi wedi'i ddychmygu. Roedd Lois yn ffan mawr o *LA Law* gyda'r merched rhywiol yn eu *shoulder pads* enfawr yn datrys achosion cyffrous ag areithiau dramatig yn y llysoedd, cyn iddynt fynd adre am ryw tanbaid gyda'u cariadon golygus, llwyddiannus. Ond y realiti oedd darlithoedd sychlyd, pentwr o waith paratoi a dim gronyn o greadigrwydd, drama na dynion cyhyrog yn agos i'r lle!

A doedd e ddim yn help fod Cerys yno yn siarad rwtsh wrth ymbincio ar gyfer cyfarfod arall 'da'r blydi MA yna. Roedd yn well gan Lois pan oedd Cerys yn mynd allan gyda lot o fechgyn ar yr un pryd, fel yr arferai wneud. Yr unig beth roedd hi'n siarad amdano'r dyddiau hyn oedd y Ffat Slags ac MA. Doedd ganddi ddim diddordeb yn ei phroblemau hi na phroblemau Hywel, oedd yn dal yn dioddef gan nad oedd Meleri wedi maddau iddo eto am ei ffrwgwd gyda Huw Rhuthun.

Roedd Lois yn casáu cweryla gyda Cerys achos byddai'n pwdu am ddyddiau ar ôl cweryl. Roedd hi wedi cymryd wythnos iddynt ddod 'nôl yn ffrindiau ers eu cweryl diwetha. Meddai Cerys ar bersonoliaeth ddialgar iawn lle byddai'n cosbi'r person arall trwy ei anwybyddu a bod yn gwbl oeraidd, nes bod y person arall bron ar ei liniau'n ymddiheuro iddi. Roedd yn bŵer annymunol ond cymaint oedd nerth yr heulwen yn dilyn y storm nes bod Lois wedi bod yn barod i ddiodde'r hwyliau gwael yn y gorffennol, jyst er mwyn cael yr amseroedd da. Ond nawr, doedd hi ddim yn siŵr oedd ganddynt wir gyfeillgarwch gan fod Cerys yn treulio'r rhan helaeth o'i hamser gydag MA neu gyda'r Ffat Slags troëdig.

'Cerys,' holodd Lois yn ofalus, 'pam 'se ti'n gweld dynion eraill yn ogystal â Marc Arwel? Rhag ofn i ti gael dy frifo. Cofia am ei wraig!'

'D-y!' dywedodd Cerys gan rolio'i llygaid ar Lois wrth iddi wasgu'i hun i sgert ledr gwta. 'Dwi'n gwybod 'ny, Lois. Dyna ran o'r hwyl! Eniwê, mae'n mynd i'w gadael hi cyn bo hir. Mater o amser yw hi a bydda i a Marc yn "swyddogol"!'

'God! Cerys,' pwffiodd Lois. 'Dwyt ti ddim wedi cwympo am y crap dyw-ngwraig-i-ddim-yn-fy-neall, wyt ti? 'Co'r hwyl mae e'n ei gael! Gwraig fach ufudd adre a meistres secsi ddeunaw oed sy'n meddwl fod yr haul yn disgleirio mas o'i din e!'

'Dwyt ti ddim yn gwybod dim am y peth!' dywedodd Cerys yn swta. 'O leia dwi'n cael rhyw gyda dyn go iawn yn lle gwastraffu'n amser gyda rhyw *weirdo* pathetig sydd angen *shrink*!'

'Wyt ti ddim yn gwybod dim am Daniel, OK? Dyw e ddim yn fastard sy'n cael *affairs* 'da pawb mewn sgert, fel dy annwyl MA di!'

'Be ti'n feddwl?' dywedodd Cerys, ei hwyneb yn goch mewn tymer.

'Wel, dwi'n clywed pethe hefyd, ti'n gwybod,' dywedodd Lois. 'Ma Fflur wedi bod ar y sîn yn Aber ers blynyddoedd ac ma straeon am Marc Arwel yn bod yn rhy "gyfeillgar" gyda'i stiwdants benywaidd, ifanc wastad wedi bod yn hedfan o gwmpas.'

'Wel, dyw Fflur ddim yn gwybod dim chwaith, y blydi Goth hyll â hi!' gwaeddodd Cerys. 'Dwi'n gwybod bo ti'n genfigennus, Lois, ond paid trio sbwylio pethe i fi achos bo dy "gariad" di, os galli di alw fe'n gariad, ddim yn dy ffeindio di'n ddigon secsi i gael rhyw da!'

'Rhyw, dyna i gyd ti'n ddeall, Cerys!' dywedodd Lois yn ffrom. 'Sdim rhyfedd bo ti'n gymaint o ffrindiau 'da'r Ffat Slags yna, wyt ti hanner ffordd 'na'n barod dy hunan! Ma pawb yn gwybod am dy *affair* bach di a thithe'n meddwl ei fod e'n gyfrinach! Mater o amser yw hi cyn bydd ei wraig e'n gwybod. A ti'n meddwl fydd e'n dal eisiau dy weld di wedyn?'

'Jyst meindia dy fusnes, wnei di!' gwaeddodd Cerys, 'a sorta dy fywyd dy hunan mas cyn busnesa yn 'y mywyd i!' A chyda hynny, martsiodd allan o'r ystafell gan slamio'r drws ar ei hôl mewn tymer.

Oedd, roedd Lois wedi cael digon ar rannu ystafell gyda hi. Doedd hi ddim wir eisiau ei chael fel ffrind mwyach chwaith. Diolch byth am Fflur, oedd yn tyfu'n agosach ati'n ddyddiol. Penderfynodd fynd i'w gweld i siarad am y broblem gyda Cerys. Falle y byddai'n fodlon iddi gysgu'r nos gyda hi heno rhag iddi orfod dychwelyd i Siberia ei hystafell a digofaint Cerys.

Ond pan gyrhaeddodd ystafell Fflur, roedd yna gweryla'n mynd mlaen yno hefyd. Roedd y drws led y pen ar agor a safai Fflur yn ei nicars a'i chrys-T Stone

Roses, yn sgrechian gweiddi ar Ffranc, oedd yn sefyll fel cawr o ledr du wrth ei hochr. Camodd Lois i mewn i'r ystafell yn ansicr. 'Ffycin 'el Ffranc!' gwaeddodd Fflur. 'Dwi wedi gweud 'tho ti bo ni wedi gorffen, OK! O'dd e'n gwd, o'dd e'n grêt, ond dwi wedi symud mlaen.'

'Ma rhywun arall, o's e?' gwaeddodd Ffranc yn ôl gyda dagrau'n arllwys i lawr ei ruddiau blewog.

'Ddof i 'nôl wedyn,' dywedodd Lois yn dawel gan deimlo embaras o weld y cawr hwn yn crio fel plentyn deuflwydd o'i blaen.

'Na, Lois, mae'n iawn. Ma Ffranc yn mynd nawr.'

'Fflur, dwi wedi cael tatŵ newydd, yn sbesial i ti.'

'Ffranc, dwi'n meddwl y byd ohonot ti,' dywedodd Fflur, yn fwy caredig y tro yma wrth i Ffranc ddangos tatŵ enfawr o'i hwyneb ar ei fron. 'Ond dwi'n dy garu di fel ffrind; ma bywyd gwahanol 'da fi nawr.'

A chofleidiodd Ffranc cyn ei arwain at y drws. 'Edrych ar ôl dy hunan,' dywedodd wrtho'n dyner.

Cerddodd Ffranc yn anfodlon o'r ystafell a chaeodd Fflur y drws ar ei ôl cyn ei gloi'n syth. 'Ffycin 'el!' dywedodd gydag ochenaid.

'Lle ma Steve?' holodd Lois. Roedd hwnnw wedi bod yn byw a bod yn ystafell Fflur yn ddiweddar. 'Lwcus y diawl nag o'dd e 'ma pan droiodd Ffranc lan.'

'Ie, on'd ife?' chwarddodd Fflur cyn agor ei chwpwrdd ddillad. Yno, yn hollol noethlymun, safai Steve yn crynu gan ofn.

'You can come out now! He's gone!' dywedodd Fflur wrtho.

'Thank fuck for that,' ebychodd Steve gan neidio yn ôl i'r gwely, yn ddi-hid fod Lois wedi'i weld yn ei ogoniant.

'Wel, ma isie drinc arna i ar ôl 'na,' dywedodd Fflur gan agor potel o win coch. 'Skin up, will you babe?' dywedodd wrth Steve gan daflu bocs bach o betheuach sblifflyd iddi.

'Dwi wedi cael cweryl arall 'da Cerys,' dywedodd Lois yn ddiflas wrth gymryd gwydraid o win oddi wrth Fflur.

'Paid â chymryd sylw ohoni,' meddai Fflur yn ddidaro. 'Dwi erioed wedi licio'r groten. Mae'n chwarae gormod 'da teimlade pobol. Sai'n gwbod pam ti'n ffrindie 'da hi.'

'Wel, o'n i arfer cael amseroedd da gyda hi. Ond sai'n credu fod rhannu ystafell yn helpu,' dywedodd Lois.

'Na, ma'r blydi lle 'ma fel carchar,' cytunodd Fflur. 'Ac am yr arian 'yn ni'n ei dalu, mae'n shit! Ma'r ystafelloedd molchi fel rhywbeth mas o Belsen! A dwi wedi cael llond bola ar y gont 'na drws nesa, yn conan byth a beunydd wrth y Warden amdana i a Steve yn gwneud gormod o sŵn yn gwely, y bitsh stiwpid.'

'Ie, trueni 'se ni'n gallu mynd i fyw'n y dre,' dywedodd Lois yn meddwl am y cyfleustra o fod yn agosach at Daniel.

'Wel pam lai?' chwarddodd Fflur. 'Galli di, fi a Steve rannu tŷ 'da'n gilydd. Bydd e'n rhatach, neisach, a gallwn ni wneud beth ffyc ni eisiau. Cael partis, smoco, chwarae miwsig, bydd e'n grêt!'

'Ti'n iawn!' dywedodd Lois, yn cyffroi drwyddi.

'Newn ni ddechre chwilio am le fory!' dywedodd Fflur yn awdurdol. 'Rhywle na all Ffranc ddod i haslo fi 'fyd, a rhywle lle galli di gael dy bawennau bach brwnt am Daniel!' A chyda hynny cynigiodd Fflur lwncdestun. ''N cartref newydd ni! A'r dyfodol!'

'Y dyfodol!' atseiniodd Lois gan lyncu'n ddwfn o'i gwin. Nawr byddai bywyd coleg yn dechrau mewn gwirionedd!

*

Yr un noson

Cerys

Roedd Cerys yn flin fel cacynen wrth iddi ddringo'r grisiau i fyny i gorlan y Ffat Slags ar y llawr uchaf yn Nhaliesin. Roedd Lois yn gallu bod yn gymaint o dwat weithiau. Doedd hi ddim wedi bod 'run peth ers iddi ddechrau cymysgu 'da'r blydi Fflur 'na! Doedd dim diddordeb ganddi ym mywyd Taliesin, dim ddiddordeb mewn cyfeillgarwch gyda'r Ffat Slags a dim diddordeb ym mherthynas Cerys ag MA chwaith!

Doedd Cerys ddim yn gwybod pam roedd hi dal yn ffrindiau 'da hi, a dweud y gwir. Roedd hi wedi tyfu mas o'r bartneriaeth ers tipyn. Roedd Lois yn dal fel plentyn, heb brofiad yn y byd go iawn, yn byw yn ei byd bach ffantasi lle roedd bywyd fel ffilm ramantus. Ond nid *Pretty Woman* oedd bywyd go iawn, gwyddai Cerys hynny'n sicr. A doedd yr un Richard Gere yn aros wrth y balconi i'ch hachub. Roedd yn rhaid i chi achub eich hunan ym mha bynnag ffordd bosibl.

Roedd y Ffat Slags yn brysur yn downio *tequilas* yn eu hystafell pan ddaeth Cerys i mewn.

'Cerys, fy nghariad i! Ddim yn shelffo Marc Arwel heno 'te?'

'Wedi bod, ferched bach, wedi bod.'

'Ac o'dd pethe'n ddymunol?' holodd Sali, a'i llygaid mochyn yn pefrio.

'Yn ddymunol iawn nes i fi ddod 'nôl i fy ystafell,' dywedodd Cerys yn flin.

'Beth sy'n bod 'te?' holodd Catrin gan roi gwydraid o *tequila* yn ei llaw.

'Lois. Mae'n dweud na fydd Marc byth yn gadael y wraig a mod i'n ffŵl.'

Edrychodd y Ffat Slags ar ei gilydd. Mae'n amlwg nad dim ond Lois oedd yn meddwl hyn.

'Wel, falle bod pwynt gyda hi, ti'n gwybod!' dywedodd Sali yn ofalus.

'Beth, chi'n meddwl i' fod e'n gwastraffu'n amser i 'fyd!' dywedodd Cerys, a'i llygaid yn agor led y pen.

'Wel, beth mae e wedi'i ddweud wrthot ti am ei wraig?' holodd Catrin gan fwytho wyneb Cerys yn gariadus.

'Dywedodd e 'u bod nhw ddim ond gyda'i gilydd achos y plant a'i waith e, ac mewn amser, os dwi'n amyneddgar, bydd e'n 'i gadael hi. Dy'n nhw byth yn cael rhyw chwaith, medde fe.'

'Mmmm,' dywedodd Sali gan balu'n awchus drwy far o siocled Galaxy. 'Ie, wel, ma nhw i gyd yn dweud 'na, Cerys fach. 'R unig ffordd galli di ffeindio mas yn iawn yw trwy wneud chydig o waith *surveillance*.'

'*Surveillance*?' meddai Cerys mewn penbleth.

'Ie.'

'Beth? Sbio arno fe?'

'Wel, fydden i ddim yn gweud *sbio*, ond wel, sdim drwg mewn bwrw golwg ar y wraig, o's e?' dywedodd Sali yn dawel.

'Ie, jyst i ti gael gweld y gystadleuaeth,' dywedodd Catrin.

'Wel, fydd 'na ddim cystadleuaeth,' dywedodd Sali, a'i llygaid yn pefrio wrth edrych ar fronnau Cerys.

'Chi'n iawn, ferched,' dywedodd Cerys. 'Dyna'r unig ffordd i ddarganfod y gwir.'

*

Y dydd Llun canlynol

Cerys

Gwyddai Cerys fod Marc Arwel a'i wraig yn mynd allan am ginio dydd Sul yn rheolaidd i'r Belle Vue, ond roedd hi eisiau eu gweld nhw yn eu cynefin, adre. Os piciai hi rownd i gefn eu tŷ ysblennydd, falle gallai weld rhywbeth diddorol.

Yn hwyr ar brynhawn dydd Sul, pan oedd hi'n gwybod y dylai MA fod adre gyda'i deulu, eisteddodd Cerys ar y wal uchel oedd yn union gyferbyn â'i ardd gefn. Dyma fan gwych i weld y cyfan. Roedd hi wedi cael benthyg binociwlars *nerdy* gwylio adar Hywel, ac roedd ganddi olygfa glir o'r gegin grand.

Ac yna fe'i gwelodd 'hi'. Yn ei dychymyg, roedd Cerys wedi creu darlun go negyddol o wraig Marc. Dychmygai hi fel rhyw gymeriad llwydaidd, hen, oedd wedi gweld dyddiau gwell a hithau nawr yn agosáu at ei deugain. Ond beth welodd oedd dynes smart, ddeniadol gyda'i gwallt tywyll mewn 'bòb' perffaith o gwmpas ei hwyneb del. Falle'i bod hi'n dew, meddyliodd Cerys yn obeithiol. Ond na, pan ddaeth y ddynes allan i'r ardd i adael y ci allan – oedd, roedd ganddyn nhw blydi *Andrex puppy* a chwbwl gwelodd Cerys fod ganddi gorff tal, gosgeiddig iawn am ei hoed. Rhedodd dau blentyn allan gyda'r ci, bachgen a merch, tua chwech neu saith oed. Roedden nhw'n deulu bach perffaith, meddyliodd Cerys yn ddig.

Yna, gwelodd Marc yn cerdded tuag at ei wraig, a phlymiodd calon Cerys wrth iddi'i weld yn rhoi ei freichiau cryfion o gwmpas ei wraig a'i chusanu ar ei gwddf, yn union fel yr arferai wneud gyda Cerys. Roedd hi'n gandryll! Y bastard! Ac yntau wedi dweud nad oedd e'n caru'i wraig! Tynnodd Cerys y camera bach oedd ganddi o'i phoced a dechreuodd dynnu lluniau o Marc a'i wraig. Byddai'r diawl yn talu . . .

Y diwrnod canlynol, roedd gan Cerys ddarlith naw gyda Marc Arwel. Hyd yn hyn, roedd hi wedi bod wrth ei bodd gyda'r ddarlith hon. Fydden nhw ddim wedi gweld ei gilydd ers y dydd Gwener blaenorol fel arfer a byddai Cerys yn gwisgo sgertiau byr a chrysau-T i'r darlithoedd i ddangos ei bronnau er mwyn tynnu ei sylw. Byddai'n gwneud ymdrech i eistedd yn y rhes flaen ac yn agor ei choesau i ddangos iddo nad oedd yn gwisgo dillad isaf . . . Ond heddiw, gwisgai drowsus a siwmper wlân ac eisteddodd yn y rhes gefn. Roedd ei gwaed yn dal i ferwi.

Llusgodd yr amser nes iddo ddod o gwmpas y desgiau i gasglu eu traethodau. Roedd Cerys yn barod amdano. Roedd yntau wedi bod yn ceisio dal ei llygad gydol y ddarlith ond roedd hi wedi canolbwyntio ar ffugio ysgrifennu nodiadau. Pan ddaeth ati a dweud 'Cerys, ydy dy draethawd gen ti?', fe'i rhoddodd yn ei law gan rythu arno'n oeraidd. Cydiodd Marc yn y traethawd a sylwodd yn syth ar y llun roedd hi wedi'i ludio ar y dudalen flaen. Llun ohono ef a'i wraig yn cofleidio ac un gair wedi'i sgrifennu'n fras mewn beiro goch drosto, 'BASTARD!'

'Reit, dwi ddim yn meddwl bo ti cweit wedi deall ystyr y cwestiwn. Alli di aros ar ôl i ni gael mynd drosto fe eto, plis Cerys,' dywedodd Marc yn dawel ond gwelodd y fflach o dymer yn ei lygaid.

Arhosodd Cerys yn ei sedd yn bwdlyd wrth i weddill y dosbarth adael y ddarlith. Roedd Marc yn gwbl serchus gyda'r myfyrwyr eraill wrth iddynt adael yr ystafell ond wedi i'r person ola adael, clodd y drws a gafael yn arw yn Cerys wrth ei breichiau. 'Beth ffyc ti'n meddwl ti'n neud, gwed?'

'Beth FFYC *ti'n* meddwl wyt ti'n wneud?' holodd Cerys yn ôl yn herfeiddiol.

'Wyt ti wedi bod yn sbio arna i?' holodd Marc yn dawel.

'Wel, beth os ydw i? O'dd yn rhaid i fi wybod os o't ti'n dweud celwydd. Ac fe o't ti. Felly sdim byd mwy i'w ddweud; dwi'n mynd.' Cododd Cerys o'i chadair a cherdded tuag at y drws.

'Cerys, paid â bod yn hurt!' meddai Marc gan ddal ei braich.

'Gad lonydd i fi, wnei di?' dywedodd Cerys, a'i hewyllys yn dechrau gwanhau wrth edrych i'w lygaid tywyll.

'Gwranda, mae'n rhaid i fi 'i chadw hi'n hapus am nawr, nes mod i'n barod . . . er mwyn y plant . . .'

'Y plant!' chwarddodd Cerys. 'Wyt ti'n meddwl am y plant pan wyt ti yn gwely gyda fi? Wyt ti?'

'Cerys, dwyt ti ddim yn rhiant. Dwyt ti ddim yn gwybod pa mor anodd yw pethe pan wyt ti ddim yn caru mam dy blant mwyach; mae mor anodd.' Gyda hyn, eisteddodd i lawr wrth ei ddesg a rhoi ei law trwy ei wallt. Edrychai'n gwbl flinedig.

'Cerys,' cydiodd yn ei llaw yn dynn. 'Mae'n rhaid i fi fod yn siŵr dy fod ti'n barod am berthynas ddifrifol. Dwi'n dri deg chwech ac rwyt ti hanner fy oed i.

Mewn cwpwl o fisoedd byddi di'n barod i symud ymlaen at y dyn nesa. A ble fydda i? Yn gweld fy mhlant unwaith yr wythnos, os dwi'n lwcus, gyda mywyd i'n deilchion.'

'Dwi wedi dweud wrthot ti mod i'n dy garu di, Marc!' dywedodd Cerys. 'Faint mwy o brawf sydd angen arnat ti?'

'Amser, dyna i gyd, rho amser i fi sortio pethe mas adre. A wedyn, dwi'n addo, byddwn ni gyda'n gilydd.' Gyda hyn, cusanodd hi'n nwydus. 'O, rwyt ti'n rhy secsi i rhywun fod yn grac 'da ti am sbel!' sibrydodd Marc yn ei chlust wrth iddo'i thynnu tuag ato am ryw cyflym, distaw ar y ddesg. Cusanodd Cerys e'n ôl yn llawn angerdd, ond roedd amheuon yn dal i ferwi yn ei meddwl. Falle byddai'n rhaid dysgu gwers i Marc Arwel.

*

Yr un diwrnod

Hywel

Roedd Hywel yn ei ystafell yn ceisio gorffen traethawd ar grefydd sylfaenol, ond roedd e'n methu stopio meddwl amdano fe a Meleri. Pam gafodd e'r ffeit yna gyda Huw Rhuthun yn y lle cynta? Doedd Meleri ddim wedi ddweud fawr ddim wrtho ers y digwyddiad, dim ond 'helô' neu 'shw'mae' os digwyddai fwrw i mewn iddo ar y coridor. Roedd yr hen gyfeillgarwch wedi mynd.

Roedd Meleri a Huw Rhuthun yn gwpwl selog erbyn hyn. Gwelai Hywel hwy'n eistedd gyda'i gilydd amser swper yn y ffreutur, yn gwylio ffilmiau gyda'i gilydd yn y lolfa ac yn cael seshys yfed gyda'i gilydd yn y Cŵps.

Yn gneud popeth yr oedd e eisiau ei wneud gyda Meleri – heblaw am y seshys yfed falle . . .

Yn sydyn daeth cnoc galed ar ddrws ei ystafell. Agorodd y drws a phwy oedd yn sefyll yno ond Meleri, gyda'r dagrau'n llifo i lawr ei gruddiau. 'Dere mewn!' dywedodd Hywel, yn falch ofnadwy o'i gweld. 'Beth sy'n bod?'

'O Hywel, o't ti'n iawn, ma Huw Rhuthun yn real hen fochyn! Jyst fel pob dyn!'

'Beth ddigwyddodd?' holodd Hywel gan roi'r tegell ymlaen yn syth i wneud paned iddi.

'Wel, ti'n gwybod fod pethe wedi bod yn mynd yn rili dda rhyngon ni,' sychodd Meleri ei thrwyn yn ei llawes.

'Odw . . .' dywedodd Hywel gan estyn hances iddi'n gyflym.

'Wel, heno, o'n i yn ei ystafell e ac roedd e'n llenwi ngwydr i â gin drwy'r amser . . . A . . . wel . . . o'dd e isie rhyw 'da fi . . . Ond o'n i ddim isie . . . Dwi ddim yn barod . . . Ac aeth e'n rili gas a galwodd e fi'n . . . coc-tîs!'

'Be?' dywedodd Hywel yn syn, er bod ei galon yn canu salmau o ddiolch i'r Bod Mawr am ddangos i Meleri gymaint o ddiawl oedd Huw Rhuthun yn y bôn.

'O'dd e'n trio nghael i'n feddw i nghael i i'r gwely. Dywedodd 'i fod e wedi cael digon yn gwrando ar fy "shit" i ac os nag o'n i'n mynd i roi "tamed" iddo fe heno, yna bod 'na ddigon o ferched fyse'n fodlon gwneud!'

'Beth wedest ti wrtho fe?' holodd Hywel gan eistedd wrth ei hochr.

'Wel, dywedais i, "Cer gyda nhw 'te'r mochyn diawl!" a rhoi cic iddo fe yn 'i gerrig!'

'Da iawn ti!' chwarddodd Hywel. Chwarddodd Meleri gyda fe am eiliad ond yna trodd y chwerthin yn ddagrau.

'Beth sy'n bod arna i Hywel?' gofynnodd Meleri'n ddiflas. 'Pam dwi wastad yn cwympo am y diawled i gyd? Y rhai sy'n mynd i nefnyddio i a nhrin i fel baw!'

'Wel, dwi'n nabod rhywun sy'n meddwl y byd ohonot ti, fydde byth yn dy drin di fel baw,' dywedodd Hywel, yn benderfynol o ddweud ei ddweud cyn iddo golli ei gyfle unwaith eto gyda Meleri.

'Pwy?' holodd Meleri, a'i llygaid mawr glas yn llawn dagrau.

'Fi,' meddai Hywel wrthi'n dawel. 'Dwi wedi dy garu di o'r funud weles i ti'n gorwedd ar yr heol ar fryn Penglais, Meleri. Fyddwn i byth yn dy gam-drin di, dwi'n dy addoli di.' A phwysodd ymlaen i roi cusan iddi – ond fe gafodd sioc ei fywyd pan roddodd Meleri hwp galed iddo i'r llawr.

'Beth ffyc sy'n bod arnoch chi ddynion? Ai dim ond un peth sydd ar eich meddyliau chi? A ti, Hywel, o bawb, yn trio fe mlaen 'da fi? Ffrind dwi isie a dim byd mwy, OK? O'n i'n meddwl dy fod ti'n wahanol, ond ti jyst fel y lleill, jyst bo ti'n gwisgo croes am dy wddf!'

'Meleri! Ti'n gwybod bod hwnna'n gelwydd!' dywedodd Hywel wrth godi'n lletchwith o'r llawr. 'Falle nad yw'n amseru i ddim yn iawn, ond dwi'n meddwl pob gair ddywedais i. Dwi wedi bod yn mynd yn nyts yn meddwl amdanat ti a Huw Rhuthun gyda'ch gilydd. Dwi'n dy garu di, Meleri, a dim jyst achos mod i isie cael rhyw gyda ti, OK!'

'Hywel, dwi ddim isie clywed hyn nawr!' gwaeddodd Meleri'n flin cyn rhuthro allan o'r ystafell.

'Meleri!' Rhedodd Hywel i lawr y coridor ar ei hôl, ond sylweddolodd na fyddai'n werth siarad â hi tan iddi dawelu. Pam oedd bywyd mor blydi anodd?

'Wel, Hywel bach,' dywedodd Lois yn famol ar ôl gwrando ar ei stori, 'dwyt ti ddim yn gwneud pethe'n rhwydd i ti dy hunan. Ac ma dy amseru di'n ofnadw! Pwy ddweud wrth y groten bod ti'n ei charu hi, a hithe newydd orffen gyda'i sboner!'

'Fi'n gwybod, dwi'n ffŵl!' dywedodd Hywel yn ddiflas. 'Ond beth wna i nawr?'

'Dwi'n meddwl y bydd yn rhaid i ti fynd i'w gweld hi fory ac ymddiheuro. Dwed nad wyt ti ddim isie colli 'i chyfeillgarwch hi a bod yn ddrwg gyda ti am bopeth.'

'Os bydd hi'n fodlon gwrando,' dywedodd Hywel yn ddiobaith.

'Gwranda, Hyws,' dywedodd Lois, wrth iddi gael syniad. 'Pam 'se ti'n mynd mas 'da rhywun arall? Falle gwneith e les i Meleri dy weld gyda merched eraill – jyst iddi gael gweld beth mae'n ei golli!'

'Fel pwy?' wfftiodd Hywel. 'Dwi ddim yn gweld merched yn ciwio i fynd mas 'da Efeng-yl bach hyll sy ond yn pwyso deg stôn yn wlyb!'

'Wel, dwi'n gwybod yn bendant fod Megan yn dy ffansïo di . . . Wnaeth hi holi'r wythnos diwetha os o't ti'n gweld rhywun.'

'Megan? Ond mae hi mor sgwâr!'

'Wel, mae'n Efeng-yl fel ti, Hywel, so ma rhywbeth yn gyffredin 'da chi'n barod.'

'Na, dwi ddim yn credu, Lois. Fydde fe ddim yn deg arni hi, achos dim ond Meleri dwi'n licio.'

'Wel, meddylia drosto fe,' dywedodd Lois, cyn ychwanegu, 'a gwranda, ma gen i chydig o newyddion fy hun . . .'

'Beth?' holodd Hywel, er ei fod yn dal i bendroni am Meleri.

'Wel, dwi wedi cael digon ar rannu ystafell gyda Madam Cerys. Dyna i gyd mae'n ei wneud yw brolio am Marc Arwel a'r Ffat Slags ac mae'n casáu Fflur a Daniel. Felly, ma Fflur a fi a Steve yn mynd i symud mas o'r twll 'ma ac y'n ni wedi ffeindio fflat fawr ar y prom!' Edrychodd Lois arno'n eiddgar gan ddisgwyl iddo rannu yn ei gorfoledd ond edrychodd Hywel arni fel petai wedi dweud wrtho ei bod wedi bwyta 'i hunig blentyn.

'Beth?' meddai Hywel. 'Ydy dy rieni'n gwybod am hyn eto?'

'Sdim isie iddyn nhw wybod,' dywedodd Lois. 'Dim nes bod yn rhaid iddyn nhw wybod!'

'Wel, dwi ddim yn meddwl bod hyn yn syniad da o gwbl, Lois,' dywedodd Hywel mewn llais fel ysgolfeistr.

'Pam?' holodd Lois yn amddiffynnol.

'Sawl rheswm: un, fyddi di byth yn trafferthu gadael y prom i gyrraedd dy ddarlithoedd ym Mhenglais ben bore; dau, dyw Fflur a Steve byth yn mynd i ddarlithoedd chwaith a byddan nhw'n dy gadw di i fyny'n hwyr bob nos; tri, bydda i'n gweld dy eisiau di . . .'

'Hywel! Byddi di'n gallu dod i ngweld i pryd bynnag ti isie!' dywedodd Lois, a'i gofleidio. 'Dwi'n mynd yn wallgo yn rhannu 'da Cerys a dwi'n casáu'r lle 'ma. A bod yn onest 'da ti, dwi'n meddwl y bydda i'n gweithio dipyn yn galetach os symuda i mas o 'ma,' ychwanegodd yn benderfynol.

'Hmm!' dywedodd Hywel. Doedd e ddim yn credu gair. Gweithio'n galetach, myn diain i! Roedd e wedi clywed ar y *grapevine* yn barod fod safon gwaith Lois yn dioddef yn arw ers iddi ddod yn ffrindiau gyda Fflur a'r criw. 'Wel, gwna'n siŵr bo ti'n gwneud y peth iawn . . .' rhybuddiodd.

'Ie, ie, tad-cu! Ma Fflur a fi'n rhoi notis i Dr Gari fory. Y'n ni'n symud mas! Dyma'r cyfeiriad i ti ddod rownd, unrhyw bryd lici di!' A gwasgodd Lois ddarn o bapur i'w ddwylo.

Ymlwybrodd Hywel yn ôl i'w ystafell yn drist. Nawr, roedd Lois yn gadael a doedd Meleri ddim eisiau ei nabod e. Doedd neb ganddo fe mwyach yn Nhaliesin. Rhoddodd CD Harry Nielsen ar ei chwaraewr CDs a gwrando ar 'Without You' wrth edrych ar lun ohono fe a Meleri gyda'i gilydd. Roedd yn llun roedd Meleri wedi'i dynnu pan oeddent allan yn nhafarn y Bear un noson. Roedd y ddau'n edrych mor hapus yn y llun. A nawr roedd popeth wedi newid . . .

Y diwrnod canlynol

Lois

'Y'ch chi ddim yn rhesymol o gwbl, ddyn!' gwaeddodd Fflur, yn gandryll. Ffocws ei dicter oedd Dr Gari Edmunds, Warden Taliesin ac un o 'dadau' sefydliad y Brifysgol, oedd yn edrych ar Fflur fel petai cyrn ar ei phen.

'Dwi wedi esbonio i chi, Fflur, eich bod wedi talu hyd at ddiwedd y tymor a does dim modd i chi gael eich arian yn ôl. A bod yn onest, mae 'da ni berffaith hawl i fynnu eich bod chi'n talu am y flwyddyn gyfan . . . Nid ein bai ni yw eich bod chi isie symud allan,' dywedodd Dr Gari yn araf a rhesymol.

'Dim eich bai chi, myn diain i!' wfftiodd Fflur. 'Chi'n codi crocbris am y twll 'ma! Stafelloedd yn llawn o gelfi oedd 'ma pan oeddech chi'n grwt, dwi'n meddwl. Ystafelloedd molchi cyntefig a chyfleusterau – os gallwch chi eu galw nhw'n gyfleusterau – uffernol yn y gegin!'

'Dim 'na beth o'n ni wedi disgwyl pan ddaethon ni yma, Dr Edmunds,' dywedodd Lois, yn trio cadw'i thymer dan reolaeth er ei bod eisiau rhoi clowten i'w wyneb nawddoglyd.

'Wel, mae e'n ddigon da i bawb arall sydd yma, Lois,' dywedodd Dr Gari. 'A does dim modd i fi wneud dim byd mwy.'

'Wel, ma hyn yn ffycin gwarth!' dywedodd Fflur. 'Y'n ni'n mynd i symud mas beth bynnag, a gallwch chi stwffio'ch ystafell. Dere Lois!'

'Un funud fach, Fflur. Ydy'ch rhieni'n gwybod am hyn?'

'Odyn a ma nhw'n cytuno 'da fi. Chi'n gofyn llawer gormod am y bocs sgidie o ystafell sy 'da fi.'

'Fuoch chi'n lwcus iawn i gael ystafell i chi'ch hun, Fflur. Ma rhan helaeth o fyfyrwyr y flwyddyn gyntaf yn rhannu ystafell. Ond o ystyried eich amgylchiadau personol . . .'

'Wel, sdim ots am hynny nawr, o's e?' dywedodd Fflur yn gyflym. 'Y'n ni'n mynd!'

'Beth am eich rhieni chi, Lois? Dwi'n gwybod yn sicr y byddai'ch mam a'ch tad yn anfodlon iawn o glywed hyn. A dwi wedi cael adroddiad annymunol iawn gan eich tiwtor am safon eich gwaith yn Adran y Gyfraith, a chithau'n enillydd ysgoloriaeth.'

'Wel, Doctor Gari, dwi ddim yn meddwl bod yr awyrgylch afiach y'ch chi'n ei gefnogi yn fy helpu i o gwbl. A dyna reswm arall pam y'n ni isie symud allan,' dywedodd Lois yn swta.

'Wel, dwi ddim yn cytuno gyda'ch disgrifiad chi o Daliesin,' dywedodd Dr Gari yn llym. 'Ond, os mai dyna'ch penderfyniad, hoffwn gael eich allweddi'n ôl cyn gynted ag y byddwch chi wedi symud allan.'

'Gei di nhw nawr, Pharo!' dywedodd Fflur gan daflu'i hallweddi at ei ddesg.

'Dyma fy rhai i,' ychwanegodd Lois a'u rhoi'n lletchwith wrth ochr allweddi Fflur.

'Y'ch chi'n gwneud camgymeriad, ferched,' meddai Dr Gari yn dawel.

'Yr unig gamgymeriad wnaethon ni oedd symud i

mewn i'r twll 'ma'n y lle cynta!' dywedodd Fflur wrth i'r ddwy ohonynt adael ei ystafell.

'Yffach, mae e'n real dwat!' dywedodd Fflur wrth iddi bacio'i phethau driphlith draphlith.

'Wel, byddwn ni mas o 'ma mewn munud,' meddai Lois.

'Ie, a diolch byth am hynny!' dywedodd Fflur. 'Ond ma'n boen bo ni heb gael peth o'n harian rhent ni 'nôl am fan hyn.'

'Wel, bydd rhaid i ni gael rhyw jobsys rhan-amser i dalu'n ffordd,' dywedodd Lois yn ymarferol.

'Ie, wel, dwi ddim yn or-hoff o wneud unrhyw waith,' chwarddodd Fflur wrth gau ei ryc-sac yn benderfynol.

'Reit,' meddai Lois. 'Wyt ti'n barod? Bydd y tacsi yma mewn munud.'

'Ydw,' dywedodd Fflur, â'i meddwl yn rhywle arall. 'Jyst un peth bach arall,' a thynnodd finlliw coch allan o'i phoced.

'Be?' holodd Lois yn chwilfrydig.

'O, jyst rhywbeth bach i Dr Gari i'n cofio ni!' A chyda hynny, dechreuodd Fflur ysgrifennu mewn llythrennau bras ar y muriau gwyn: 'DR GARI WANKER EDMUNDS – TWLL DY DIN DI!'

Roedd Lois methu credu'i llygaid. 'Fflur! Paid! Fyddwn ni mewn trwbwl!'

'*Balls*!' chwarddodd Fflur. 'Ma'r cafflwr yn haeddu popeth mae'n ei gael – yn ein twyllo ni gyda'r arian rhent fel'na. O leia gall e ddefnyddio'r arian i baentio'r wal 'ma!'

Ac wrth iddynt neidio i mewn i'r tacsi i'w bywyd

newydd yn y dre, dechreuodd y ddwy chwerthin a chwerthin wrth iddynt ymadael â Thaliesin am byth.

*

Setlodd y ddwy a Steve i mewn yn ddigon cyflym i'w cartre newydd. Roedd y fflat wedi gweld dyddiau gwell ond o leia roedd yn rhad iawn – £30 yr un – ac roedd gan Lois ystafell braf iddi hi ei hun ym mlaen y tŷ. Roedd ystafell Fflur a Steve drws nesa iddi a chan mai honno oedd yr ystafell fwyaf gyda lle tân hynafol, dyna lle byddent yn treulio'r rhan fwyaf o'u hamser gyda'r nos.

Roedd un arall yn byw yn y tŷ yn ogystal – myfyrwraig o Birmingham o'r enw Donna oedd yn astudio am radd uwch. Roedd hi'n gwbl egsentrig ac yn un o ffrindiau gorau'r hipi o landlord, Max, a oedd eisoes yn cyflenwi Fflur â digon o ddôp i foelyd eliffant. Astudiai Donna am Ph.D. mewn Llenyddiaeth Saesneg ac roedd ganddi obsesiwn am y bardd Americanaidd o'r bedwaredd ganrif ar bymtheg, Emily Dickinson. Gwisgai flowsys les, gwyn a sgertiau hir llawn, ac roedd ei gwallt golau mewn 'byn' henffasiwn, fel ei harwres. Roedd yn chwilio am ei 'Heathcliff' ei hun, dywedodd wrth Lois pan gyfarfu'r ddwy am y tro cynta, ac yn wir, darganfu hwnnw'n go glou yn Cai, a syrthiodd yn syth am y ferch ryfedd a charedig.

Roedd Lois wrth ei bodd gyda rhyddid y fflat newydd; nawr, roedd Daniel yn ymwelydd cyson. Daeth i'w gweld un noson yn edrych yn ddrygionus ond yn llawn cyffro. 'Dere mas am funud,' dywedodd wrthi. 'Ma 'da fi rywbeth i' ddangos i ti.'

'Beth yn y byd . . ?' dywedodd Lois wrth iddi ei ddilyn tu allan. Yno, wedi'i barcio ger y fflat, roedd hen foto-beic. Roedd yn sgleinio yn y tywyllwch ac roedd Daniel yn amlwg wrth ei fodd gyda'i degan newydd.

'Waw!' dywedodd Lois, wedi'i chyffroi wrth weld y bwystfil metel o'i blaen. 'Alla i ddod am dro?'

'Na, dim eto,' dywedodd Daniel. 'Dwi isie bach o brofiad cyn fydda i'n ddigon hyderus i fynd â ti ar ei gefn e!'

Roedd Lois yn falch o weld bod Daniel mewn hwyliau da y noson honno gan fod ganddi gwestiwn pwysig i'w ofyn iddo. Awgrymodd y dylai'r ddau ohonynt fynd i far Rummer am ddiod. Wedi iddynt eistedd, holodd Lois yn ffwrdd-â-hi, 'Wyt ti wedi ffeindio rhywun arall i fynd â lle Steve yn y tŷ?' Cyn i Steve symud at Fflur a Lois, roedd e'n rhannu'r tŷ ar fryn Craig Glais gyda Daniel a Cai.

'Na,' dywedodd Daniel. 'Ma'n edrych yn go debyg ma dim ond fi fydd ar ôl 'na, achos ma Cai yn byw a bod gyda Donna'n barod!'

'Wel, o'n i'n meddwl gofyn i ti,' dywedodd Lois yn ofalus. 'Dwi ddim eisiau dy orfodi di, jyst awgrym yw e. A fyddet ti'n lico symud mewn 'da ni? Bydde fe'n lot rhatach a byddet ti a Steve gyda'ch gilydd i ymarfer ar gyfer y band . . .'

'A . . .' dywedodd Daniel, yn gwenu arni.

'A . . . byddet ti a fi gyda'n gilydd,' ychwanegodd Lois yn swil. Roedd hi'n methu edrych yn ei lygaid. Beth petai e'n dweud na? Wedi'r cwbl doedd eu bywyd rhywiol yn dal ddim yn foddhaol iawn. A nawr, fyddai ganddo fe nunlle i ddianc!

'Wel, dwi'n meddwl y byddai hynny'n syniad grêt,' dywedodd Daniel.

'Wir-yr?' gofynnodd Lois yn obeithiol.

'Wir!' dywedodd Daniel gan roi cusan fawr iddi.

'Wel, dwi'n addo peidio swnian a bod yn *nag*!' chwarddodd Lois.

'A bydd hi'n llai *intense* beth bynnag, gyda'r lleill yn y tŷ,' dywedodd Daniel.

'Yn gwmws,' dywedodd Lois.

'Af i i nôl potel o win o'r bar i ni gael dathlu,' dywedodd Daniel yn frwd.

'Grêt!' gwenodd Lois. Roedd ei dymuniadau wedi'u gwireddu – dyn ei breuddwydion a'i ffrindiau gorau yn byw gyda hi. Dyma oedd paradwys!

*

Yr un diwrnod

Cerys

Roedd Cerys yn methu credu bod Lois wedi gadael eu ystafell heb hyd yn oed ddweud hwyl fawr na ymddiheuro am ei hagwedd cyn iddi adael. Roedd hi wedi gadael nodyn bratiog ar yr oergell yn dweud, 'Symud allan i fyw yn y dre 'da Fflur. Hwyl, Lois'. A dyna fe! Beth am eu holl gynlluniau dros wyliau'r haf pan gawsant ganlyniadau Lefel A digon da iddyn nhw fynd i'r coleg a rhannu ystafell yn y lle cynta? Roedd y Fflur a'r blydi Daniel 'na wedi'i throi hi'n erbyn Cerys. Tybed a oedd Hywel yn gwybod am hyn?

'Do, wedodd hi wrtho 'i ginne,' dywedodd Hywel wrth i Cerys fyrstio i mewn trwy'i ddrws a'i holi am Lois.

107

'Be? Wnaeth hi ddweud wrthot ti a dim wrtho i?'

'Wel, Cerys, o't ti ddim yn siarad gyda hi, nag o't ti?'

'Dyw hwnna ddim yn esgus, Hywel! Fe ddylai hi fod wedi dweud wrtho i o ran cwrteisi. Falle fyddan nhw'n symud real *freak* mewn 'da fi nesa! Be 'se hi'n rhyw *psycho* neu rywbeth?'

'Na, dwi'n meddwl fyddi di'n saff nawr, ma pawb wedi setlo mewn yn eu hystafelloedd erbyn hyn,' dywedodd Hywel yn gysurlon.

'Ti'n meddwl bod Lois wedi newid ers iddi ddechrau cymysgu 'da'r blydi Fflur 'na?' holodd Cerys wrth iddi edrych yn oergell Hywel.

'Wel, mae'n dipyn mwy . . . hyderus!' dywedodd Hywel yn ofalus.

'Hyderus! Dyna un ffordd o ddisgrifio'i hagwedd hi,' chwyrnodd Cerys gan yfed can o Coke yn awchus. 'Ti 'di clywed hanes y Daniel 'na sy 'da hi, wyt ti?'

'Na, beth?' holodd Hywel.

'O'dd e'n ddrygi cyn dod 'ma ac fe roddodd e Ecstasi i'w frawd bach e – a buodd hwnnw farw. Dyna pam mae Lois yn cael cymaint o drafferth 'da'r *freak* yn gwely!'

'Cerys, dyw hwnna ddim yn beth neis iawn i'w ddweud,' dywedodd Hywel gan wgu arni.

'*God*, Hywel, ti mor sgwâr! Shwd ma dy *love-life* di dyddie hyn 'de?' holodd Cerys wrth edrych ar ei gasgliad CDs gan grychu ei thrwyn.

'Pa *love-life*?' holodd Hywel yn drist.

'O Hywel, *get a grip*, wnei di? Dyw Meleri ddim eisiau gwybod, odi hi? Pam 'se ti'n mynd 'da'r Efeng-yl 'na sy'n ffansïo ti? Dywedodd Lois fod honno bron â marw eisiau mynd am ddêt 'da ti, y styd!'

'Sai'n moyn, OK?' dywedodd Hywel yn siarp.

'OK, OK!' dywedodd Cerys, wedi diflasu gyda'r

sgwrs yn barod. 'Wel, pan weli di Lois, rho neges oddi wrtha i iddi, wnei di?'

'Be?' holodd Hywel.

'Ffyc off!' dywedodd Cerys cyn mynd allan o'r ystafell fel corwynt.

Roedd Hywel mor drist, meddyliodd Cerys wrthi'i hun wrth fynd i fyny i ystafell y Ffat Slags. Yn magu obsesiwn am ferch o'dd ddim eisiau'i adnabod e. Roedd Cerys mor falch mai hi oedd hi. Allai hi byth ymdopi â bod yn hyll o denau, gyda gwallt pathetig a phlorod – a bod yn Efeng-yl ar ben hynny, fel Hywel druan!

'Beth sy'n bod arnat ti?' holodd Sali wrth weld Cerys yn dod i mewn i'r ystafell yn bwdlyd.

Doedd y ddwy Ffat Slag arall ddim yno, oedd yn ryfeddol gan eu bod fel arfer yn driawd.

'Lle mae Catrin a Bethan?' holodd Cerys.

'Allan ar sesh,' dywedodd Sali.

'Ac mi rwyt ti adre?' holodd Cerys yn syfrdan.

'Wel, oedd gen i draethawd i'w orffen,' esboniodd Sali.

'O, mi af i os wyt ti'n brysur,' dywedodd Cerys.

'Na, na. Stedda di,' dywedodd Sali gan roi gwydraid mawr o win coch iddi. 'Bydd hi'n neis i ni gael ychydig o amser hefo'n gilydd.' A chilwenodd ar Cerys.

'Wel, gredi di byth beth sydd wedi digwydd nawr!' dywedodd Cerys.

'Lois a Fflur wedi symud allan o Daliesin i fyw yn dre?' holodd Sali'n ddi-ffws.

'Ie! Shwd o't ti'n gwybod?' holodd Cerys.

'Wel, dwi'n gwybod popeth sy'n mynd mlaen yn y lle 'ma, Cerys fach. All neb dorri rhech heb fod y Ffat

Slags yna'n barod gyda phapur toiled i'w gynnig iddyn nhw!' A chwarddodd Sali ar ei doniolwch ei hunan.

'Dyw e ddim yn ddoniol, Sali! Falle fyddan nhw'n symud rhyw *weirdo* mewn 'da fi gan fod Lois wedi symud mas!'

'Na, fydd hwnna ddim yn digwydd. Fe wna i'n siŵr o hynny,' dywedodd Sali gan roi winc fach i Cerys.

'Sut?' holodd Cerys, heb sylwi fod Sali wrthi'n llenwi'i gwydr gwin drachefn.

'Dw i a Dr Gari yn mynd yn ôl flynyddoedd,' crechwenodd Sali. 'Feiddie fe ddim ein hypsetio ni!'

'O diolch, Sali,' dywedodd Cerys. 'Rwyt ti'n ffrind da.'

'Ffrind?' holodd Sali'n slei. 'Ond Cerys, dwi angen i ti wneud rhywbeth am y ffafr dwi'n ei chynnig i ti!'

'Be?' holodd Cerys mewn penbleth. Cydiodd Sali yn ei llaw a'i thynnu tuag ati a dechrau ei chusanu'n wyllt. Roedd Cerys wedi cael sioc ac am eiliad dechreuodd ei chusanu'n ôl. Ond roedd Sali druan mor annymunol yn gorfforol fel na allai Cerys, actores heb ei hail fel yr oedd hi, ffugio bod yna atyniad.

'Sali! Dwi'n rili hoffi ti, ond dwi ddim yn hoyw . . . Sori!'

'Ddim yn hoyw, myn diain i! Fe wnelet ti unrhyw beth i unrhyw un!' dywedodd Sali, â'i llygaid yn pefrio o chwant. 'Dere 'ma!' Ac fel 'Uncle Monty' ysglyfaethus yn y ffilm *Withnail and I*, ceisiodd afael ym mronnau Cerys wrth iddi frwydro i ddianc o'r gwely.

'Sori, Sali, ond does dim diddordeb 'da fi. Dwi jyst isie bod yn ffrindiau!' A chyda hynny, heglodd Cerys hi tuag at y drws.

'Dwi'n siomedig ynot ti, Cerys. O'n i'n meddwl dy

fod ti'n fenyw *cosmopolitan*, ond mewn gwirionedd, croten fach wyt ti,' dywedodd Sali, gan edrych i lawr ei thrwyn arni.

'Sori,' meddai Cerys yn eiddil, cyn ei heglu hi allan o'r ystafell.

Grêt, meddyliodd. Roedd Lois wedi symud allan, roedd hi newydd ddigio un o'r Ffat Slags. Beth arall allai fynd o'i le?

*

'Sori, Cerys, fedra i ddim dy weld heno. Cyfarfod Rhieni yn ysgol y plant. Ti'n deall, on'd wyt ti?'

Roedd Cerys ar y ffôn gyda MA yn gwrando ar esgus arall pam na allent gwrdd. Roeddent wedi dyfeisio system syml i drefnu'u cyfarfodydd dirgel. Byddai Marc yn nodi lle a'r amser ar ei thraethodau neu ei nodiadau. Ond yr wythnosau diwetha yma roedd e wedi gohirio'u cyfarfod dair gwaith.

'Os nad wyt ti isie ngweld i rhagor, gwed wrtho i,' dywedodd Cerys yn swta.

'Paid â bod yn blentynnaidd, wnei di? Wela i di nos Lun!' dywedodd Marc.

'Os galli di ffitio fi mewn i dy amserlen di!' arthiodd Cerys cyn rhoi'r ffôn i lawr yn ddisymwth. Dynion! Wel, roedd hi'n amser am *wake-up call* bach i Dr Marc. Roedd hi wedi cael digon o bobol yn ei thrin hi fel baw!

*

Y dydd Sul canlynol, bwciodd Cerys ginio dydd Sul iddi hi a Cadno o'r drydedd flwyddyn yn y Belle Vue.

Gwyddai'n iawn y byddai Marc yno gyda'i fitsh o wraig. A byddai'n gyfle da iddi ddangos iddo fe nad oedd hi'n eistedd yn ei hystafell yn crio i'w Horlicks yn aros iddo fe ei ffonio hi!

Roedd Cadno, y coc-oen, wrth ei fodd pan ofynnodd hi iddo ddod am ginio ddydd Sul gyda hi. Ac roedd ei olwg 'rygbi' cadarn yn sicr o wneud Marc Arwel yn eiddigeddus.

Gwisgodd Cerys ei ffrog orau ar gyfer y cinio ac roedd Cadno hefyd wedi gwneud ymdrech yn ei grys a'i drowsus gorau. Roedd wrth ei fodd yn cerdded allan o Daliesin o flaen y bechgyn eraill gyda phishyn y flwyddyn, meddyliodd Cerys yn ddilornus.

Cerddodd y ddau i mewn i le bwyta'r Belle Vue. Fel roedd hi wedi'i gynllunio, roedd Marc yno'n barod gyda'i wraig. Rhoddodd ei llaw yn llaw Cadno a cherdded tuag at y bwrdd y tu ôl i Marc. Dywedodd yn siwgwraidd wrth Marc wrth fynd heibio, 'Helô, Dr Marc, sut y'ch chi?'

'Helô, Cerys,' dywedodd yntau, yn ceisio cuddio'i sioc o'i gweld hi oddi wrth ei wraig.

'A dyma Mrs Arwel Owen, ife?' holodd Cerys gan gynnig ei llaw i'w wraig, oedd yn gwenu arni'n anwybodus.

'Ie. Sioned, dyma Cerys, mae hi yn fy nosbarth Hanes Cymru i, y flwyddyn gynta,' dywedodd Marc.

'O, neis i gwrdd â chi, Cerys. Gobeithio fod Marc ddim yn eich gorweithio chi.'

'O, mae'n gofyn lot wrtho i, Mrs Arwel Owen!' chwarddodd Cerys gan giledrych ar Marc oedd yn gwingo yn ei sedd, cyn mynd i eistedd y tu ôl iddynt.

Gallai weld Cadno'n edrych arni'n chwilfrydig. Mae'n rhaid ei fod e wedi clywed y straeon oedd yn mynd o gwmpas amdani hi a MA. Gwenodd arno a dweud yn uchel, 'Ar ôl i ti gael cinio, fyddi di'n dal eisiau chydig o bwdin, Cadno?' A phwysodd ymlaen a dangos ei bronnau i Cadno, oedd yn goch fel mochyn yn glafoerio drostynt.

'Bydda, glei!' chwarddodd hwnnw.

'O'n i'n gwybod fyddet ti! Chi fechgyn rygbi, ma wastad chwant tamed arnoch chi!' A chwarddodd y ddau yn braf.

Gwyliodd gefn Marc yn sythu wrth iddo wrando arnynt a gwenodd iddi'i hun. Dyna'r tro diwetha y byddai e'n gohirio dêt gyda hi.

*

Yr un diwrnod

Hywel

Roedd Hywel hefyd wedi penderfynu bod yn *proactive* a dilyn cyngor Lois a Cerys trwy ofyn i Megan fynd allan am ddêt. Roedd wedi sylwi bod gan y ferch fechan, allblyg o'r criw Efeng-yl grysh arno ers rhai wythnosau. Roedd hi wastad yn gwneud yn siŵr ei bod yn eistedd wrth ei ochr yn y cwrdd wythnosol ac roedd hi hefyd bob amser yn ceisio eistedd yn ei ymyl yn y ffreutur. Doedd hi ddim yn ddel, ond roedd hi'n iawn – y gorau y gallai e ddisgwyl ei gael, beth bynnag.

Roedd yn rhaid iddo wynebu nad oedd dyfodol iddo fe a Meleri, a symud ymlaen. Pwy a ŵyr? Falle byddai dyfodol iddo fe a Megan. Wedi'r cwbl, roedd ganddynt eu crefydd yn gyffredin. Ac yn sicr, byddai ei rieni'n dotio'n lân ati gan ei bod yn ferch gall, grefyddol – yr union deip y gobeithient y byddai Hywel yn ei phriodi ryw ddydd.

Roedd wedi gofyn i Megan ei gyfarfod am goffi amser cinio yn y Caban. Dim byd rhy ffurfiol a thrwy gael coffi'n unig, gallai wastad esgus fod ganddo gyfarfod neu waith arall i'w wneud os byddai'r dêt yn fethiant.

Pan gerddodd i mewn i'r Caban, cafodd sioc ei fywyd. Roedd Megan yno'n barod yn aros amdano, ond ar fwrdd cyfagos roedd Meleri ac un o'i ffrindiau hithau hefyd. O na! Y peth diwetha roedd e eisiau oedd i Meleri 'i weld ar ei ddêt cynta! Ac roedd hi'n edrych yn hyfryd – fel arfer! Pam roedd ei fywyd fel pennod o *sitcom*? O'r holl gaffis yn yr holl fyd . . . roedd yn rhaid iddi fod yn yr un caffi â fe!

'Hywel! Dwi wedi prynu coffi llaeth i ti. Ydy hynny'n iawn?' holodd Megan yn frwdfrydig.

Nodiodd Hywel ar Meleri a nodiodd hithau'n ôl. Eisteddodd gyferbyn â Megan ac ateb, 'Ydy, diolch i ti.'

'Wel, o'n i wedi gobeithio y byddet ti'n gofyn i fi fynd mas ers sbel,' dywedodd Megan yn uchel.

'O't ti?' sibrydodd Hywel, yn poeni y byddai Meleri'n clywed y cwbl.

'Pam ti'n sibrwd?' gofynnodd Megan.

'Sibrwd? Nag o'n i,' atebodd Hywel gan ddechrau troi ei goffi fel petai'i fywyd yn dibynnu ar gael gwared o'r holl ffroth oedd ar ben ei gwpan.

'Wel, ta beth. O'n i mor falch pan wnest ti ofyn. O'n i'n dechre meddwl bod dim diddordeb 'da ti!' chwarddodd Megan. 'Ond dyma ni, ontife?'

'Ie,' dywedodd Hywel yn ddiflas.

'Mae mor bwysig mynd mas 'da rhywun sy'n deall ein crefydd ni, smo ti'n meddwl?' gofynnodd Megan.

114

Sylwodd Hywel fod ganddi ddarn o gneuen yn styc rhwng ei dau ddant blaen ac edrychai fel *chipmunk* busneslyd. 'Wel, dwi'n hoffi cymysgu 'da phawb, beth bynnag eu crefydd,' meddai.

'O ie, ond y'n ni'n rhannu'r un gred, Hywel, a ma hwnna mor bwysig. Fel mae Mam yn dweud, tebyg at ei debyg, yntê?' A chwarddodd chwerthiniad bach afiach oedd â thincial annymunol ynddo i losgi'i glustiau.

'Ti'n hoffi ffilmiau?' holodd Hywel yn obeithiol. Petai'n hoffi ffilmiau, yna efallai y byddai siawns 'da nhw.

'Ydw, dwi'n hoffi ffilmiau rhamantus wrth gwrs, dim byd rhy frwnt. O'n i wrth y modd 'da *Beaches* erstalwm,' dywedodd Megan yn hapus. Suddodd calon Hywel. *Beaches*! Ych!

'Beth am gerddoriaeth?'

'Wel, dwi'n hoffi Chris de Burgh ac, wrth gwrs, bach o George Michael hefyd.' A gyda hyn, sylwodd Hywel trwy gil ei lygaid fod Meleri a'i ffrind yn gadael y Caban. Ddywedodd Meleri ddim ffarwél hyd yn oed. Mae'n rhaid ei bod hi'n eiddigeddus! Edrychodd ar Megan a gwyddai nad oedd gobaith i'r berthynas hon lwyddo. Wedi'r cwbl, allai e byth fynd mas 'da merch oedd yn hoffi *Beaches* a Chris de Burgh! Roedd e mewn cariad gyda Meleri a doedd hi ddim yn deg twyllo Megan fel hyn. 'Megan, dwi'n meddwl dy fod ti'n ferch lyfli, ond jyst ffrindię dwi isie bod. Ma'n ddrwg 'da fi os wnes i dy gamarwain di.'

'Beth?' holodd Megan, â'i llygaid yn lledu mewn sioc.

'Wel, y peth yw, dwi'n licio rhywun arall, ti'n gweld.'

'Dim y Meleri 'na!' dywedodd Megan, gan ynganu 'Meleri' fel petai'n rheg.

'Dim bod e'n ddim o dy fusnes di,' dywedodd Hywel yn siort, 'ond, ie.'

'Ych!' dywedodd Megan. 'Mae'n goman, mae'n goryfed ac yn ôl bechgyn y drydedd mae'n hen slwt hefyd!'

'Jyst ffyc off, wnei di!' gwaeddodd Hywel arni, wedi digio. A thawelodd y Caban yn syth wrth i bawb edrych arnynt yn syn.

'Wel!' dywedodd Megan, yn methu credu'i chlustiau.

'A gyda llaw,' dywedodd Hywel wrth adael. 'Tria lanhau dy ddannedd cyn bod ti'n mynd mas ar ddêt tro nesa, wnei di!' A bant â fe gan adael Megan druan i ymbalfalu rhwng ei dannedd. Oedd, roedd wedi digio'r criw Efengylaidd nawr hefyd, ond doedd e'n becso mo'r dam. Roedd yn rhaid iddo fe ddod 'nôl yn ffrindie 'da Meleri, dyna'r unig ffordd y gallai fod yn hapus.

Cnociodd ar ddrws Meleri'n benderfynol. Gan nad oeddent yn ffrindiau beth bynnag mwyach, doedd ganddo dim byd i'w golli.

'Beth wyt ti isie?' Edrychodd arno fel petai'n neidr wenwynig.

'Alla i ddod mewn?' holodd Hywel, gan gamu i'r ystafell.

'Os oes rhaid i ti,' dywedodd Meleri'n swta.

'Meleri, ma'n ddrwg 'da fi am bopeth, OK? Dwi rili wedi colli dy gwmni di'n ddiweddar . . .'

'O ie, dyna pam o't ti mas 'da'r ferch 'na ginne'n cael coffi bach neis, ife?' holodd Meleri'n chwerw.

'O'dd hwnna'n ddim byd, OK? Dywedais wrthi i

116

ffycan off yn y diwedd! Dwi isie bod 'da ti a dwi'n gwbod bo ti jyst isie bod yn ffrindie ac ma hynny'n iawn 'da fi. Dwi'n addo. Dwi wedi dy golli di gymaint, colli dy gwmni di. Ma bywyd yn *boring* hebddot ti. Allwn ni fod yn ffrindie 'to?'

Trodd Meleri ei chefn arno fel na allai e weld y wên ar ei hwyneb. 'Na, dwi ddim yn meddwl y gallwn ni byth fod yn ffrindie mwyach, Hywel,' atebodd yn lleddf. Teimlodd ei galon yn suddo i waelod ei dreinyrs. Wel, roedd wedi trio.

'Iawn, wela i di.'

'Allwn ni ddim bod yn ffrindie, achos dwi'n dy garu di hefyd, y ffŵl dwl!' A chyda hynny trodd Meleri i'w wynebu a'i dynnu tuag ati a phlannu cusan fawr ar ei wefusau. Dyna sioc! Oedd e mewn breuddwyd?

'Dere 'ma!' dywedodd Meleri a dechrau datod botymau'i grys. 'Mae'n hen bryd i ti golli dy wyryfdod, Hywel Morgan.' A chyn iddo gael cyfle i'w hateb, roedd y ddau'n noethlymun ar ei gwely, yn caru. Ac roedd yn brofiad nefolaidd!

Awr yn ddiweddarach, gorffwysai Meleri ar ei ysgwydd a theimlai Hywel hapusrwydd pur yn llifo trwy'i wythiennau.

'Hywel,' dywedodd Meleri yn lleddf wrtho.

'Ie,' atebodd, gan ofni ei bod yn difaru gwneud y 'weithred' ac ar fin dweud wrtho am fynd.

'Pam wedest ti "ffyc off" wrth Megan?'

'Wel, achos taw ei hoff ganwr hi oedd Chris de Burgh!' dywedodd Hywel yn ddifrifol.

A chwarddodd y ddau yn uchel cyn dechrau cusanu unwaith eto.

Rhagfyr

Lois

Taflodd Lois y llythyr oddi wrth ei thiwtor i'r bin mewn tymer. 'Nid ydych wedi bod yn mynychu'ch dosbarthiadau tiwtorial . . . Bydd yn rhaid trefnu cyfarfod i drafod eich cynllun gwaith . . .' Bla bla bla! Pam 'se nhw'n 'y ngadael i i fod, ma nhw wedi cael eu harian am y blydi cwrs, meddyliodd Lois yn flin.

Gorweddai Daniel yn swp yn y gwely, yn cysgu'n braf. Roedd newydd adael trydedd flwyddyn ei gwrs coleg am yr eildro. Yn ôl ei arfer, roedd wedi defnyddio 'rhesymau seicolegol' dros adael a heblaw am chwarae yn y band, treuliai'r rhan fwyaf o'i amser naill ai yn y gwely neu ar ei foto-beic. Dyna un o'r prif resymau pam roedd Lois wedi bod yn cael trafferthion gyda'i gwaith – yn enwedig gan fod Fflur a Steve hefyd yn ymdebygu i Yoko Ono a John Lennon, yn byw a bod yn eu gwely y dyddiau hyn. Ochneidiodd Lois. Doedd hi ddim yn hoffi gwneud yn wael yn ei chwrs mewn gwirionedd, achos roedd hi wedi arfer bod yn ddisgybl disglair; ac er ei bod yn mwynhau bywyd yn y fflat newydd, roedd hi'n amhosibl cael llonydd na'r awch i wneud unrhyw waith. Ac roedd y straen o ddweud celwydd wrth ei mam a'i thad ar y ffôn yn cael effaith hefyd. Roedd hi'n casáu cuddio pethau rhagddynt gan fod gan ei mam rhyw chweched synnwyr enbyd oedd yn synhwyro'n syth os oedd Lois yn celu unrhyw beth. Shit, meddyliodd, byddai'n rhaid iddi siapo lan yn y gwaith neu mas ar ei phen fyddai hi.

'Beth sy'n bod?' holodd Daniel wrth ddeffro'n araf o'i drwmgwsg.

'Llythyr arall wrth y tiwtor yn swnian,' dywedodd Lois yn isel.

'Wel, dwed wrtho fe y gwnei di weithio'n galetach o hyn allan,' dywedodd Daniel yn ddi-ffws.

'Dwi wedi dweud 'na wrtho fe o'r blaen!' dywedodd Lois, â'i llais yn miniogi.

'Neu defnyddia resymau seicolegol, fel fi,' dywedodd Daniel gan ymestyn ei freichiau fel cath fawr ddiog.

'Wel, ma tiwtorial gen i mewn awr, fe af i hwnnw 'te,' dywedodd Lois, yn teimlo'n well ei bod yn mynychu tiwtorial un ar ddeg fwy nag unwaith y tymor hwnnw o leia.

'Beth yw hyn?' holodd Fflur, yn dod mewn i'w hystafell fel corwynt. 'Tiwtorial? Pam ti'n mynd i'r crap 'na?'

'Wel, dwi 'di cael llythyr arall wrth fy nhiwtor,' esboniodd Lois. 'Sdim dewis 'da fi neu byddan nhw'n 'yn ffaelu fi!'

'O, wfft iddyn nhw,' dywedodd Fflur, yn ei gŵn nos, yn smygu sigarét yn braf. 'Dwi ddim wedi bod mewn darlith ers pythefnos a does neb yn sgrifennu i gonan amdana i.'

'Ie, achos bo nhw'n falch bo ti ddim yna!' chwarddodd Daniel gan daflu gobennydd ati.

'Y! Daniel! Ti mor ffynn-i!' dywedodd Fflur, a thaflu'r gobennydd yn ôl. 'Eniwê, pethau pwysig, Lois. Dwi'n meddwl bod angen parti bach swyddogol i groesawu pawb i'n cartref newydd ni heno. Be ti'n ddweud?'

'Pwy yw pawb?' holodd Lois.

'Wel: ni, Donna, Cai, Hywel a Meleri, cwpwl o ffrindie Steve a Daniel . . . pwy bynnag, heblaw am dwats Taliesin, wrth gwrs.'

'Iawn, swnio'n syniad da,' dywedodd Lois er bod ganddi ddarlith naw fore trannoeth.

'Grêt,' dywedodd Fflur. 'Awn ni i Gateway i brynu *booze* wedyn!'

*

Llusgai'r awr yn annioddefol yn y tiwtorial. Roedd ei thiwtor, Dr Richard Mainwaring, mor sych a llwydaidd yn trafod Legal Method nes bod Lois bron â syrthio i gysgu yn ei sedd. 'Miss Rees!' arthiodd Dr Richard wrthi'n sydyn. 'Are we keeping you up?'

'Yes, sir. I mean, no, sir,' dywedodd Lois, gan neidio allan o'i chroen.

'Well, you, more than anyone, need to concentrate fully on the matter under discussion as your last essay was a shameful display of amateur nonsense.'

'Yes sir,' dywedodd Lois yn benisel, yn ymwybodol fod y lleill i gyd yn edrych arni'n ddilornus. Chwarter awr arall a gallai ddychwelyd i'r fflat ac i glydwch ei gwely cynnes gyda Daniel a'i freichiau cryf amdani. Er nad oedd y sefyllfa wedi gwella gyda Daniel o ran rhyw, roeddent yn gwneud popeth heblaw am 'y weithred' ac erbyn hyn, roedd Lois wedi cynefino â'r drefn. Roedd yn rhaid iddi fod yn amyneddgar ac aros iddo fe fod yn barod. Fel y dywedodd Fflur, 'dyfal fonc a dyrr dy gerrig' – neu'r 'cynta i'r gwely gaiff garu', neu rywbeth felly! Falle ar ôl y parti heno, byddai Daniel wedi ymlacio digon i fynd gam ymhellach . . .

*

Roedd y parti'n un gwyllt – a hanner! Roedd Fflur a Steve wedi prynu digon o alcohol i suddo'r Titanic ac roedd nifer o ffrindiau dieithr Steve wedi troi i fyny gan greu llanast yn y gegin a'r ystafell fyw. Roedd Cai yn ei elfen yn yfed ac yn llyncu digon o asid i ddanfon dyn o'i go. Ac roedd Hywel druan yn gegagored wrth weld Cai yn ei siwt hessian wen a Donna, yn ei ffrog laes, Fictoraidd, yn chwyrlïo o gwmpas fel ffyliaid ac yn chwerthin yn ddi-baid.

'Odi hi fel hyn 'ma drwy'r amser?' holodd Hywel Lois a Daniel yn syn.

'Na, wel, dim ond os yw Cai o gwmpas!' chwarddodd Lois.

'Sut wyt ti'n cael amser i wneud dy waith?' holodd Meleri.

'Dwi ddim!' gwenodd Lois. Sylwodd Hywel y tu ôl i'r brafado ei bod hi'n poeni'n arw.

'Alli di ddangos i fi ble mae'r toiled, Lois?' gofynnodd Hywel gan ei thywys allan o'r ystafell.

'Mae e fan hyn,' dywedodd Lois, heb sylweddoli fod Hywel eisiau gair preifat gyda hi.

'Gwranda!' meddai Hywel. 'Ti'n siŵr dy fod ti'n iawn? Ti'n edrych yn flinedig iawn – ma cysgodion dan dy lygaid di ac, wel, rwyt ti wedi rhoi bach o bwysau mlaen hefyd.'

'Diolch, Hywel,' chwythodd Lois yn ddig. 'Rhywbeth arall yn bod arna i?'

'Dwi jyst yn poeni amdanat ti. Ma pethe i' weld

mor wyllt fan hyn a dwi'n gallu gweld dy fod yn poeni am dy waith.'

'Dwi'n iawn. Es i i diwtorial i heddiw,' dywedodd Lois yn amddiffynnol.

'Ie, ond mae'n rhaid i ti fynd drwy'r amser,' dywedodd Hywel yn dadol. 'Gwranda, ma Daniel mewn lle gwahanol i ti. Mae 'di cael amser ofnadw. Mi rwyt i'n iawn, jyst wedi cael dy sbwylio a dy gaethiwo gan dy rieni . . . Sdim *issues* 'da ti i'w defnyddio fel esgus bod ti'n mynd i fethu'r cwrs!'

'Pwy ti'n meddwl wyt ti, Hywel!' dywedodd Lois yn ddig. Roedd Hywel newydd godi'i phrif fwgan, sef methu'r cwrs ar ddiwedd y flwyddyn. 'Seicolegydd? Gwranda, sdim isie i fi wrando arnat ti'n pregrethu arna i. Dwi'n iawn, OK? Canolbwyntia di ar dy gariad dy hun a dy ragrith yn cysgu gyda hi cyn priodi – a thithe'n Gristion mawr!'

'Reit, dwi ddim yn gweld pwynt siarad mwy am y peth, os taw fel hyn wyt ti isie bod!' dywedodd Hywel yn sych.

'Gwd! Ac os nad wyt ti'n licio fe 'ma, cer o 'ma!' arthiodd Lois.

'Iawn,' dywedodd Hywel. Gyda hynny, clywodd y ddau y synau rhyfedda yn dod o'r ystafell fyw. Roedd Cai yn edrych fel rhyw fwystfil gwyllt, gyda'i lygaid yn goch a'i ddwylo'n waed i gyd wrth iddo daflu gwydrau, darnau o gelfi a blychau llwch dros y lle. Roedd Steve a Daniel yn ceisio'i ddal i lawr ond roedd fel creadur gwyllt.

'Twlwch e mas!' gwaeddodd Fflur. 'Mae e off 'i ben!'

Roedd Donna wedi cael KO ac yn gorwedd yn gwbl ddiymadferth ar y llawr ar ôl goryfed, a darnau bach o wydr toredig o'i chwmpas. Roedd gwaed o ddwylo Cai dros ei ffrog wen i gyd. Edrychodd Hywel yn syn ar yr olygfa o'i flaen a dweud yn uchel, 'Meleri! Mae'n amser i ni fynd.'

'Hwyl, Lois,' dywedodd Meleri. 'Diolch . . . am y parti!'

'Hwyl,' dywedodd Lois, yn cywilyddio bod Cai wedi ymddwyn fel hyn o flaen Hywel a Meleri, a hithau'n ceisio dangos i Hywel ei bod yn byw bywyd 'normal' yn y fflat.

O'r diwedd llwyddodd Daniel i lusgo Cai yn ôl i'r tŷ ar Consti, gan rybuddio'i fflatmet newydd, Rhydian, i gadw llygad barcud arno.

Bore drannoeth pan ddeffrodd trigolion y fflat, roedd Cai wedi dychwelyd gydag anrhegion iddynt i gyd ar erchwyn eu gwelyau. Anrheg Lois oedd can o gwrw Stella gyda'i henw wedi'i sgrifennu arno mewn beiro ddu bras; yn yr un modd, cafodd Donna CD Annwfn a chafodd Fflur LP David Bowie, i gyd wedi'u harwyddo gan Cai a'r gair 'Sori' arnynt. Roedd Lois yn chwyrn gan mai can o Stella yn unig roedd hi wedi'i dderbyn – ac roedd hi'n casáu Stella hefyd!

Meddai Daniel gan chwerthin, 'Wel na'th e ddim rhacso dy ystafell di, naddo fe?'

'Wel, na'th e strywo'r parti!' dywedodd Lois yn ddig. Roedd y ffactor 'cŵl' oedd yn perthyn i Cai yn wreiddiol wedi hen ddiflannu yn llygaid Lois. Gwelai ef fel hen ddyn yn nesu at ei dri deg oedd yn ymladd yn erbyn amser ac yn dal i gymdeithasu gyda stiwdants. Ac er ei fod yntau'n heneiddio'n flynyddol, roedd ei ffrindiau pennaf yn mynd yn iau bob blwyddyn. Ac ar yr un pryd teimlai Lois yn flin am gwympo mas gyda Hywel. Roedd e'n gallu bod yn boen yn y pen-ôl, ond doedd hi ddim eisiau colli ei gyfeillgarwch e. Byddai'n rhaid iddi fynd i'w weld i ymddiheuro. Wedi'r cwbl, roedd hi wedi colli un ffrind gorau yn Cerys yn barod . . .

*

Cerys

Roedd Cerys yn llawn cynnwrf. Ers ei sioe fach yn y Belle Vue, roedd Marc wedi bod yn talu llawer mwy o sylw iddi ac fel *treat* roedd yn mynd â hi am benwythnos cyfan i westy crand yn Llundain fel anrheg Nadolig gynnar! Roedd wedi dweud wrth ei wraig fod ganddo gynhadledd hanes ac am unwaith, byddai Cerys yn berchen arno fe'n gyfan gwbl am benwythnos cyfan. Gallent fynd allan yn gyhoeddus fel cwpwl go iawn, heb orfod poeni am neb yn eu gweld.

Arhosodd Cerys amdano yn yr orsaf drenau yn Aberystwyth. Gwelodd e'n dod tuag ati a gwenodd arno'n falch. Roedd e'n edrych mor rhywiol yn ei siwt Armani dywyll a'i got aeaf ddrudfawr. Gwyddai Marc sut i wisgo ac roedd ganddo chwaeth gostus. Roedd wedi addo mynd â Cerys i siop Vivienne Westwood yn Llundain er mwyn prynu dillad isaf rhywiol iawn iddi. Byddent yn union fel gŵr a gwraig.

Nodiodd Marc ei ben arni'n ysgafn wrth iddo fynd i mewn i'r trên. Arhosodd Cerys am eiliad cyn ei ddilyn. Teimlai fel petai mewn ffilm Hitchcock yn cuddio rhag y dynion drwg oedd yn ei hela ar draws y wlad ar drên rhamantus . . . Cyn eistedd gyferbyn â Marc yn yr adran dosbarth cynta, holodd Cerys yn ffug boléit, 'Esgusodwch fi, syr, ond oes 'na rywun yn eistedd yma?'

'Oes, chi,' gwenodd Marc arni gan godi ei aeliau'n awgrymog.

'Diolch i chi,' dywedodd Cerys gan smalio o hyd nad oedd yn ei adnabod a thynnu cylchgrawn o'i bag i'w ddarllen. Sylwodd Marc yn syth taw cylchgrawn porn i fenywod ydoedd a holodd yn dawel, 'Gwaith cartre, Miss Evans?'

'Wel, mae fy Athro Hanes Cymru i'n mynnu mod i'n cadw ar ben fy ngwaith ymarferol . . .' dywedodd Cerys gan roi ei throed, oedd mewn esgid fach stileto, wrth ei gopis. Gwelodd ei lygaid yn llosgi wrth iddo ddweud, 'Dwi'n mynd i'r tŷ bach, wela i di yno . . .'

A chododd e'n dawel gan fynd i gyfeiriad y toiledau. Doedd neb arall o gwmpas, diolch i Dduw, a sleifiodd Cerys i mewn i'r toiled bychan ac ildio i freichiau parod MA.

*

Gwibiodd y penwythnos heibio fel trêl gawslyd yn hysbysebu'r gwyliau perffaith ar y teledu – yn ddilyniant perffaith o gerdded yn y parc, ciniawa yn y tai bwyta gorau ac yfed yn y clybiau mwya trendi. Roedd Marc wrth ei fodd gyda Stringfellows, ac yna mwynhau'r *jacuzzi* a'r sesiynau rhyw di-baid yn y gwesty. Teimlai Cerys mor hapus a sylwodd fod Marc yntau wedi ymlacio ac yn fwy ifanc yn ei ffordd chwareus gyda hi. Ar eu noson olaf, roedd Marc yn brysur yn cael cawod yn eu hystafell yn y gwesty, tra oedd Cerys yn ymbincio'n barod i fynd allan i swper. Canodd y ffôn yn yr ystafell, ac er bod Marc wedi'i rhybuddio i beidio â'i ateb, roedd gan Cerys syniad . . .

Atebodd y ffôn gan ddweud 'Hello' mewn llais isel, rhywiol.

'Hello, is Dr Marc Arwel there please?'

'Who's speaking, please?' meddai Cerys yn serchus.

'His wife.'

'Oh, I'm sorry, he can't come to the phone at present. (oedodd yn fwriadol) This is the maid service. Can I leave him a message?'

'No, I'll ring back,' atebodd honno'n swta. Roedd yn amlwg yn amau ai morwyn oedd Cerys!

Gwenodd Cerys a pharhau gyda'i hymbincio. Mewn rhai munudau daeth Marc allan o'r ystafell a lapio'i freichiau o'i chwmpas. 'Trueni fod yn rhaid i hyn ddod i ben . . .' dywedodd wrthi gan gusanu'i gwddf.

'Ie,' dywedodd Cerys. 'Ond fel na mae pethe . . .'

Canodd y ffôn unwaith eto. Damio, meddyliodd Cerys. Jyst beth oedd hi eisiau, y blydi bitsh 'na'n amharu ar y naws roedd hi wedi'i greu i Marc. Roedd e fel petai wedi anghofio'i fod e'n dad ac yn ŵr i neb!

'O, y forwyn oedd honna, mae'n rhaid. Ma nhw'n eitha ewn 'ma. O'n i'n y gawod. Na, na, mae wedi mynd nawr! O, mae'r gynhadledd 'ma mor sych, alla i ddim aros i ddod adre!' Roedd yn dweud celwydd cystal â hithau, rhyfeddodd Cerys wrth iddi fynd i fyny ato a cheisio datod ei drowsus. Gwgodd Marc arni'n flin wrth iddi geisio cael gafael yn ei bidyn ac yntau'n dal i siarad ar y ffôn. 'Reit, well i fi fynd. Dwi'n cwrdd â'r gweddill am swper mewn munud. Ie, wela i ti fory.'

Rhoddodd y ffôn i lawr a newidiodd ei bryd a'i wedd yn syth. 'Beth ffyc o't ti'n wneud yn siarad gyda ngwraig i ar y ffôn, gwed? Wedes i wrthot ti i beidio'i ateb!'

'Wnes i mohono fe'n fwriadol!' dywedodd Cerys yn ffug ddiniwed.

'O dere mlaen, Cerys! Dwi'n dy nabod di'n iawn erbyn hyn,' dywedodd Marc, gan gydio yn ei breichiau a'i siglo'n ddidrugaredd. 'Paid â gwneud dim byd fel'na byth 'to, wnei di, neu ladda i di!' Gwisgodd Marc ei got amdano a cherdded tuag at y drws.

'Ond o'n i'n meddwl ein bod ni'n mynd mas?' holodd Cerys, â'i breichiau'n brifo lle roedd Marc wedi'i hysgwyd.

'Dwi'n mynd allan am gwpwl o ddrincs ar ben 'yn hunan,' dywedodd Marc yn sych, 'a falle'r af i Stringfellows hefyd. Rhywle lle ga i lonydd!'

Ac allan â fe mewn tymer. Taflodd Cerys ei bag colur yn erbyn y drych yn ei dicter a neidio ar y gwely yn un swp o ddagrau. Roedd tymer Marc wedi codi ofn arni ac roedd ei noson berffaith, fel ei cholur, yn deilchion o'i chwmpas.

*

Hywel

'Beth 'se nhw'n 'y nghasáu i, Hywel?' holodd Meleri, yn dal ei law yn dynn mewn ofn wrth iddynt nesu at yr arhosfan bysiau yng Nghross Hands. Roedd Hywel wedi gwahodd Meleri i dreulio deuddydd gyda fe a'i deulu cyn iddi ddychwelyd at ei rhieni yng Nghaerdydd dros wyliau'r Nadolig.

'Byddan nhw'n dwlu arnat ti, fel dw i,' dywedodd Hywel yn gysurlon gan roi cusan fawr iddi. Yn ei galon, poenai y byddai ei fam a'i dad yn feirniadol o

Meleri. Roeddent yn bobl garedig ond roedd yna gulni'n perthyn iddynt oherwydd eu credoau crefyddol cryf. Roedd ganddynt duedd i fod yn feirniadol iawn os nad oedd rhywun yn cydymffurfio â'u disgwyliadau uchel. Gobeithiai Hywel y gallent weld y daioni yng nghymeriad Meleri ac anwybyddu'r ffaith nad oedd hi'n Efeng-yl.

Roedd wedi sôn wrth ei fam ar y ffôn y noson cynt yr hoffai ddod 'nôl â Meleri i'w cwrdd. Roedd ei fam yn llawn diddordeb yn syth. 'Beth? Dod â merch 'nôl fan hyn? Mae'n rhaid ei fod e'n ddifrifol. John? Mae'r crwt 'ma'n dod 'nôl â chroten 'da fe o'r coleg fory!'

'Croten?' gallai glywed ei dad yn poeri dros ei baned. 'Beth, wejen?'

'Dy wejen di yw hi?' holodd ei fam gyda sioc yn ei llais.

'Ie, peidiwch â chael haint Mam. Ma merched yn fy hoffi, chi'n gwybod,' dywedodd Hywel yn falch. Roedd e'n dal i fethu credu ei fod e a Meleri wir yn gariadon a threuliai bob bore'n llygadrythu arni'n cysgu'n drwm wrth ei ochr fel dol fach ddel.

'Na, na, dim 'na beth o'n i feddwl,' dywedodd ei fam yn gyflym. 'Fyddet ti'n gatsh i unrhyw ferch deidi. Ble cwrddest ti â hi, yn y capel ife?' holodd yn obeithiol.

'Na, yn Nhaliesin,' dywedodd Hywel. Wel, doedd e ddim yn dweud anwiredd mewn gwirionedd. Fe wnaeth e gwrdd â Meleri ar bwys Taliesin. Ond doedd e ddim yn meddwl y byddai ei rieni'n rhy bles o glywed ei fod wedi cwrdd â hi yn gorwedd yn ei medd-dod gyda chyfog dros ei dillad ar ganol heol!

Stopiodd y bws ger yr arhosfan a gwelodd Hywel gar ei dad yn aros amdano. Roedd ei rieni, fel yntau, wastad yn brydlon. 'Dyna'r car fan'na!' dywedodd wrth Meleri gan bwyntio at y Volvo mawr tywyll gyferbyn â'r bws.

'O, Hywel, dwi'n cachu brics!' ebychodd Meleri'n ofnus, â'i hwyneb yn welw.

'Byddi di'n iawn, ond cofia, paid â rhegi o'u blaenau nhw!' dywedodd Hywel cyn iddynt adael y bws gyda'u bagiau trymion.

'Hywel, machgen glân i,' dywedodd ei dad, fersiwn tewach, moelach na Hywel, wrth ei gyfarch gyda chofleidiad.

'Dad, mae'n grêt eich gweld chi,' dywedodd Hywel.

'A dyma Meleri, ife?' holodd ei dad yn serchus. 'Mae'n neis i gwrdd â chi,' meddai, gan ysgwyd llaw gyda Meleri.

'Neis i gwrdd â chi hefyd, syr. Diolch am adael i mi aros,' dywedodd Meleri yn wylaidd.

'Croeso,' meddai ei dad cyn cymryd eu bagiau a'u rhoi yn y bŵt. 'Reit, mewn â chi; ma dy fam yn coginio'r llo pasgedig i ni a fydd hi ddim yn hapus os byddwn ni'n hwyr!'

Teimlodd Hywel law Meleri'n ymlacio yn ei law ef. Oedd, roedd ei dad yn iawn. Ei fam oedd y broblem!

'Hywel bach! Gad i fi gael pip arnot ti 'te, cariad!' dywedodd ei fam, dynes fechan fochgoch oedd yn aelod selog o bwyllgor capel a chymuned, yn ogystal â bod yn brifathrawes yr ysgol gynradd leol.

'Wel, rwyt ti wedi colli pwysau. Rwyt ti fel bwgan brain!' meddai gan deimlo'i freichiau'n betrus. 'Dy'n nhw ddim yn eich bwydo chi yn y Taliesin 'na, gwedwch?' meddai gan droi ei golygon at Meleri a safai'n lletchwith gerllaw.

'Wel, ma lot o tships a ffa pob,' dywedodd Meleri.

'Tships? Ych a fi! Bydd eich gwythiennau chi'n llawn colesterol! Dwi wedi paratoi pryd go iawn i chi'ch dau. Ffefryn Hywel, cinio cig eidion gyda'r trimins i gyd!'

'Diolch yn fawr i chi, Mrs Morgan!' dywedodd Meleri'n awchus.

'Gwenda, plis,' dywedodd ei fam yn garedig.

Aeth y noson yn ei blaen yn ddigon hwylus. Roedd Hywel yn gallu gweld bod Meleri wedi synnu cymaint roedd crefydd ei rieni'n rheoli eu bywydau. Roeddent yn gweddïo cyn bwyta swper, yn treulio sawl noson yr wythnos yn helpu mewn hostel leol i'r digartref ac yn dilyn y Beibl i'r llythyren.

'Felly, Meleri,' dywedodd Gwenda wrth iddynt yfed coffi ar ôl y swper mawr, 'pa gwrdd y'ch chi'n mynychu?'

'Wel, Annibynwyr ydyn ni fel teulu,' atebodd Meleri'n sidêt gan gicio Hywel o dan y bwrdd wrth iddo edrych yn gam arni.

'O ie, a lle mae'ch teulu'n mynd i'r cwrdd?'

'O, ma nhw'n aelodau mewn capel bach hyfryd yn Heol Siarl, Caerdydd,' atebodd Meleri yn slic, er nad oedd ei rhieni, fel hithau, wedi bod ar gyfyl capel ers yr angladd diwetha iddynt ei fynychu.

'O ie,' dywedodd ei dad, 'Capel Ebeneser, yndê? Capel bach bywiog Cymraeg,' ategodd, gan ddangos ei fod yn cytuno gyda dewis ei theulu.

'Mam,' meddai Hywel, yn awyddus i newid y pwnc. 'Ydy hi'n iawn i ni fynd am dro i weld Mam-gu?'

'Wrth gwrs,' dywedodd ei fam, 'bydd hi'n falch o'ch gweld chi.'

'Beth am olchi'r llestri i dy fam, Hywel?' holodd Meleri'n angylaidd.

'Ma 'da ni olchwr llestri 'ma, diolch Meleri,' dywedodd ei fam gyda gwên.

'Ie, fi!' chwarddodd ei dad.

'O, ma dy deulu di'n rili neis,' dywedodd Meleri wrth iddynt gerdded adre gyda bagiau'n llawn pice ar y maen a bara brith gan fam-gu Hywel, oedd wedi dotio'n lân at eu hymweliad.

'Wel, ma nhw'n iawn,' dywedodd Hywel. 'Dim ond iddyn nhw beidio cael eu hypsetio.'

'A pha mor browd ma nhw ohonot ti!' chwarddodd Meleri, oherwydd y peth cynta wnaeth ei fam oedd dangos yr 'allor' i Hywel oedd ganddi yn yr ystafell fyw: yr holl gwpanau wnaeth e ennill am adrodd yn blentyn, lluniau ohono'n ennill gwahanol wobrau siarad cyhoeddus, ac yn goron ar y cyfan, llun ohono'n fabi yn gwbl noeth ar fat fflwffi gwyn.

'Wel, dwi'n siŵr bod dy rieni di 'run peth!' chwarddodd Hywel.

'Dim i'r fath raddau. Dyna un o *perks* bod yn unig blentyn, sbo!' dywedodd Meleri, ychydig yn eiddigeddus.

'Be ti'n meddwl, *perks*?' holodd Hywel. 'Unigrwydd, neb i rannu gofididau a neb i dynnu sylw wrthot ti chwaith; dyna beth yw bod yn unig blentyn!'

Roeddent yn nesu at dŷ rhieni Hywel a holodd Meleri y cwestiwn pwysig, 'Gwranda, lle fyddwn ni'n cysgu heno?'

'Wel, bydda i'n cysgu yn fy ystafell i, a byddi di'n cysgu yn yr ystafell sbâr!' dywedodd Hywel gyda winc.

'O na! Am ddwy noson! Fydda i'n methu cysgu hebddot ti wrth fy ochr i!' dywedodd Meleri'n drist.

'Wel, dyna reolau'r tŷ, mae arna i ofn,' dywedodd

Hywel. 'Ma nhw'n rili henffasiwn am bobol yn cysgu 'da'i gilydd cyn priodi.'

'Beth! Ma nhw'n meddwl bo ti a fi ddim yn cael rhyw?'

'Wrth gwrs!' dywedodd Hywel yn ffug barchus. 'Ma nhw'n gwybod pa mor gryf yw nghredoau i.'

'Ie, cryf iawn pan wyt ti isie rhyw 'da fi bob whip stitsh!' chwarddodd Meleri.

'Ssh!' dywedodd Hywel wrth iddyn nhw gerdded trwy'r drws ffrynt.

'Wel, dwi'n meddwl yr af i i ngwely, os 'di hynny'n iawn 'da chi, Mrs Morgan,' dywedodd Meleri'n boléit.

'Gwenda, groten, Gwenda! Ie, cer di i'r gwely, ma golwg flinedig arnat ti.'

'Diolch am y swper,' dywedodd Meleri wrth ddringo'r grisiau, gan roi winc fawr frwnt i Hywel, oedd yn edrych yn ddiniwed ar waelod y grisiau.

Rhyw awr yn ddiweddarach roedd Hywel yn ei wely yn hapus iawn gyda sut roedd ei rhieni wedi dotio at Meleri. Roedd hi'n actores heb ei hail ac wedi'u swyno i feddwl ei bod yn ferch fach ddiniwed, grefyddol. Yna, clywodd dap ysgafn ar ei ddrws; Meleri oedd yno yn ei gŵn nos.

'Beth wyt ti'n wneud yma?' sibrydodd Hywel. 'Cer 'nôl i dy wely!'

'Jyst cwtsh bach cyn bo fi'n mynd i gysgu!' dywedodd Meleri gan neidio i mewn i'w wely'n ddireidus.

'OK, un cwtsh bach, dyna i gyd.' Ond fe aeth cwtsh bach yn gwtsh mawr. A chyn iddo wybod beth oedd yn digwydd, roedd Meleri'n ei reido fel Red Rum!

'Ssh!' dywedodd Hywel wrth iddo blymio'n ddyfnach i mewn iddi. 'Byddan nhw'n ein clywed ni!'

Ac yn wir, wrth iddo gyrraedd uchafbwynt llesmeiriol, dyma ddrws yr ystafell wely'n byrstio'n agored. Gwelodd Hywel ei rieni'n sefyll yno a'u hwynebau'n ymdebygu i ddarlun *Y Sgrech* enwog Edvard Munch!

'Beth ddiawl y'ch chi'ch dau'n wneud?' taranodd ei dad yn ddig. Roedd Meleri wedi dringo oddi arno ac yn ceisio cuddio'i bronnau noeth gyda'i gŵn nos.

'Y moch!' dywedodd ei fam yn swta. 'Yn ein cartre ni o bob man!'

'Ti'n gwybod fod cael rhyw cyn priodi yn erbyn ein crefydd ni, Hywel,' dywedodd ei dad yn lleddf.

'Does gen ti ddim parch at dy rieni, yn gwneud shwd fochyndra yma?' arthiodd ei fam.

'Gwrandwch,' dywedodd Hywel yn bwyllog. 'Y'ch chi'n gorymateb. Dwi'n caru Meleri ac o'n ni ddim yn gwneud dim byd o'i le.'

'A dwi ar y bilsen,' ychwanegodd Meleri'n dawel.

'Nid dyna'r pwynt!' dywedodd mam Hywel yn ffyrnig gan droi at Meleri, oedd yn stryffaglu i wisgo'i gŵn nos amdani. 'Y'ch chi'n groten capel, a fel hyn y'ch chi'n bihafio. Yn arwain ein mab ni ar gyfeiliorn.'

'Mam!' ebychodd Hywel. 'Er mwyn dyn, chi'n swnio fel rhywun mas o nofel Daniel Owen!'

'Paid ag ateb dy fam 'nôl!' dywedodd ei dad yn lloerig.

'Dwi'n meddwl y byddai'n well i chi ffonio'ch rhieni i ddod i'ch casglu chi o 'ma ar unwaith, Meleri,' dywedodd mam Hywel yn oeraidd. 'Does dim croeso i chi yn y tŷ yma mwyach.'

'Mam,' dywedodd Hywel, yn defnyddio llais yr un mor oeraidd â hithau. 'Os ydy Meleri'n mynd heno, dwi'n mynd hefyd.'

'Paid â bod yn ddwl, Hywel. Ni yw dy deulu di ac mae'n Ddolig. Dwyt ti ddim yn mynd i unman. Gad i'r drwmpen 'ma fynd, er mwyn dyn!' dywedodd ei dad.

'Mam, Dad, Meleri yw fy nheulu i a dwi'n ei charu hi. Rydyn ni'n mynd i briodi,' dywedodd Hywel er mawr sioc iddo'i hun ac i Meleri.

'Odyn ni?' holodd Meleri yn gegagored.

'Priodi?' dywedodd ei fam yn gandryll.

'Ie, Mam, priodi! A dwi ddim isie i fy narpar wraig i gael ei thrin fel baw. Felly nes bo chi'n tyfu lan, y'n ni'n mynd i Gaerdydd i aros gyda'i theulu hi. Dwi'n siŵr y byddan nhw'n dipyn mwy synhwyrol!' A gyda hynny, cododd Hywel o'i wely a dechrau gwisgo amdano. 'Meleri, cer i dy ystafell a phacia dy fagiau!' gorchmynnodd mewn llais awdurdodol nad oedd hi wedi'i glywed o'r blaen. Cerddodd heibio i rieni Hywel a safai yno fel dau ddelw.

'Ble cawn ni fws i Gaerdydd yr amser hyn o'r nos?' holodd Meleri chwarter awr yn ddiweddarach, wrth iddi hi a Hywel gerdded i lawr y stryd o dŷ ei rieni, yn llusgio'u bagiau gyda nhw.

'Newn ni aros 'da Mam-gu heno. Bydd hi'n iawn am y peth,' dywedodd Hywel. 'Dyw hi'n becso taten am y capel. A bore fory gewn ni fws i Gaerdydd.'

'Dwi'n sori, Hywel,' dywedodd Meleri'n edifar. 'Dylen i fod wedi aros yn yr ystafell sbâr.'

'Na, mae'n iawn. Fi ddyle ymddiheuro i ti,' dywedodd Hywel. 'Ma nhw mor gul a dy'n nhw ddim yn fodlon gwrando.'

'O't ti'n meddwl beth ddywedest ti ginne fach?' holodd Meleri'n swil.

'Be?' dywedodd Hywel yn ffugio nad oedd e'n gwybod am beth roedd hi'n sôn.

'Ti'n gwybod!' prociodd ef yn ei ystlys. 'Priodi.'

'Meddwl pob gair,' dywedodd Hywel gan droi i edrych arni. Yna aeth i lawr ar un ben-lin yng nghanol stryd fach yn Llan-non, a dweud, 'Meleri Haf Roberts, a wnewch chi derbyn y fraint o gytuno i fod yn wraig i mi?'

Chwarddodd Meleri wrth edrych arno ar ei liniau o'i blaen ni, 'Gwnaf, Hywel Morgan, gwnaf.' A gyda chusan fawr, seliwyd y ddêl.

Chwefror

Lois

Bellach, roedd Fflur a Steve wedi dilyn esiampl Daniel ac wedi penderfynu cymryd 'blwyddyn i ffwrdd' o'r coleg. Roedd y ddau ohonynt yn gwbl *blasé* yn penderfynu. Dywedodd Fflur wrth Lois, 'Ma isie joio bywyd ac ma coleg yn crampo'n steil i ar hyn o bryd.' Wrth gwrs, nid dyna ddywedodd hi wrth awdurdodau'r coleg. Defnyddiodd hi a Steve 'resymau seicolegol' fel esgus dros adael yng nghanol eu hail dymor a chytunwyd y byddent yn ailgydio yn eu blwyddyn gyntaf yn yr hydref.

'Beth wnei di nawr 'te am arian?' holodd Lois.

'Wel,' dywedodd Fflur. 'Ma Steve yn mynd ar y dôl, ond dyw hwnna ddim yn talu digon. Bydd rhaid i fi gael jobyn.'

Roedd Lois hefyd wedi bod yn meddwl yn ddwys am adael coleg am ychydig. Roedd hi'n berffaith amlwg iddi hi bellach nad oedd gobaith caneri ganddi o basio'i blwyddyn gyntaf. Byddai'n gwneud mwy o synnwyr gadael nawr cyn i bethau fynd yn waeth a chyn iddi fethu'n gyfan gwbl. A dychwelyd yn yr hydref a dewis cwrs arall, dipyn haws na'r Gyfraith, i'w astudio.

'Wyt ti'n siŵr dy fod ti'n gwneud y peth iawn?'

holodd Hywel yn betrus pan esboniodd ei phenderfyniad iddo un pnawn heulog dros baned yn y Caban.

'Dwi'n siŵr, Hywel,' dywedodd Lois yn bendant. 'Y gwir yw mod i heb wneud stitshen o waith a dwi'n mynd i fethu. Mae'n well gadael nawr a pheidio gwastraffu'n amser gyda'r pwnc uffernol 'ma, a dechrau o'r newydd yn yr hydref.'

'Ond beth fydd dy rieni di'n ddweud?' holodd Hywel.

'Wel, dwi ddim yn mynd i ddweud wrthyn nhw tan ddiwedd yr haf pan fydd hi'n amser mynd 'nôl,' dywedodd Lois yn blaen, er bod ei chalon yn llawn ofn o orfod wynebu ei rhieni gyda'i phenderfyniad. Byddent yn ei gweld fel methiant llwyr. Yr aelod cynta o'r teulu i fynd i brifysgol – a hynny gydag ysgoloriaeth a graddau uchaf ei blwyddyn yn ei Lefel A – dim ond i daflu'r cyfan i ffwrdd oherwydd diogi. Crynodd wrth feddwl am eu hadwaith.

'Wyt ti'n siŵr bo ti ddim yn gadael coleg achos bod Daniel a Fflur wedi gwneud?' holodd Hywel yn ofalus, yn ofni'i digio. Doedd dim sbel ers iddynt drwsio'u cyfeillgarwch ar ôl y cweryl diwetha a doedd e ddim eisiau dadl arall gyda Lois.

'Na, ma Daniel wedi ceisio mherswadio i i aros,' dywedodd Lois, heb ychwanegu bod Fflur wedi bod yn ei hannog i adael y cwrs ers misoedd bellach.

'Wel, falle mai fe sy'n iawn,' dywedodd Hywel yn gall. 'Wnest ti weithio'n galed iawn i gael lle ar y cwrs 'ma, felly paid â'i daflu i ffwrdd am ddim rheswm.'

'Hywel,' dywedodd Lois yn gadarn, 'pan wnes i ddewis y cwrs yma, doedd dim syniad 'da fi y bydde fe mor uffernol o sych a mor blydi galed. Dwi'n ffaelu'i

137

wneud e. Sdim diddordeb 'da fi ynddo fe. Mae e fel Mathemateg! Dylwn i fod wedi gwneud Hanes a Chymraeg neu rywbeth, pynciau dwi'n gallu eu handlo, pynciau sy'n fwy creadigol.'

'Wel, dim ond os wyt ti'n siŵr,' dywedodd Hywel, yn sylweddoli nad oedd dim yn tycio.

'Eniwê,' dywedodd Lois yn fwy llawen. 'Sut mae trefniadau'r briodas yn dod yn eu blaen? Wyt ti'n barod? Dim ond dau ddiwrnod sy 'da ti ar ôl fel dyn sengl!'

'Dwi'n gwybod!' chwarddodd Hywel. 'Ydy, ma popeth yn barod. Ydy Annwfn yn iawn i chwarae yn y derbyniad?'

'Edrych mlaen!' dywedodd Lois. 'Ma Daniel wedi cyfansoddi cân newydd yn arbennig i chi fel anrheg!'

'Grêt,' dywedodd Hywel, â'i lygaid yn disgleirio'n hapus.

'Wyt ti wedi siarad gyda dy rieni am y peth eto?' holodd Lois , gan gydio yn ei law yn famol.

'Dwi wedi ysgrifennu atyn nhw i ddweud am y briodas ond dwi ddim wedi cael ateb,' dywedodd Hywel, â'r hwyl yn pylu o'i lygaid.

'Wel, rho amser iddyn nhw,' dywedodd Lois. 'Fe ddown nhw rownd pan welan nhw mor hapus y'ch chi.'

'Diolch byth fod rhieni Meleri wedi bod yn weddol am y peth,' dywedodd Hywel.

*

Trannoeth, gweithredodd Lois ar ei phenderfyniad. Hysbysodd y coleg yn swyddogol ei bod yn gadael cwrs y Gyfraith am 'resymau seicolegol' ac yn wir, roedd ei nerfau'n rhacs y dyddiau hyn gyda'r holl *stress* oedd yn ei phoeni. Sicrhaodd hefyd na fyddai'n colli'i hysgoloriaeth yn y tymor newydd. A gyda'i chalon yn dipyn ysgafnach, canodd ffarwél i Dr Richard Mainwaring ac Adran y Gyfraith gan sgipio i lawr bryn Penglais tuag at y fflat.

Pan gyrhaeddodd yn ôl, roedd Fflur mewn hwyliau ffantastig. 'Reit, musus,' meddai, 'y'n ni'n mynd i gael sesiwn wych heno i ddathlu dy fod ti'n rhydd o'r coleg o'r diwedd!' Ac roedd hi'n sesiwn heb ei hail. Roedd Cai, am unwaith, er yn feddw, yn bihafio ac yn canu'r gitâr yn swynol drwy'r nos tra bod Donna, Lois, Daniel, Fflur a Steve yn chwarae gêmau yfed gyda'i gilydd tan oriau mân y bore. Teimlai Lois dipyn yn hapusach; roedd Fflur a hithau eisoes wedi dechrau gweithio yn archfarchnad Gateway a byddai arian rheolaidd ganddi nawr.

Y pnawn wedyn, deffrodd yn sydyn gan deimlo'n syth fod rhywbeth o'i le. Roedd newydd gael hunllef echrydus fod ei rhieni'n cnocio'r drws ffrynt tu allan ac wedi dod i'w nôl hi o'r fflat. Ond na, yr unig gnocio allai hi ei glywed oedd sŵn Fflur a Steve yn mwynhau sesiwn rywiol swnllyd ac yn taro'n erbyn y wal gyda'u caru nwydwyllt.

Yn sydyn, daeth cnoc ar ddrws ei hystafell wely. Cododd yn araf a gwisgo'i gŵn nos. Roedd Daniel yn chwyrnu'n drwm yn y gwely. Agorodd y drws a phwy safai yno ond ei mam a'i thad. Ac roedd y ddau'n gandryll.

'Dyma lle rwyt ti!' sgrechiodd ei mam cyn i'w thad rhoi uffern o slap iddi ar draws ei hwyneb. Gyda'r gyflafan hon, deffrodd Daniel a syllu'n syn arnynt. Camodd o'r gwely'n drwsgl gan geisio dod rhwng Lois a'i thad. Dywedodd ei thad yn ffyrnig, 'Sa di mas o hyn, gwd boi, neu fydda i'n ffonio dy dad di a'i sgwad i ddod i dy gasglu di o'r twll 'ma fyd!'

'Mam, Dad, beth ddiawl y'ch chi'n neud 'ma?' gofynnodd Lois yn syn.

'Be ti'n meddwl y'n ni'n neud 'ma?' dywedodd ei mam yn ffrom. 'Y'n ni wedi cael dy hanes di i gyd, mileidi. Digwyddais i fwrw mewn i fam Cerys yng Nghaerfyrddin bore 'ma a hi ddywedodd wrtho i dy fod ti wedi gadael coleg, gadael dy gwrs yn y Gyfraith, wedi symud mas o Daliesin ac wedi dod i fyw yn y twll 'ma gyda'r *gypos* hyn i gymryd cyffuriau!' Oedodd ei mam i gymryd anadl ddofn. Roedd ei thad yn edrych o gwmpas fel petai'n syllu ar dip sbwriel a llygadrythodd ar fag agored ar lawr, gyda darnau bach amryliw ynddo a ymdebygai i losin.

'Beth ddiawl yw rhain? Drygs, ife?'

Roedd Lois eisiau chwerthin a chrio 'run pryd. 'Dim drygs y'n nhw! Bwyd hamster!'

'Bwyd hamster, myn diain i!' dywedodd ei mam, 'Does dim hamster yn y lle! Bydde'r pŵr dab wedi marw ar ôl awr 'ma!'

'O'dd e 'ma,' dywedodd Lois, 'ond es i 'nôl â fe i'r siop achos o'dd e'n fy nghadw i ar ddi-hun yn y nos.'

'Yr olwyn fach,' esboniodd Daniel yn dawel.

'Cau di dy geg!' gwaeddodd mam Lois. 'Wyt ti'n gallu dychmygu'r embaras o'n i a dy dad yn teimlo pan ddywedodd mam Cerys dy hanes di wrtho i? Rwyt ti wedi bod yn rhaffu celwydde fel ci yn trotian ers misoedd nawr!'

Ar hyn, daeth Fflur i'r ystafell, gyda'i gwallt du a'i cholur Gothaidd yn flêr dros ei wyneb. 'Mrs Rees,' dywedodd yn ystyriol, 'peidiwch â gwrando ar Cerys, ma hi'n cael *affair* 'da darlithydd priod.'

'O, a dyma hi ei hunan!' taranodd mam Lois. 'Dwi 'di clywed popeth am dy hanes di 'fyd, gwd gyrl! Dwi 'di clywed am dy deulu di – dy dad mewn a mas o'r carchar, dy chwaer wedi lladd ei hunan a dy fam yn feic y pentre.'

Edrychodd Lois yn syn ar Fflur; doedd hi ddim wedi ddweud gair wrthi am farwolaeth ei chwaer.

'Peidiwch â phigo ar Fflur, Mam,' dywedodd Lois. 'Dyw hyn ddim byd i' wneud â hi.'

'Mae'n bopeth i' wneud â hi!' gwaeddodd ei mam. 'Hi yw'r un sy 'di dy arwain di ar gyfeiliorn. Wedi dy hudo di i adael Taliesin. Wedodd Dr Gari Edmunds y cwbl wrthon ni bore 'ma. Ac am y graffiti o'ch chi wedi 'i adael ar eich holau! Ma'r Fflur 'ma jyst fel 'i thad – yn wallgo!'

'Ond Mrs Rees!' dywedodd Fflur. 'Y'n ni'n caru Lois, ac y'n ni'n edrych ar 'i hôl hi! Do'dd hi ddim yn hapus yn Nhaliesin!'

'Pwy "garu" hi wyt ti, groten!' pwffiodd mam Lois yn ddig. 'Beth y'ch chi, lesbians hefyd, ife?'

Ar hyn, daeth Cai i mewn i'r ystafell, yn dal yn gwbl feddw ers y noson cynt. Roedd ganddo sbliff fawr yn ei law ac meddai, 'Helô, chaps! O's tân 'da rywun?'

'Cer mas, Cai!' gwaeddodd Daniel a gwthiodd Fflur e allan trwy'r drws.

'Drygs! Twel?' dywedodd mam Lois yn ynfyd wrth ei phriod.

Doedd Lois ddim yn gwybod beth i'w wneud. Roedd ei mam, fel y dywediad enwog, wedi mynd yn *postal*. Synhwyrai ei thad hefyd fod ei mam ar fin ei cholli'n llwyr a dywedodd yn dawel, 'y'n ni newydd gael sgwrs gyda Dr Gari ac mae e'n hapus i ti dychwelyd i Daliesin yn yr hydref i ailddechrau'r flwyddyn gyntaf. Yn y cyfamser, fyddi di'n dod adre gyda ni i ti gael dod at dy hunan!'

Dechreuodd meddwl Lois ddod allan o'i barlys a dywedodd yn gyflym, 'Iawn, ond rhowch awr i fi bacio magiau, wnewch chi plis?'

Gwelodd ei rhieni'n edrych ar ei gilydd am eiliad ac yna dywedodd ei thad, 'Iawn, ond bydd yn rhaid i ti fod yn barod mewn awr.'

Gyda hynny, gwthiodd ei mam Fflur allan o'r ffordd ac aeth y ddau allan. Wedi iddi glywed drws y ffrynt yn cau'n glep ar eu holau, eisteddodd Lois ar ei gwely a gweiddi. 'Ffyc! Ffyc! Ffyc!', a'r dagrau'n llifo i lawr ei gruddiau.

'Beth wnewn ni?' dywedodd Daniel yn ofnus. Roedd gweld mam Lois yn perfformio wedi cael cryn effaith arno.

'Donna, you stupid fucking bitch!' Clywai Lois lais Fflur yn gweiddi yn yr ystafell uwch eu pennau. 'Why did you let them in? They were Lois's parents, and they've gone mental!'

'Oh shit!' clywodd Donna'n dweud.

'Reit,' dywedodd Fflur wrth ddod i lawr y grisiau drachefn. 'Ma isie cynllun arnon ni. Ma'n rhaid i ti redeg off am bach a chwato.'

'Yn lle?' holodd Lois. 'Ma Hywel yn Nhaliesin a sdim un man arall 'da ni i fynd!'

'I know a place,' dywedodd Steve, oedd wedi bod yn eistedd yn dawel yn yr ystafell ffrynt tra oedd yr holl gyflafan yn digwydd o'i gwmpas.

'Where?' holodd Fflur yn awchus.

'Me and Daniel's old place,' dywedodd Steve. 'It's safe as houses up on Consti!'

'Briliant!' dywedodd Fflur gan roi cusan fawr iddo.

'Reit,' dywedodd Daniel, yn deffro'n sydyn o'i banig. 'Rho dy ddillad mlaen, Lois, ac ewn ni i'r tŷ nawr ar y beic.'

'Cai?' gwaeddodd Fflur. 'Lle ma dy allweddi di i'r tŷ?'

Funudau'n ddiweddarach, roedd Lois ar gefn moto-beic Daniel yn dal ei gafael yn dynn yn ei gefn ac yn hanner chwerthin a chrio wrth iddyn nhw ruo i fyny bryn Craig Glais. Roedd arni ofn ymateb ei rhieni ond roedd hefyd yn llawn cynnwrf. Roedd yn deimlad rhyfedd.

Cyn pen dim, ymunodd Steve â Fflur â nhw yn y fflat. Roedd Fflur wedi siarsio Donna a Cai i beidio ag ateb y drws i rieni Lois pan ddeuent yn ôl i'w chasglu, ac wedi bygwth eu lladd os gwnaent. Erbyn hyn, roedd Lois braidd yn simsan o ganlyniad i'r sioc ac yn crio wrth feddwl am siom ei rhieni. Roedd Steve yn sensitif iawn ac yn poeni amdani, a dywedodd, 'Come on, girl. I'll put on my favourite song for you.'

Clywodd Lois hen gân o'i phlentyndod ar y chwaraewr recordiau, 'Dry those womble tears from your eyes'. A dechreuodd chwerthin ar ysgwydd Daniel. Doedd dim troi'n ôl mwyach!

*

Y diwrnod canlynol

Cerys

'Dere mlaen, Cerys,' dywedodd Sali yn swta. 'Paid â sefyll fel delw fan'na, wnei di?' Roedd Cerys gyda'r Ffat Slags yn siopa yn Gateway ar gyfer parti Sant Ffolant arbennig yn Nhaliesin. Doedd yr awyrgylch rhyngddi hi a Sali ddim wedi bod yn iawn ers y digwyddiad anffodus yn ystafell Sali beth amser yn ôl. Ac er bod Cerys yn dal i gyfeillachu gyda'r Ffat Slags, synhwyrai nad oedd pethau yr un peth rhynddynt mwyach.

Ond roedd ganddi bethau llawer mwy i ofidio amdanynt na'r Ffat Slags a'u parti. Y prif reswm am ei dryswch oedd ei bod newydd ddarganfod ei bod yn feichiog. Er ei bod wedi dyheu i hynny ddigwydd, nawr ei fod yn ffaith teimlai'n ansicr, yn rhyfedd ac yn llawn ofn. Beth petai Marc Arwel yn colli ei dymer gyda hi eto? A fyddai e'n credu taw 'damwain' oedd hyn? A fyddai eisiau gadael ei wraig? Dyma'r cwestiynau oedd wedi bod yn chwyrlïo yn ei meddwl ers iddi wneud y prawf beichiogrwydd yn gynharach yr wythnos honno. Doedd hi ddim wedi dweud wrth neb eto, ond byddai'n gweld Marc Arwel yn hwyrach, a gwyddai y byddai'n rhaid dweud wrtho am ei blentyn newydd.

Wrth iddi ymlwybro tuag at y til gan wthio troli i'r Ffat Slags, sylwodd fod Lois a Fflur yn gweithio fel merched y tiliau. Dewisodd dil Lois gan obeithio y câi'r cyfle i drefnu cyfarfod i drafod ei phroblem. Er yr holl anawsterau fu rhyngddynt, gwyddai Cerys y byddai Lois yn cadw 'i chyfrinach ac yn ceisio'i helpu hefyd.

'Wel, wel,' meddai Catrin, â gwatwar yn drwm yn ei llais. 'Pwy sy fan hyn, gwed? Dwy gyn-fyfyrwraig fwya disglair y flwyddyn gynta yn gweithio ar y *checkouts*!' A chwarddodd yn uchel ar Lois, oedd yn edrych yn anghyfforddus iawn, a Fflur, oedd yn gwgu arnynt.

'Wel, o leia dwi ddim yn gorfwyta achos bo neb isie cael rhyw 'da fi!' dywedodd Fflur wrth iddi sortio trwy'r creision a'r siocledi niferus oedd yn nhroli Catrin.

'Ar gyfer parti mae rhain,' dywedodd Sali'n ffrom. Nid oedd y Ffat Slags yn gwerthfawrogi cael unrhyw un yn sôn am eu maint anferthol.

'Ie, ie,' dywedodd Fflur yn sarhaus. Anwybyddodd Lois y Ffat Slags ac edrychodd ar Cerys yn oeraidd. Penderfynodd Cerys nad nawr oedd yr amser gorau i drafod unrhyw beth gyda'i chyn-ffrind.

'Chwe deg punt,' meddai Fflur wrth Catrin.

'Chwe deg punt!' dywedodd Catrin.

'Ie, chwe deg punt,' dywedodd Flur yn swta.

'Ma'r lle 'ma'n mynd mor ddrud!' dywedodd Catrin.

'Wel, o leia y'n ni'n helpu i dalu cyflog y ddwy druenus yma,' chwarddodd Bethan yn gas.

'Ie, cariwch chi mlaen i stwffio'r braster, ferched,' dywedodd Fflur. 'Ma popeth yn helpu at y dydd pan fyddwch chi'n marw'n ifanc o drawiad ar y galon.'

Edrychodd Lois a Cerys yn syn ar Fflur. Doedd y Ffat Slags yn dychryn dim arni.

'Fe wna i sôn wrth dy reolwr di am dy agwedd warthus di at gwsmeriaid!' dywedodd Sali'n swrth.

'Ac fe wna i sôn am dy agwedd warthus di'n dwyn gwin o 'ma bob whip stitsh!' ychwanegodd Fflur, gan wenu'n faleisus ar Sali. Ar ôl y fath ergyd, doedd gan y

Ffat Slags ddim mwy o fwledi geiriol ar ôl ac aethant allan o Gateway fel tair taran.

Arhosodd Cerys ar ôl, yn gobeithio cael gair gyda Lois, ond gwaeddodd Sali, 'Cerys! Beth ti'n neud? Dere w!'

'Well i ti fynd,' dywedodd Lois yn sych. 'Ma dy fam yn dy alw di!'

'Ie, gobeithio wnewch chi fwynhau'r parti,' chwarddodd Fflur. 'Mae wedi costio digon i chi!' A rhoddodd Fflur wên awgrymog ar Lois. Roedd yn amlwg ei bod wedi gofyn am ormod o arian gan Catrin. Sylweddolodd Cerys nad oedd dim pwynt siarad â Lois; byddai'n rhaid iddi ddibynnu ar Marc Arwel . . .

*

'Beth?!' dywedodd Marc, a'i lygaid led y pen ar agor o ganlyniad i'r sioc. 'Beichiog? Sut ddiawl? O'n i'n meddwl bo ti ar y bilsen!'

'Dwi ar y bilsen,' dywedodd Cerys yn ddiniwed, 'ond dyw e ddim yn gant y cant bob amser, odi e?'

Cymerodd Marc anadl ddofn cyn ceisio rhesymu'n gall gyda Cerys, 'Wel, Cerys, rwyt ti'n gwybod na alli di mo'i gadw fe, on'd wyt ti? Mae gen i ddau blentyn yn barod, a deunaw oed wyt ti! A beth am dy radd di?'

'Wfft i'r radd. Dwi isie cael y plentyn 'ma!' dywedodd Cerys yn benderfynol, cyn ychwanegu'n ddramatig, 'allwn i byth ladd rhywbeth byw y'n ni'n dau wedi'i greu.' A chydiodd yn ei law yn daer.

'Casgliad o gelloedd yw e ar hyn o bryd, Cerys,' dywedodd Marc yn oeraidd gan ysgwyd ei llaw i ffwrdd, 'nid plentyn. Dyw'r amser ddim yn iawn i ni'n dau gael plentyn nawr. Pan fyddi di'n hŷn, ar ôl gwneud dy radd, yna gallwn ni gael plentyn.'

Roedd meddwl Cerys yn rasio i geisio meddwl am reswm dilys pam na allai gael erthyliad, a chafodd syniad. 'Marc,' dywedodd yn dawel, 'mae problem gen i sy'n golygu bod fy siawns i o feichiogi eto yn fach iawn. Mae'n wyrth mod i wedi beichiogi y tro 'ma!'

'Wel, dyw e ddim yn ddiwedd y byd os na fedri di gael plant eto,' dywedodd Marc gan ei mwytho. 'Mae gen i blant yn barod ac mi fydd hi'n neis cael perthynas lle nad oes mwy o . . . gymhlethdodau.'

'Ond Marc . . .'

'Gwranda, Cerys, ma magu plentyn yn waith caled iawn. Nid byd o dedis a chwerthin yw e. Mae'n rheoli dros dy holl fywyd di. A dwi'n gwybod nad wyt ti'n barod. Plentyn wyt ti dy hun.' Cusanodd hi'n dyner ar ei gwefusau.

Roedd yn amlwg i Cerys fod angen amser ar MA i ddod yn gyfarwydd â'r syniad. Fe wnâi adael pethau am nawr nes y byddai'n rhy hwyr i gael erthyliad. Yna, byddai e'n diolch iddi am beidio â chael gwared ar eu plentyn.

'Ti'n addo mynd at y doctor i drefnu pethau?' holodd Marc gan edrych i fyw ei llygaid.

Edrychodd hithau'n ôl arno'n ddiffuant. 'Ydw, dwi'n addo,' dywedodd gan ei gusanu'n dyner.

*

'Potel o gin, bath twym a bydd e mas ben bore,' dywedodd Catrin yn ddideimlad wrth i Cerys wynebu'r Ffat Slags yn eu corlan gyda'i phroblem.

'Ond dwi ddim isie cael gwared arno fe!' dywedodd Cerys.

'Paid â bod yn stiwpid!' arthiodd Sali arni. 'Ti'n meddwl fydd Marc yna i gydio yn dy law di? Ffling mae e moyn, dim merch ddeunaw oed a bastard o fabi yn hongian wrth ei gwt e!'

'Mae e'n 'y ngharu i!' dywedodd Cerys, â'r dagrau'n dechrau llifo.

'Ma nhw i gyd yn dweud 'na,' dywedodd Bethan yn chwerw. 'Cer at y doctor, a sortia fe. Neu fyddi di mas o'r coleg 'ma a mewn bedsit yn dre ar y dôl fel dy ffrindie di!'

'Diolch am eich cyngor, ferched,' dywedodd yn oeraidd cyn cerdded allan o'r ystafell. Roedd Lois a Fflur yn iawn. Ddylai hi byth fod wedi cyfeillachu gyda'r bitshys yna, a nawr byddai ei chyfrinach ar led trwy Daliesin. Ond, wedi meddwl, gallai hynny fod yn beth da, gan y byddai'n gorfodi MA i weithredu a gorffen gyda'i wraig.

Ond roedd Cerys yn dal eisiau trafod y peth gyda rhywun fyddai'n deall ac yn ei chefnogi. Lois! Byddai Lois yn deall, meddyliodd Cerys wrthi'i hun. Beth oedd y Ffat Slags hyll yn gwybod, ta beth? I ddechrau, roedden nhw'n *bi*, ac os oedden nhw YN llwyddo i gael dyn i'w gwelyau, fel arfer pan ddeuai'r bore, byddai'r truan hwnnw wedi sobri ac wedi sylweddoli'i gamgymeriad. Roedd gweld un o 'ddynion' y Ffat Slags yn rhedeg yn noethlymun i lawr y coridor ben bore gan sgrechian mewn sioc ac anghrediniaeth yn olygfa gyfarwydd yn Nhaliesin. Roedd hi'n amser i Cerys drwsio'i chyfeillgarwch gyda Lois . . .

*

148

'Beth wyt *ti* eisiau?' Safai Lois ar y rhiniog a'i llygaid yn oer fel iâ. Gwenodd Cerys arni a dweud, 'Lois, dwi'n sori am bopeth ddigwyddodd. Ti sy'n iawn. Dwi wedi bod yn dwat llwyr. Mae'r Ffat Slags yn fitshys cas! Allwn ni plis fod yn ffrindie eto?'

'Wel,' edrychodd Lois arni'n ansicr. 'Beth sydd wedi achosi i ti newid dy feddwl fel hyn?'

'Lot o bethe,' dywedodd Cerys yn ofalus. 'Ond dw i wedi gweld dy eisiau di ers i ti symud mas. Ma'n bwysig cadw hen ffrindie, a ti wastad wedi bod yn gefn i fi.' A syllodd ar y llawr, a'r dagrau'n dechrau cronni yn ei llygaid.

'O'r mowredd!' ebychodd Lois. 'Beth wyt ti wedi'i wneud nawr?'

'Alla i ddod mewn i siarad?' holodd Cerys yn dawel.

'Wel, na, sdim amser 'da fi nawr. Y'n ni'n mynd i briodas Hywel a Meleri mewn munud.'

'O, ti'n meddwl y galla i ddod?' holodd Cerys yn obeithiol. Doedd hi ddim wedi treulio fawr o amser gyda Hywel yn ddiweddar, ond roedd hi eisiau bod gyda Lois, achos teimlai'n ddiogel wrth ei hochr ac roedd yn rhaid iddi drafod ei phroblem.

'Wel, OK, dere mewn,' dywedodd Lois. Cerddodd y ddwy i ystafell wely Lois. 'Ti isie benthyg rhywbeth i' wisgo?'

'Ie, plis! Sgen ti *catsuit* tyn i fi?' chwarddodd Cerys.

'*Catsuit*!' chwarddodd Lois.

'Ie, tra mod i'n dal yn ddigon tenau i fedru ei wisgo fe,' dywedodd Cerys gan edrych i fyw llygaid Lois.

'Be?' holodd Lois, â'i llygaid yn syn.

'Dwi'n disgwyl babi, Lois,' dywedodd Cerys.

'Pwy yw'r tad?' holodd Lois yn betrus.

'Wel, Marc Arwel, wrth gwrs!' dywedodd Cerys wedi'i digio.

'Cofia, buest ti 'da Cai hefyd,' atgoffodd Lois hi.

'O'dd hwnna ache'n ôl,' dywedodd Cerys. Roedd hi wedi anghofio pob dim am Cai. 'Na, Marc yw'r tad, does dim amheuaeth.'

'Wyt ti wedi dweud wrtho fe?'

'Ydw, mae e isie i fi gael erthyliad.'

'Mae'n rhaid i fi ddweud taw erthyliad allai fod yr opsiwn orau. Ti'n rhy ifanc ar gyfer y fath gyfrifoldeb, Cerys. Alli di ddim mynd â babi 'nôl i siop i'w gyfnewid, ti'n gwybod!'

Edrychodd Cerys i fyw llygaid cydymdeimladol Lois a sylweddolodd ei bod yn dweud y gwir. Sut allai ymdopi â babi os na fyddai Marc yn ei chefnogi? 'Ti'n meddwl y dylwn ni gael gwared arno fe, 'te?'

'Dwi ddim yn dweud hynny,' meddai Lois yn ofalus. 'Ond os wyt ti'n mynd i'w gadw fe, mae'n rhaid i ti wneud hynny achos bod ti rili isie'r babi, nid achos bod ti isie Marc Arwel. Alli di ddim dibynnu arno fe am ddim byd!'

'Ond mae e'n fy ngharu i!' dywedodd Cerys gyda'r dagrau'n cronni unwaith eto.

'Gwranda, dere i ni gael amser da yn y briodas heddi, a drafodwn ni bopeth yn fanwl fory. Y cyfan sydd isie i ti wybod yw y bydda i yma i dy gefnogi di . . . pa bynnag benderfyniad wnei di,' dywedodd Lois yn garedig, gan gydio'n ei llaw.

'Diolch i ti, Lois,' dywedodd Cerys a sychu'i dagrau. 'O'n i'n gwybod y gallwn i ddibynnu arnat ti. Nawr, oes 'da ti unrhyw beth secsi o gwbl yn dy wardrob y galla i wisgo i'r briodas 'ma?!'

*

Y diwrnod canlynol

Hywel

Roedd y diwrnod mawr wedi cyrraedd, meddyliodd Hywel wrth iddo baratoi'n brysur yn ei ystafell fechan yn Nhaliesin. Roedd ei betheuach oll mewn bocsys yn yr ystafell gan ei fod ef a Meleri wedi penderfynu rhentu fflat yn y dre. Byddent yn bâr priod wedi heddiw.

Priod . . . Gwenodd Hywel wrth feddwl y byddai ganddo ef, Hywel Morgan, wraig iddo'i hun mewn ychydig oriau. A hithau'n ferch ei freuddwydion! Doedd ei ffantasïau ffilmig o'u bywyd dedwydd gyda'i gilydd ddim mor bell â hynny o'r gwirionedd. Roedd yn ei charu gymaint.

Gwisgodd ei siwt newydd amdano'n ofalus, siwt las tywyll oedd yn gweddu'n berffaith gyda'i lygaid. Roedd Lois wedi'i helpu i'w dewis ac roeddent wedi penderfynu ar grys gwyn a thei porffor. Am y tro cynta yn ei fywyd teimlai fel dyn golygus. A diolch i Meleri yr oedd hynny.

Roedd Hywel wedi paratoi ei addunedau priodasol ei hun ac wedi bod yn hollol ramantus. Wedi'r cwbl, dim ond unwaith roedd e'n bwriadu dweud y geiriau mawr hyn; roedd yn rhaid iddyn nhw fod yn iawn.

Edrychodd ar ei oriawr. Byddai'n amser gadael cyn bo hir. Roedd ei ffrind gorau, Iestyn, oedd wedi dod i lawr o Fangor i fod yn was priodas iddo, yn ei gyfarfod yn ymyl y Swyddfa Gofrestru. Tywynnai'r haul tu allan, a gallai weld y môr yn disgleirio'n laswyrdd ar y gorwel o ffenest ei ystafell. Byddai'n ddiwrnod perffaith.

*

'O, Hywel!' sgrechiodd Lois yn falch! 'Ti'n briod! Alla i ddim credu'r peth!' Safai criw ohonynt ger y castell ar y prom i gael tynnu'u lluniau gan Daniel, oedd yn dipyn o ffotograffydd. Safai Hywel a Meleri gyda'i gilydd, eu hapusrwydd yn disgleirio ar eu hwynebau. Credai Hywel ei fod eisoes wedi gweld Meleri ar ei delaf ond doedd e erioed wedi'i gweld hi'n edrych mor brydferth â hyn. Gwisgai ffrog hir, goch ac roedd ei gwallt wedi'i godi ar ei phen gyda chyrls bach yn dianc oddi wrtho'n gelfydd. Roedd ganddi flodau'r haul yn ei dwylo ac am ei bys roedd y fodrwy roedd y ddau ohonynt wedi'i dewis gyda'i gilydd, modrwy arbennig o aur Cymru, yn disgleirio yn yr heulwen. Roedd Hywel druan wedi estyn ei orddrafft i fedru fforddio honno, ond roedd hi'n werth pob ceiniog.

'A nawr, llun o'r pâr hapus yn cusanu!' gorchmynnodd Daniel, yn cymryd ei ddyletswyddau fel ffotograffydd swyddogol yn ddifrifol iawn. Taflodd Meleri ei breichiau am Hywel a'i gusanu'n nwydus. 'Aaa!' dywedodd pawb, yn mwynhau'r awyrgylch gariadus.

'Ie, ond pryd y'n ni'n mynd i'r pyb!' gofynnodd Cai, oedd yn awyddus i ddechrau ar y parti.

'Paid ag yfed gormod!' dywedodd Lois wrtho'n llym. 'Mae'n rhaid i chi berfformio gynta!'

'Diolch am fy mhriodi i, Mrs Morgan,' meddai Hywel wrth Meleri'n dawel, wrth iddynt gerdded i lawr y prom i gyfeiriad gwesty'r Bae lle roedd eu parti priodas yn cael ei gynnal.

'Diolch i chi, Mr Morgan,' chwarddodd Meleri. 'Roedd dy araith briodas di mor neis, Hywel,' dywedodd wrtho'n gariadus. 'Alla i ddim credu dy fod ti'n meddwl yr holl bethau 'na amdana i!'

'Wrth gwrs mod i,' dywedodd Hywel, gan wenu arni'n braf. 'O'n i'n gwybod o'r funud gwrddes i â ti!'

'Paid!' chwarddodd Meleri, gan wrido o gofio'i medd-dod ar fryn Penglais.

Roedd Lois a Fflur wedi bod yn brysur yn y Bae; roeddent wedi addurno'r ystafell fawr yn y cefn gyda balwnau amryliw ac addurniadau priodas arian. 'Sut allech chi fforddio hyn i gyd?' holodd Hywel, yn edrych yn syn ar y gacen fawr siocled a safai yng nghanol y bwrdd.

'Wel,' dywedodd Fflur gyda winc, 'mae'n syndod pa mor ddall y gall bois seciwriti fod os wnei di ddangos chydig o groen!' A chwarddodd yn iach ar y sioc ar wyneb Hywel wrth iddo sylweddoli fod yr holl addurniadau, y gacen, a'r diodydd wedi'u dwyn gan Fflur a Lois o Gateway dros yr wythnosau diwethaf.

'Y'ch chi'n ferched drwg, ond dwi'n eich caru chi!' gwenodd Meleri gan gofleidio'r ddwy ladrones.

Dechreuodd Annwfn ganu set arbennig i'r pâr priod a pherfformiodd Daniel ei gân yntau iddynt. Edrychodd Hywel ar Lois, oedd yn gwrando arno'n canu'r gân 'Cusan trwy'r Oesoedd' gyda chariad amlwg yn ei llygaid.

'Dere i ddawnsio!' dywedodd Meleri wrtho gan ei dynnu i ganol y llawr. 'Dwi isie'r ddawns gyntaf gyda fy ngŵr!'

Gwibiodd y noson heibio yn rhialtwch o siampên a chwerthin a meddwi, ond heb bresenoldeb rhieni Hywel na Meleri. Roedd rhieni Meleri wedi cynnig talu am briodas ar ôl iddynt raddio, ond penderfynu nad oeddent eisiau aros cyhyd wnaeth y ddau ohonynt. Roedd Hywel wedi ysgrifennu at ei fam a'i dad yn rhoi dyddiad y briodas iddynt ond ni chlywodd air yn ôl ganddynt. Ond doedd e ddim yn mynd i feddwl am hynny nawr. Roedd e eisiau mwynhau'r diwrnod hwn i'r eithaf.

I dorri ar ei synfyfyrio, cerddodd Cerys ato a rhoi cusan fawr iddo ar ei foch cyn holi, 'Wyt ti 'di mwynhau dy briodas, Hywel?' Roedd Hywel wedi cael syrpréis o'i gweld hi yno ond cafodd esboniad o fath gan Lois, oedd wedi dweud iddi gael amser caled yn ddiweddar. Ac a dweud y gwir, roedd hi'n neis ei gweld hi yno wedi'r cwbl. A bod yn onest, teimlai Hywel mor hapus, pe byddai Adolf Hitler ei hun wedi dod i'r parti, byddai e wedi cael croeso cynnes ganddo!

'Wedi joio mas draw!' gwenodd Hywel arni cyn holi, 'Wyt ti'n iawn, Cerys?'

'Ydw i, fel y boi!' atebodd Cerys yn llawen, er bod Hywel yn gallu gweld bod rhywbeth yn ei phoeni y tu ôl i'r wên.

'Edrycha ar ôl dy hunan,' dywedodd wrthi'n dawel cyn troi at Meleri, oedd yn ei dynnu unwaith eto am ddawns.

Roedd hi'n ddau o'r gloch y bore pan ddaeth y parti i ben. Roedd Hywel a Meleri wedi blino'n lân ond yn edrych ymlaen at gael dianc i'r ystafell yr oeddent wedi'i bwcio yn y gwesty y noson honno – doedd ganddyn nhw ddim digon o arian i dalu am fis mêl llawn. Ond fel y dywedodd Meleri, unwaith y bydden nhw wedi graddio a chael swyddi da, yna byddai ganddynt ddigon o arian i dalu am drip rownd y byd! Doedd Hywel ddim yn poeni am fis mêl beth bynnag. Doedd dim gwahaniaeth gyda fe lle roedd e, dim ond iddo gael bod gyda Meleri. Wrth iddynt gerdded i fyny'r grisiau i'w ystafell yn y gwesty, cafodd Hywel syniad.

'Arhosa funud!' dywedodd, wrth i Meleri agor y drws. 'Mae'n rhaid i fi wneud un peth!' A chyda hynny, cododd hi yn ei freichiau a'i chario dros drothwy'r ystafell.

'Beth wyt ti'n ei wneud Hywel?' chwarddodd Meleri.

'Traddodiad, Mrs Morgan!' dywedodd Hywel gan ei chusanu. 'Smo ti wedi gweld *An Officer and a Gentleman*, gwed?'

'Licen i dy weld di mewn iwnifform!' chwarddodd Meleri.

Yna, gosododd Hywel hi 'nôl ar ei thraed a chyn iddi gael cyfle i edrych o gwmpas yr ystafell, meddai Hywel yn gyflym, 'Cau dy lygaid! Mae gen i syrpréis i ti!' Roedd Lois a Fflur wedi'i helpu gyda'r ystafell. Roedd petalau rhosys cochion wedi'u gwasgaru dros y gwely a chanhwyllau wedi'u gosod o gwmpas yr ystafell yn aros iddo eu cynnau. Roedd potel o siampên yn oeri gerllaw ac, fel jôc, roedd Fflur wedi gosod ei hoff degan, 'Samson', ar glustog y gwely! Ar y llawr roedd cyfres o ganhwyllau bychain oedd wedi'u gosod i sillafu: 'DWI'N CARU CHI MRS MOR!'

Damo! Rhedodd Hywel o gwmpas yr ystafell yn cynnau'r holl ganhwyllau cyn diffodd y prif olau a dweud wrth Meleri, 'Agor dy lygaid!' Agorodd Meleri ei llygaid yn llawn cynnwrf. Gwelodd yr holl ganhwyllau o gwmpas yr ystafell yn wincian arni ac yna sylwodd ar y rhai arbennig ar y llawr yn disgleirio arni'n ddel. 'O Hywel!' dywedodd yn falch.

'Wel, o'dd dim digon o ganhwyllau i sillafu Morgan,' dywedodd Hywel yn siomedig.

'Paid â becso,' chwarddodd hi'n falch. Yna trodd i

edrych ar y petalau rhosys dros y gwely cyn i'w llygaid droi at y *vibrator* du ar y glustog.

'Hywel!' dywedodd Meleri wedi synnu. 'Wyt ti'n trio dweud rhywbeth wrtho i?' A chydiodd yn Samson a'i ysgwyd o dan ei drwyn.

'Ych! Na!' dywedodd Hywel. 'Fflur sydd wedi gwneud 'na! Rho fe lawr! Mae'n rhaid ei bod hi wedi'i ddefnyddio fe!'

Chwarddodd Meleri a thaflu Samson o'r neilltu.

'Siampên, Mrs Morgan?' holodd Hywel wrth iddo agor y botel gydag awch.

'Ie glei, Mr Morgan!' chwarddodd Meleri yn gorwedd ar y gwely mawr yn ei ffrog goch brydferth.

'I ni!' cynigiodd Hywel fel llwncdestun.

'I ni!' atebodd Meleri yn llon. A chyda chusan fawr, dathlodd y pâr hapus ei noson gyntaf fel gŵr a gwraig.

*

Bore trannoeth, cododd y ddau yn gynnar er mwyn dychwelyd i Daliesin a threfnu tacsi i gludo'u bocsys i'r fflat newydd. Roeddent mewn hwyliau gwych wrth i Hywel gario Meleri i mewn trwy fynedfa Taliesin.

'Sdim rhaid i ti nghario i dros bob mynedfa y'n ni'n cerdded trwyddi hi, ti'n gwybod!' meddai, gan chwerthin ar Hywel, oedd wrth ei fodd yn ei chario yn ei freichiau.

'Pam lai?' dywedodd Hywel. 'Bydd yn rhaid i mi'i wneud e unwaith eto pan awn ni i mewn i'r fflat newydd hefyd!'

'Hywel Morgan, rwyt ti'n nyts!' chwarddodd Meleri. Ond sylwodd ar wyneb ei gŵr yn newid wrth i Dr Gari Edmunds gerdded tuag atynt yn lleddf. Roedd yn beth anghyffredin iawn i weld Dr Gari allan o'i gwtsh bach dirgel yn Nhaliesin – fflat foethus, oedd wedi costio ffortiwn i'w haddurno i'w chwaeth gostus, yn ôl chwedl y neuadd. Ac roedd Hywel yn poeni bod y Doctor, a ymdebygai i Dungeonmaster barfog, yn anhapus eu bod hwythau hefyd yn symud allan o Daliesin cyn diwedd eu blwyddyn gyntaf. Gosododd Hywel ei wraig yn ôl ar ei thraed a dweud, 'Dr Gari, o'n i jyst yn dod i'ch gweld chi nawr i ddweud ein bod wedi priodi a'n bod ni am symud allan o Daliesin.' Oedodd cyn ychwanegu'n gwrtais, 'Os gwelwch yn dda.'

'Hywel, machgen i,' dywedodd Dr Gari – yn rhyfeddol o garedig, meddyliodd Hywel, o gofio adroddiad Lois o'i adwaith pan dywedodd hi wrtho ei bod yn gadael y neuadd. 'Ddowch chi a Meleri gyda fi i'm swyddfa i, os gwelwch yn dda?' Edrychodd Hywel a Meleri'n bryderus ar ei gilydd wrth ddilyn Dr Gari. Beth pe byddai'n eu gorfodi i dalu am y flwyddyn ar ei hyd? Gallent ganu'n iach i'w fflat fach hyfryd yn y dre wedyn!

'Ma'n ddrwg 'da fi ddweud wrthoch chi, Hywel,' dywedodd Dr Gari yn dadol, 'ond mae eich mam wedi bod yn ceisio cysylltu â chi ers ddoe. Mae eich tad, yn anffodus, wedi cael trawiad drwg ar ei galon . . .'

'Dad? Trawiad?' dywedodd Hywel, yn methu credu; roedd ei dad mor heini, yn jogian i bob man! 'Ydych chi'n siŵr taw fi yw'r Hywel y'ch chi isie?' holodd Hywel yn obeithiol. 'Dwi'n gwybod fod yna Hywel Morris yn y drydedd . . .'

'Na, chi yw'r Hywel cywir,' dywedodd Dr Gari.

'Wel, ydy Dad yn iawn?' holodd Hywel, a'i galon yn curo fel gordd. Cydiodd Meleri yn ei law yn dyner.

'Ma'n ddrwg iawn 'da fi ddod â newyddion drwg i chi, Hywel, ond dywedodd eich mam yr hoffai i mi ddweud gan nad oedd ganddi hi'r nerth i wneud. Fe fu eich tad farw neithiwr yn ysbyty Treforys.'

Teimlodd Hywel ei galon yn suddo i'w esgidiau, ac fel lluniau ar sgrin yn gwibio trwy beiriant fideo, gwelodd wahanol ddelweddau o'i dad yn symud o flaen ei lygaid. Ei dad yn ei ddysgu i reidio'i feic cynta; yn ei gario pan dorrodd ei goes mewn gêm rygbi'n grwt; yn prynu wats newydd iddo pan basiodd ei Lefel A . . . A nawr, roedd e wedi mynd. Am byth. A doedd Hywel ddim wedi'i weld ers y ddadl fawr cyn Dolig. 'Diolch i chi am ddweud wrtho i, Dr Edmunds,' dywedodd Hywel, ei lais yn rhyfeddol o naturiol o ystyried yr emosiwn oedd yn berwi yn ei berfedd. 'Mi af i adre'n syth ar y bws.'

'Mi ddo i hefo ti,' dywedodd Meleri ar unwaith.

'Na, mae'n well i ti beidio am nawr, cariad,' dywedodd Hywel. Cerddodd y ddau allan o ystafell Dr Gari a dywedodd Meleri,

'Pam na alla i ddod? Mae fy angen i arnat ti, ti'n cofio'r adduned wnaethon ni i'n gilydd ddoe?'

'Wrth gwrs mod i,' dywedodd Hywel yn lleddf. 'Ond mae'n rhaid i fi feddwl am Mam a Mam-gu nawr a dwi ddim eisiau corddi'r dyfroedd trwy fynd â ti adre ar hyn o bryd. Tria ddeall.'

'Ma'n ddrwg 'da fi,' dywedodd Meleri wrth sylwi ar y dagrau'n cronni yn ei lygaid. 'Dwi jyst isie bod yn gefn i ti. Fe arhosa i amdanat ti yn y fflat. Fydd hi'n iawn i fi dy ffonio di adre heno?' holodd yn obeithiol.

'Mae'n well i fi dy ffonio di,' dywedodd Hywel, â'i feddwl yn chwyrlïo.

'Fe ddo i gyda ti i'r orsaf fysys,' dywedodd Meleri yn dawel.

Awr yn ddiweddarach, roedd Hywel yn eistedd ar y Traws Cambria ar ei ffordd yn ôl i'w gartref ger Llanelli. Gwyliodd amlinell Meleri yn mynd yn llai ac yn llai yn y pellter, ei llaw fach yn dal i chwifio nes iddo fethu â'i gweld hi mwyach. Ceisiodd gadw'i deimladau o dan reolaeth ond methodd ddal y dagrau mwyach. Wrth i'r glaw ddechrau llifo i lawr ffenest fawr y bws, pwysodd Hywel ei wyneb ar y gwydr a dechreuodd grio'n dawel . . .

Y diwrnod canlynol

Lois

'Beth 'se ni'n mynd allan am swper heno?' gofynnodd Daniel i Lois wrth iddynt edrych ar luniau priodas Hywel yn eu hystafell. Roedden nhw'n lluniau'n hyfryd, ac edrychai pawb mor hapus. Roedd un llun – llun roedd Lois yn dotio ato fe – ohoni a Daniel, yr oedd Fflur wedi'i dynnu heb yn wybod iddynt. Roedd y ddau ohonynt yn chwerthin wrth iddynt ddawnsio yn y parti nos.

'Dwi'n mynd i gael ffrâm i'r un yma,' dywedodd Lois, yn edrych ar eu hwynebau hapus yn y llun. Roedd y ffrog emrallt yr oedd hi wedi dewis ei gwisgo i'r briodas yn gweddu i'r dim i'w llygaid gwyrdd.

'Stopia ffansïo dy hun, wnei di!' dywedodd Daniel yn ddiamynedd. 'Beth am fynd allan am swper sbesial heno?'

'Ie, syniad neis,' dywedodd Lois. 'Ond beth wnaeth i ti fod eisiau mynd mas am swper? Fel arfer rwyt ti isie aros gartre.'

'Wel, gwnaeth priodas Hywel a Meleri i fi feddwl ei bod hi'n neis gwneud pethe rhamantus weithiau,' chwarddodd Daniel gan ei chofleidio. 'Ac mae arna i ginio rhamantus i ti ers i ti roi'r wystrys arbennig 'na i fi yn Nhaliesin.'

'O ie, roeddet ti'n dwlu cymaint ar rheiny!' chwarddodd Lois. Roedd hi'n braf gweld Daniel mewn hwyliau cystal. Gwyddai ei fod yn edrych ymlaen at gìg fawr nesa Annwfn, i lawnsio'r albwm newydd, ym mhafiliwn Pontrhydfendigaid a'i fod wedi bod yn ymarfer am oriau bob dydd. Roedd y gìg hon yn bwysig iawn iddo fe, ac roedd Lois yn falch ei fod yn edrych ymlaen at rywbeth; poenai amdano a'i dueddiadau i suddo i'r felan bob hyn a hyn. Roedd Daniel yn dal heb ymddiried ynddi am farwolaeth ei frawd, ond yn dilyn cyfarwyddyd Fflur, roedd Lois wedi penderfynu gadael iddo fe godi'r pwnc cyn dechrau trafod digwyddiad mor drychinebus.

'Reit, lle'r ewn ni?' holodd Lois, yn disgwyl iddo gynnig bwyty Tseiniaidd neu Indiaidd cyffredin yn y dre.

'Wel, madam,' dywedodd Daniel yn falch ohono'i hun. 'Dwi wedi bwcio bwrdd bach i ni'n dau yn y Four Seasons.'

'Y Four Seasons?' holodd Lois yn gegagored. 'Ond ma hwnna'n lle rili drud, Daniel!'

'Wel, mae gen i bach o arian yn y banc,' dywedodd Daniel. 'Ac rwyt ti'n haeddu dy sbwylio weithiau, ti'n gwybod.'

'Wel, os y'ch chi'n mynnu,' chwarddodd Lois, cyn dechrau ymbalfalu yn ei chwpwrdd ddillad am rywbeth swancus i'w wisgo i'r pryd arbennig.

*

Roedd Lois yn ei helfen yn y bwyty ysblennydd ac edrychai Daniel yn olygus dros ben yn ei grys du gorau a'i jîns tywyll 501. Gwenodd arni gan ei bod fel plentyn bach ar ddydd Nadolig, wrth ei bodd yn dewis danteithion o'r fwydlen swmpus.

'O na!' dywedodd Daniel, a'i wep yn suddo i'r llawr wrth i ferch osgeiddig, olau, gerdded i mewn i'r bwyty gyda phâr canol oed a edrychai fel ei rhieni.

'Beth sy?' holodd Lois yn chwareus. 'Paid â dweud fod wystrys ar y fwydlen hon hefyd!'

'Na,' dywedodd Daniel yn isel. 'Dyna'n *ex* i fan'na, Elin.'

Trodd Lois i edrych arni ond dywedodd Daniel yn isel, 'Paid ag edrych!'

'OK!' sibrydodd Lois cyn ychwanegu, 'wyt ti isie mynd i rywle arall?'

'Na, mae'n iawn,' dywedodd Daniel. 'Jyst bach o sioc, 'na gyd. Dwi ddim wedi'i gweld hi ers dwy flynedd . . .'

Gwyddai Lois yn iawn fod y noson wedi'i dinistrio ond daliodd ati gyda'i brwdfrydedd dros y fwydlen. Dywedodd yn ddistaw, 'Sdim isie *starters* arnon ni, o's e?'

'Fe gei di beth ti isie,' dywedodd Daniel yn gadarn. 'Dy noson di yw hi.'

Ie, meddyliodd Lois yn chwerw, ac roedd hi'n noson oedd wedi troi o fod yn noson arbennig i fod yn noson echrydus. Gydol y prif gwrs, roedd Daniel yn edrych draw tuag at fwrdd Elin, a gwyddai Lois ei bod hithau hefyd wedi sylwi arnyn nhw.

'Dwi'n mynd i'r lle chwech,' dywedodd Daniel gan adael y bwrdd.

'Iawn,' dywedodd Lois, yn barod wedi penderfynu na allai stumogi pwdin. Edrychodd am ei bag i gyfrannu at y bil a phan gododd ei llygaid, safai Elin yno wrth y bwrdd.

'Helô,' dywedodd Elen yn lletchwith. 'Dwi'n siŵr dy fod yn gwybod mai Elin ydw i.'

'Ydw, a Lois ydw i,' dywedodd Lois yn gwrtais. 'Neis i gwrdd â ti.'

'Jyst isie dweud rhywbeth wrthot ti, Lois,' dywedodd Elin yn gyflym ac yn isel, yn amlwg eisiau bwrw'i bol cyn i Daniel ddod 'nôl o'r tŷ bach.

'Ie?' edrychodd Lois arni mewn penbleth.

'Ma Daniel yn foi neis iawn ond ma gormod o broblemau 'da fe i fedru cael perthynas iach 'da neb. Treuliais i ddwy flynedd 'da fe ac erbyn y diwedd, wel, o'dd angen tabledi iselder arna i,' dywedodd yn dawel.

Pwy ddiawl o'dd hon yn meddwl oedd hi, yn trio dinistrio'i pherthynas gyda Daniel, meddyliodd Lois yn chwyrn. 'O cenfigen, ife, achos bod e wedi cael gwared arnat ti?' chwarddodd Lois yn sych. 'Wel, sdim isie cyngor wrthot ti arna i, Elin,' dywedodd wrthi'n bendant.

'Na, nid cenfigen, Lois. Fi wnaeth orffen 'da Daniel ac fe dorres i nghalon wrth wneud,' dywedodd Elin, yr un mor bendant. 'Jyst ddim isie gweld neb arall yn gwneud yr un camgymeriad â fi, dyna i gyd. Gorffenna bethe nawr, cyn ei bod hi'n rhy hwyr.'

Gyda hyn, roedd Daniel wedi cyrraedd y bwrdd ac wedi clywed y frawddeg olaf o enau Elin. Cydiodd yn ei got gan rythu ar Elin, cyn cerdded allan o'r bwyty mewn tymer.

'Wel, diolch yn fawr i ti am ddinistrio'n noson ni!' poerodd Lois, gan ymbalfalu yn ei bag am arian i dalu'r bil cyn rhedeg allan o'r bwyty ar ôl ei chariad. Ond erbyn iddi ddod allan, doedd dim sôn amdano fe. Lle allai e fod wedi mynd? Clywodd ru ei foto-beic yn y pellter a chafodd syniad . . .

*

'Dyma lle rwyt ti,' pwffiodd Lois, yn chwysu ar ôl dringo i ben Consti. Yno, eisteddai Daniel gyda'i ben yn ei blu yn edrych ar y prom yn ymestyn o'u blaenau, y goleuadau bychain yn un bwa perffaith yn y tywyllwch.

'Sut oeddet ti'n gwybod lle ro'n i?' holodd Daniel yn swta heb edrych arni.

'Wel, dwi'n dy nabod di'n eitha da erbyn hyn, ti'n gwybod,' dywedodd Lois yn ysgafn. Roedd ganddi fag plastig yn ei llaw a thynnodd allan botel o win a dau wydr bychan.

'O'n i'n meddwl falle gallen ni barhau gyda'n noson ramantus ni fan hyn?' holodd yn ofalus wrth arllwys y gwin i'r gwydrau.

'Pam wyt ti'n trafferthu 'da fi, Lois, gwed?' holodd Daniel, yn derbyn y gwydr gwin ganddi ac yn ei yfed ag un glec.

'Achos mod i'n dy garu di, y ffŵl!' chwarddodd Lois gan roi cusan fach dyner iddo.

'Wel, dwi ddim yn gwybod pam, yn enwedig ar ôl i ti glywed beth oedd gan Elin i'w ddweud,' dywedodd yn chwerw.

'Dwi ddim yn mynd i wrando ar ryw *ex* chwerw, Daniel. A ddylet ti ddim becso taten amdani chwaith. Welest ti beth oedd hi'n gwisgo, gwed? Laura Ashley? Ych!' dywedodd Lois yn sarhaus.

'Wel, o'dd hi'n dda iawn wrtho i pan o'n i'n mynd trwy gyfnod anodd,' dywedodd Daniel yn dawel.

'Falle'i bod hi, ond o'dd dim isie 'i bod hi 'di dweud beth wedodd hi wrtho i!' meddai Lois yn ffrom.

'Dwi'n siŵr dy fod ti wedi clywed fy hanes i'n barod, Lois,' dywedodd Daniel. 'Dwi ddim yr un hawsa i fyw 'da fe – fel ti'n gwybod – o achos beth ddigwyddodd . . .'

'Ti 'di bod drwy lot, Daniel, dyna i gyd,' dywedodd Lois yn gysurlon gan roi ei braich amdano.

'Ydw, ond dyw e ddim fel petai pethe'n gwella gydag amser,' dywedodd Daniel yn lleddf. 'O'n achos i ma fy mrawd bach i'n gorwedd mewn mynwent ac ma fy rhieni a fy chwaer yn fy meio i am y peth. Ac ma nhw'n iawn i neud!' Dechreuodd y dagrau bowlio i lawr ei ruddiau. Teimlai Lois yn ofnadwy ond gwyddai mai peth da oedd ei fod yn rhannu'r dolur gyda hi.

'Gwranda, alla i ddim dychmygu beth est ti drwyddo, ond plentyn o't ti dy hunan, Daniel. Y'n ni i gyd yn gwneud pethe twp pan y'n ni'n ifanc. Ond os dali di mlaen i feio dy hunan, yna fyddi di ddim yn helpu neb a byddi di'n hala dy hunan yn dost.'

'Ond dwi'n gallu'i weld e'n digwydd o mlaen i, Lois,' dywedodd Daniel gan ysgwyd ei braich oddi ar ei ysgwydd. 'Pan dwi'n cysgu, yn enwedig, pan mae'r amser o'r flwyddyn yn dod pan ddigwyddodd e . . . Dwi'n breuddwydio bod Rhys 'nôl gyda fi. O'n i a fe yn mynd i ga'l moto-beic yr un, dyna beth oedd y cynllun. Dim ond dwy flynedd oedd rhyngon ni . . .'

'Dwi'n siŵr fydde Rhys ddim isie i ti ddioddef fel hyn,' dywedodd Lois yn gysurlon. 'Dwi'n gwbod nad yw e byth yn mynd i ddiflannu o dy ben di, ond ti'n meddwl falle dylet ti fynd i weld rhywun i dy helpu i ymdopi gyda fe . . ?'

'Beth, *shrink* ti'n feddwl?' holodd Daniel yn chwerw. 'Dwi wedi cael digon o rheiny i barhau oes . . . Gan fod dad â chysylltiadau, o'n i'n cael gweld *crème de la crème* y byd seiciatreg, ond o'dd e'n gwneud dim gwahaniaeth.'

'Gwranda,' dywedodd Lois, gan gydio yn ei wyneb yn daer. 'Dwi'n dy garu di gymaint, wel, ers y funud gynta weles i ti yn y Bae; o'n i'n gwybod bo fi isie bod gyda ti. Ac mae'n torri nghalon i na alla i wneud i ti deimlo'n well. Addo i fi y byddi di'n siarad gyda fi os yw'r teimlade 'ma'n mynd yn drech na ti. Gyda'n gilydd, fe ddown ni drw' hyn, dwi'n addo.'

'Dwi'n dy garu di, Lois,' gwenodd Daniel arni trwy'r dagrau, 'Ond mae'n lot o gyfrifoldeb i ferch dy oedran di i ymdopi ag e. Wedi'r cwbl, roedd Elin yn ffaelu ymdopi ac mae hi'n dipyn hŷn na ti . . .'

'Sai'n becso'r dam am Elin,' dywedodd Lois yn benderfynol. 'Dwi byth yn mynd i dy adael di Daniel, dwi yma i ti bob amser a chofia di hynny.' A chofleidiodd y ddau gyda'r sêr yn gwenu uwch eu pennau y noson lasddu honno ar ben Craig Glais. 'Nawr,' dywedodd Lois gyda'i llais yn ysgafnhau. 'Beth am gael sbliff lan fan hyn a chwpwl o wydrau o'r gwin 'ma, gwed?'

'Ie, dwi wedi sbwylio dy noson ramantus di hefyd,' dywedodd Daniel yn drist.

'Dim o gwbl,' dywedodd Lois. 'Dyma beth o'n i isie, bo ti'n gallu ymddiried yno i a ti'n gwbod y galli di ddibynnu arna i, achos wna i byth, byth, byth dy adael di i fynd, Daniel Lloyd Owen!' Gyda hynny, torrodd yr argae o deimladau oedd yn gwasgu'i chalon ac aeth y dagrau'n drech na hi. Sylweddolodd Lois nerth aruthrol ei theimladau at y dyn toredig hwn yn ei breichiau; fe wnâi hi bopeth yn iawn, roedd hi'n ddigon cryf i'r ddau ohonynt . . .

*

166

Yr wythnos ganlynol

Cerys

Nawr fod y dydd wedi cyrraedd, ni theimlai Cerys ddim ond gwacter. Doedd ganddi ddim teimladau cryf am y baban a dyfai yn ei chroth ac roedd wedi perswadio'i hun mai erthyliad oedd y dewis gorau.

Eisteddai Lois a hithau ar y bws Traws Cambria ar y daith araf o Aberystwyth i Abertawe lle câi Cerys yr erthyliad. Roedd hi wedi gorfod gweld dau feddyg i gael caniatâd ar gyfer y llawdriniaeth, y ddau yn glinigaidd, yn ddiffwdan ac yn pwysleisio pwysigrwydd cynllunio teuluol wrthi. Roedd Cerys bron â chwerthin! Cynllunio teuluol! Roedd hi yn y cawlach hwn gan ei bod wedi cynllunio i gael teulu yn y lle cynta!

'Sut wyt ti'n teimlo?' holodd Lois yn gysurlon gan ddal ei llaw.

'OK,' dywedodd Cerys, 'teimlo'n bach yn sâl ond falle taw'r bws sy'n achosi 'na a nid y . . .' Roedd hi'n methu dweud 'babi'. Roedd yn rhaid iddi gofio geiriau Marc – 'Casgliad o gelloedd yn unig yw e ar hyn o bryd.' Ond roedd hi wedi bod yn meddwl sut bryd a gwedd fyddai gan eu plentyn petai'n byw? Fyddai ganddo fe neu hi ei gwallt euraid hi ynteu gwallt du fel y fran fel Marc? Llygaid glas ynteu llygaid duon? Ond doedd dim pwynt meddwl fel hyn. Fel y dywedodd Marc, deuai adeg, ar ôl iddi gwblhau ei gradd, pan fyddai'r amser yn iawn i gael plentyn.

'Wyt ti'n siŵr bo ti'n gwneud y peth iawn?' holodd Lois, yn amlwg yn poeni ei bod yn simsanu.

'Ydw, does dim dewis 'da fi, Lois. Ma Marc eisiau i fi gael gwared arno fe . . .' dywedodd Cerys yn bendant.

'Ie, ond beth wyt *ti* eisiau, Cerys?' holodd Lois. 'Paid â gwneud hyn achos bod Marc wedi dweud wrthot ti am wneud. Mae'n benderfyniad mor bwysig.'

'Dwi'n gwbod 'ny!' dywedodd Cerys yn ddiamynedd. 'Smo ti'n meddwl mod i'n gwbod 'ny? Dwi ddim yn gwneud hyn am *laugh*, ti'n gwbod!'

'Dim 'na beth o'n i'n feddwl,' dywedodd Lois. 'Dwi jyst ddim isie i ti ddifaru ar ôl gwneud hyn, dyna i gyd.'

Edrychodd Cerys ar wyneb pryderus Lois gan deimlo'n ddrwg am fod mor siort â'i hen ffrind. 'Sori am fod yn fitsh,' meddai Cerys yn dawel. 'Dwi jyst yn nerfus, 'na i gyd. Dwi'n rili ddiolchgar dy fod ti wedi dod gyda fi.'

'Mae'n iawn,' dywedodd Lois gan wasgu ei llaw yn dynn.

'Sut mae Hywel?' holodd Cerys i newid y pwnc a chael tawelwch meddwl am gwpwl o funudau wrth feddwl am rywbeth arall heblaw'r erthyliad.

'Ddim yn dda,' dywedodd Lois gyda'i hwyneb yn lleddf. 'Mae e'n dal adre a does dim sôn amdano fe'n dod 'nôl i Aber eto.'

'Ond beth am Meleri? Ma mam Hywel yn ei chasáu hi!' dywedodd Cerys.

'Ma Meleri wedi bod yn grêt wrtho fe,' dywedodd Lois. 'Mae hi'n meddwl mynd lawr i'w weld e cyn bo hir, wedodd hi wrtho i. Mae'n barod i adael coleg hefyd i fod gyda Hywel.'

'Dim ond fi fydd ar ôl yn y coleg o'r tri ohonon ni . . .' dywedodd Cerys mewn syndod.

'Ie, fydd Dr Gari ddim yn hapus,' chwarddodd Lois i geisio ysgafnhau'r awyrgylch ychydig.

'Wfft iddo fe!' chwarddodd Cerys.

Yna tawelodd y ddwy wrth weld bod y bws yn arafu yng ngorsaf fysys Abertawe.

'Dyma ni 'te,' dywedodd Lois.

'Ie, dyma ni,' dywedodd Cerys yn ddewr.

*

Eisteddai'r ddwy yn y clinig yn nerfus, yn aros am dro Cerys. Roedd yna ferched ifanc iawn yn eistedd o'u cwmpas, rhai gyda'u rhieni, rhai gyda chariadon oedd prin wedi cael eu pen-blwyddi'n un ar bymtheg oed wrth eu golwg. Yn yr awyrgylch oer a marwaidd doedd neb yn edrych ar ei gilydd.

'Alli di edrych ar ôl rhain i fi, plis?' holodd Cerys yn dawel gan roi ei modrwyau yn nwylo Lois. Roedd un ohonynt yn fodrwy eitha newydd yr oedd Marc wedi'i rhoi iddi'n anrheg Nadolig ar eu trip i Lundain – modrwy aur gyda diemwnt bychan yn ei chanol. 'Tamed i aros pryd,' oedd geiriau Marc wrth ei rhoi ar ei bys. 'Jyst rhag ofn y bydd rhywbeth yn digwydd,' dywedodd Cerys, gan ymladd y dagrau wrth i realiti'r sefyllfa ei bwrw am y tro cynta.

'Paid â dweud 'na!' dywedodd Lois, a'r dagrau'n cronni yn ei llygaid hithau hefyd.

'Fydd e'n brifo, ti'n meddwl?' holodd Cerys yn ofnus.

'Na, bydd e'n iawn,' dywedodd Lois yn gysurlon. 'Ma Fflur wedi cael un a wedodd hi taw anghyfforddus yw e, ond nag wyt ti ddim yn teimlo dim achos 'u bod nhw'n rhoi rhywbeth i ti at y boen.'

Llyncodd Cerys ei phoer yn nerfus. Poen. Doedd hi ddim wedi meddwl y byddai unrhyw boen . . . Ond wrth gwrs y byddai poen. Sut ddiawl y gallai rywun dynnu rhywbeth byw o'ch crombil heb iddo frifo?

'Miss Evans,' dywedodd y nyrs yn dawel wrthi, 'will you follow me please?'

Cydiodd Lois yn ei llaw yn dynn gan ddweud, 'Fydda i'n aros fan hyn amdanat ti.' Gwenodd Cerys arni'n wan a dilyn y nyrs, gan deimlo fel petai'n cerdded i'w hangladd ei hun.

*

Hanner awr yn ddiweddarach, cerddodd Cerys yn ôl i'r ystafell aros lle roedd Lois yn aros amdani. Edrychai'n nerfus ac roedd ei hwyneb yn welw.

'Cerys? Wyt ti'n iawn?' holodd Lois. 'O'dd hwnna'n glou!'

'Wnes i mohono fe, Lois,' dywedodd Cerys yn dawel.

'Be?' meddai Lois, â'i llygaid yn syn.

'O'n i jyst ffaelu neud e!' dywedodd Cerys. 'Dere, i ni gael mynd mas o'r lle 'ma. Mae'n codi cryd arna i!'

Wrth i'r ddwy eistedd yn y bws yn barod i deithio'n ôl i Aberystwyth, estynnodd Lois ei modrwyau yn ôl iddi cyn dweud yn dawel, 'Wyt ti'n siŵr?'

Bu distawrwydd am eiliad wrth i Cerys roi'r modrwyau 'nôl ar ei bysedd. Edrychodd am eiliad ar fodrwy Marc, cyn ei rhoi ar ei bys priodas. Trodd i edrych ar Lois a gwenu arni drwy ei dagrau.

'Dwi'n siŵr,' atebodd.

*

Hywel

Roedd Hywel wedi bod adre am wythnos ers marwolaeth ei dad. Bu'r angladd yn arteithiol o boenus; er ei fod yn falch o weld cynifer o gymdogion a ffrindiau ei dad yn bresennol i dalu'r deyrnged olaf iddo, teimlai'n chwithig heb Meleri wrth ei ochr a methai gredu o hyd na fyddai byth yn gweld ei dad eto. Teimlai'n anodd credu hefyd y byddai'n ailgyfarfod â'i dad yn y nefoedd mewn blynyddoedd i ddod, ond gobeithiai yn ei galon y byddai hynny'n digwydd. Roedd yn methu anghofio'r tro diwetha iddo weld ei dad cyn y Nadolig pan digwyddodd y ffrae fawr am Meleri yn ei ystafell wely. Er eu bod wedi siarad ar y ffôn ers hynny, chwalwyd eu hen berthynas agos, a nawr, roedd hi'n rhy hwyr i'w gwella.

Eisteddai Hywel ar y gwely yn ystafell ei fam a'i dad. Roedd ei fam, oedd fel dol tsieini wedi cracio, wedi gofyn iddo bacio dillad ei dad.

'Cymera di beth bynnag wyt ti isie o'r dillad, Hywel,' dywedodd ei fam wrtho, ei gruddiau'n goch gan grio. 'Dwi'n gwybod y byddai dy dad isie i ti gael unrhyw beth liciet ti.' Doedd hi ddim wedi sôn am Meleri na'r briodas ac nid oedd Hywel eisiau ei hypsetio'n fwy. Er ei fod yn ffonio Meleri'n slei bach bob nos o'r blwch ffôn ar waelod y ffordd, roedd yn gweld ei cholli'n arw ond gwyddai, fel unig blentyn, y dylai fod gartre gyda'i fam. Ac roedd Meleri yn deall yn iawn. Gwenodd wrth gofio'i llais ar y ffôn neithiwr. 'Dwi'n dy golli di'n ofnadwy, Hywel. Cofia mod i'n dy garu di ac os wyt ti isie i fi ddod lawr, dim ond gofyn sydd raid.' Ond roedd e'n gwybod na fyddai croeso i Meleri gan ei fam, a hithau yn y fath gyflwr bregus. Wythnos arall, a gobeithio y gallai ddychwelyd i Aberystwyth. Wedi'r cyfan, roedd chwaer ei fam yn byw yn y pentre nesa ac roedd y ddwy yn agos iawn. Fyddai hi ddim ar ei phen ei hun . . .

Roedd Hywel wedi cadw ychydig o ddillad a geriach ei dad iddo'i hun: siaced ledr ddu o'r chwedegau yr arferai ei dad ei gwisgo pan oedd yn canlyn ei fam. Cofiai Hywel y llun o'r ddau ohonynt ar eu mis mêl ym Mhrestatyn yn 1970 – ei dad yn y got ledr hon a chrys blodeuog a thei fawr lydan. Roedden nhw mor hapus ac ifanc yn y llun, fel Meleri a fe. Roedd hi'n anodd dychmygu'ch rhieni'n bobol ifanc gyda dyheadau a dymuniadau tebyg i'ch rhai chwithau. Roedd Hywel yn aml wedi meddwl cymaint o hwyl fyddai mynd 'nôl i'r gorffennol a gwylio'i fam a'i dad yn gwneud camgymeriadau yn eu hieuenctid – fel Marty McFly yn *Back to the Future*, ei hoff ffilm. Gwyddai fod ei fam a'i dad wedi mwynhau priodas hapus am dros ugain mlynedd, ond nawr roedd ei fam ar ei phen ei hun a hithau heb gyrraedd ei hanner cant eto. Dechreuodd y dagrau gronni yn ei lygaid wrth iddo edrych ar wats ei dad, un arall o'i hen ffefrynnau. Rhoddodd y wats am ei addwrn gan deimlo'r lledr meddal ar ei groen. Roedd yn ei atgoffa cymaint am ei dad a theimlai'n lletchwith ei gwisgo, fel pe nad oedd ganddo'r hawl i wneud.

Roedd y siwtiau i gyd yn rhy fawr i Hywel, oedd dipyn yn deneuach na'i dad. Roedd ei fam am fynd â'r rheiny i hostel i'r digartref a phlygodd Hywel nhw'n ofalus a'u rhoi yn y bag mawr du gerllaw. Meddyliodd nad oedd gan ei dad lawer o bethau i ddangos am ei hanner canrif ar y ddaear. Ond roedd wedi casglu llawer o ffrindiau ac wedi helpu nifer o bobl anffodus yr ardal. Ac yn wir, roedd y teyrngedau niferus iddo yn yr angladd yn dangos y byddai colled fawr ar ei ôl. Methai Hywel gredu ei fod wedi cael trawiad, ac yntau mor gryf, fel cawr. Ond dywedodd ei fam ei fod wedi bod yn dioddef o straen ers tipyn a bod pwysau gwaed uchel ganddo hefyd.

Gofidiai Hywel fod y boen meddwl o'i achos yntau a Meleri. Roedd wedi dweud wrth ei fam ar ddydd yr angladd pa mor flin yr oedd ei fod wedi'u hypsetio gymaint. Ond roedd hi'n amlwg nad oedd ei fam am siarad am y peth o gwbl. Roedd hi fel petai wedi anghofio am y cwympo mas ac yn gafael yn dynn yn ei fraich gydol y gwasanaeth. Roedd Hywel yn falch nad oedd hi'n dal dig am beth ddigwyddodd dros y Nadolig, ond gwyddai y byddai'n rhaid iddo godi pwnc ei wraig newydd gyda'i fam cyn bo hir.

'Hywel,' cerddodd ei fam i mewn i'r ystafell yn wanllyd. 'Mae dy swper di'n barod.'

'Mam, o'n i'n mynd i fynd i'r siop tships i nôl rhywbeth i ni!' dywedodd Hywel wrthi.

'Na, na, ma gen i bastai'r bugail yn y ffwrn, ma isie pryd da o fwyd arnat ti,' dywedodd ei fam gan droi ei llygaid oddi wrth y bagiau du oedd ar y gwely.

Dros swper, teimlai Hywel unwaith eto na fyddai pethau byth yr un peth mwyach. Roedd cadair ei dad ar ben y bwrdd yn wag a ffugio bwyta'u swper wnâi ei fam ac yntau.

'Hywel,' dywedodd ei fam, 'dwi wedi ffonio'r coleg heddiw.'

'Do fe?' holodd Hywel yn syn.

'Wel, o'n i isie trefnu pethe gan dy fod ti adre ar hyn o bryd. Roedd Dr Gari Edmunds yn neis iawn, chwarae teg. Wedodd e y galli di gael gweddill y flwyddyn i ffwrdd am resymau teuluol a dychwelyd i'r flwyddyn gynta ym mis Hydref.'

Wel, roedd hi'n amlwg fod ei fam eisiau iddo aros gyda hi am fwy na phythefnos. Falle y byddai'n beth da iddo ailgydio yn ei astudiaethau yn y tymor newydd. Falle y newidiai ei gwrs hefyd – roedd e bob amser wedi bod eisiau astudio Ffilm. Ond, beth am Meleri?

'Iawn,' dywedodd Hywel. 'Ond Mam, dwi'n briod nawr, bydd yn rhaid i fi fynd 'nôl at Meleri mewn cwpwl o wythnose, chi'n gwybod . . .'

Taniodd llygaid ei fam gyda dicter. 'Beth? Gallwn ni ganslo'r briodas yma'n syth bin, Hywel bach. Deunaw oed wyt ti, o't ti ddim yn gwybod beth o't ti'n ei neud. Dy le di yw gartre gyda dy fam sydd wedi dy fagu di am ddeunaw mlynedd, nid gyda rhyw groten wyt ti ond wedi'i hadnabod ers cwpwl o fisoedd! Dwi'n gwybod y bydde dy dad yn cytuno â fi.'

Sut allai Hywel ddadlau gyda hi nawr a hithau newydd sôn am ei dad? Ond doedd e ddim am anghofio'r ffaith ei fod yn briod, felly byddai'n rhaid iddo drafod gyda Meleri a gofyn iddi fod yn amyneddgar am fis arall nes bod ei fam yn dechrau teimlo'n well.

'Byt dy fwyd wnei di, Hywel?' dywedodd ei fam yn siarp, wrth sylwi nad oedd y bastai'r bugail wedi cael ei bwyta o gwbl. 'Dwi ddim isie colli aelod arall o'r teulu 'ma!' A sylwodd Hywel ar y dagrau'n cwympo ar y lliain bwrdd wrth i'w fam geisio bwyta'i swper. Cydiodd Hywel yn dynn yn ei llaw a dweud yn dawel, 'Dwi 'ma i'ch carco chi, Mam.' A dechreuodd fwyta'i swper er bod ganddo lwmpyn mawr yn ei wddf. Gobeithio, gydag amser, y byddai pethau'n gwella ac y byddai ei fam ac yntau'n dysgu sut i ymdopi gyda'u galar, a gyda'r ffaith ei fod e, bellach, yn ddyn priod.

Amser Pasg

Lois

Roedd Lois erbyn hyn wedi dod i'r casgliad nad oedd bywyd yn y gweithle yn fêl i gyd. Roedd hi a Fflur wedi cael y sac o Gateway yn fuan ar ôl priodas Hywel pan ddarganfu'r bòs fod llawer o'i stoc priodas wedi diflannu o'r silffoedd. 'Wfft iddyn nhw!' dywedodd Fflur, wrth iddyn nhw gerdded allan o'u shifft olaf.

'Y'n ni'n lwcus nad oedden nhw wedi mynd â ni at yr heddlu, Fflur!' dywedodd Lois, oedd wedi cael ofn wrth weld y bòs yn eu dangos yn eglur ar y camerâu diogelwch yn dwyn yn braf o'r silffoedd fel dwy o ddisgyblion Fagin.

'Wel, naethon nhw ddim! Bydd rhaid i ni ddod o hyd i jobyn arall, dyna i gyd,' dywedodd Fflur gan dynnu pecyn o Malboro Reds allan o'i phoced – a oedd hefyd wedi'u dwyn o Gateway.

'Fflur, lle ces di rheina?' holodd Lois yn synnu at ehofndra'i ffrind.

'Ar y ffordd allan!' chwarddodd Fflur gan danio sigarét a'i smygu'n braf. 'O'dd isie *souvenir* bach arna i i gofio amdanyn nhw!'

Roedd Lois hefyd wedi bod yn gweithio fel pianydd i wahanol grwpiau o blant oedd yn cael gwersi dawnsio tap yng Nghanolfan y Celfyddydau. Ond roedd eu hathrawes yn hen wrach ac yn cwyno wrth Lois o hyd am ei hamseru anghyson. Ac ar ôl mis cyfan o wrando ar '42nd Street' yn cael ei dapio i farwolaeth, penderfynodd Lois fod yn rhaid iddi ddod o hyd i waith arall cyn iddi golli'i synhwyrau yn gyfan gwbl. A nawr, roedd hi wedi colli'i gwaith yn Gateway.

'Hei! 'Co, ma nhw'n hysbysebu jobyn yma!' dywedodd Fflur yn eiddgar wrth weld arwydd yn gofyn am rywun i weithio yn siop y Don.

'Grêt,' dywedodd Lois yn awchus. Roedd hi wrth ei bodd gyda'r Don, siop oedd yn gwerthu posteri cŵl a nic-nacs addas i stiwdants oedd yn hoffi prynu fflwcs diangen. 'Wyt ti isie trio amdano fe, Fflur?' Wedi'r cyfan, Fflur oedd wedi gweld yr hysbyseb yn gyntaf.

'Na, cer di amdano fe,' dywedodd Fflur. 'Dwi'n mynd i gael brêc bach am gwpwl o wythnose cyn mynd 'nôl i'r *nine to five!*'

Ac yn wir, cafodd Lois y swydd yn syth bin. Roedd y perchennog yn ei hadnabod o ran golwg am ei bod yn ymwelydd cyson â'r siop ac roedd yn waith delfrydol iddi hi. Roedd y cwsmeriaid i gyd naill ai'n stiwdants neu'n bobl ifanc ac roedd yna ddigon o amser rhydd i ddarllen ambell nofel pan oedd pethau'n dawel. Câi Lois hefyd ddewis tri phoster yn rhad ac am ddim o'r casgliad enfawr yn y siop. Wrth gwrs, penderfynodd ar ei hoff ddynion: Christian Slater (mor wych yn *Heathers*), Johnny Depp (wastad yn ffefryn), a 'James' o *Twin Peaks* ar ei foto-beic (oedd yn ei hatgoffa o Daniel).

Unwaith roedd hi wedi setlo, galwai Fflur i mewn bob whip stitsh a helpu'i hunan i ambell boster a fflwcsyn.

'Fflur! Stop hi, wnei di!' dywedodd Lois, wrth weld

Fflur yn cymryd poster newydd o'r Stone Roses a'i roi yn ei bag.

'Paid â bod yn gymaint o ffysi Annie!' chwarddodd Fflur. '*Perks* y job, yndê!'

'OK! Ond dim mwy!' dywedodd Lois. 'Dwi isie cadw'r jobyn yma!'

'Gwranda,' dywedodd Fflur, 'wyt ti'n gallu cau'n gynnar heddi? Ma isie i ni fynd i brynu rhywbeth anhygoel i'w wisgo i'r gìg nos fory!'

'Wel, mae'n bedwar nawr,' dywedodd Lois gan edrych ar ei horiawr. 'Rho hanner awr i fi a gwrdda i ti yn Polly's.' Polly's oedd y siop a werthai ddillad hipïaidd addas i fyfyrwyr trendi'r dref. Roedd hi'n bwysig fod Lois a Fflur yn edrych ar eu gorau gan nad unrhyw gìg oedd hon ond y gìg allweddol i Annwfn, lansio eu halbwm newydd ym Mhontrhydfendigaid. Roeddent wedi bod yn ymarfer am wythnosau ar gyfer y gìg ac roedd pob tocyn wedi'i werthu. Roedd y label recordiau wedi paratoi senglau arbennig i'w dosbarthu i'r pyntars ar y noson ac roedd aelodau pwysig o'r wasg gerddorol hefyd yn mynychu.

O stoc eang Polly, dewisodd Lois ffrog laes binc llachar a oedd yn dangos digon o'i bronnau, ond dim gormod. Roedd am i Daniel fod yn browd ohoni yn y gìg. Dewisodd Fflur ffrog les las tywyll oedd yn gweddu i'w siâp i'r dim. 'Sex on legs!' chwarddodd Fflur wrth i'r ddwy ohonynt edrych ar ei gilydd yn eu ffrogiau newydd. 'Bydd y bois yn methu chwarae'n iawn os welan nhw ein bronnau ni o'u blaenau yn y gìg!'

Teithiodd Fflur, Lois, Meleri a Donna i Bontrhydfendigaid gyda'r bechgyn, mewn bws mini a logwyd ar gyfer mynd i'r gìg. Ers i Hywel fod i ffwrdd, roedd Meleri'n treulio llawer o'i hamser gyda Fflur a Lois gan ei bod yn byw yn y dre. Ac roedd yn amlwg ei bod yn colli Hywel yn ofnadwy. Roedd Lois wedi'i ffonio ond roedd yn anodd siarad rhyw lawer gan fod ei fam bob amser yn hofran yn y cefndir. Trueni na allai Hywel fod gyda nhw heno, meddyliodd Lois, gan edrych ar Meleri oedd yn chwarae gêm yfed gyda Fflur. Roedd Meleri yn sicr wedi dechrau yfed mwy ers iddo fynd adre.

Ond roedd y noson yn mynd yn grêt hyd yn hyn, ac roedd Lois yn ei helfen. Teimlai'n cŵl fel Pamela Des Barres, y grwpi enwog oedd wedi cysgu a theithio gyda'r mawrion i gyd; o Jim Morrison i Led Zeppelin, roedd Miss Pamela wedi profi'r holl ddanteithion ymhlith sêr roc atyniadol y 1960au. Ond roedd Lois yn ddigon hapus gyda Daniel, oedd yn gwisgo crys-T newydd Nirvana roedd hi wedi'i brynu iddo'n arbennig at yr achlysur.

Roedd golwg wyllt ar Cai yn barod. 'Beth ma Cai wedi'i gymryd?' holodd Lois Daniel wrth weld Cai yn chwarae'r bongos ar y bws fel dyn o'i go.

'Mae e'n gweud taw dim ond un tab o asid mae 'di cael,' dywedodd Daniel, yn gwgu ar ei ffrind, 'ond mae e wedi claddu hanner potel o Jack Daniels hefyd!'

'Wel, dwed wrtho fe stopio, Daniel!' rhybuddiodd Lois. 'Smo ti'n moyn iddo fe strywo'r gìg 'ma achos bod e off 'i ben!'

'Mwya ti'n dweud wrtho fe, mwya fydd e'n yfed,' dywedodd Daniel, wedi hen arfer â champau Cai. 'Ond os wneith e strywo hyn i ni, wel, mi ladda i e.' Ac edrychodd Daniel unwaith eto ar Cai, oedd yn snogio Donna'n nwydwyllt yng nghefn y bws erbyn hyn.

'Fflur!' dywedodd Lois wrth ei ffrind yn dawel. 'Ma

Cai mewn stad yn barod. Ma Daniel yn poeni y bydd e'n sbwylio'r gìg!'

'Paid becso, Lois,' dywedodd Fflur, oedd yn eitha meddw ei hun erbyn hyn. 'Mae e wastad yn afreolus cyn gìg, ond bydd e'n iawn unwaith fydd e ar y llwyfan.'

'Wel, gobeithio dy fod ti'n iawn,' dywedodd Lois yn betrus wrth wylio Cai yn yfed llwnc go dda arall o JD.

*

Roedd neuadd Pantyfedwen ym Mhontrhydfendigaid o dan ei sang pan gyrhaeddodd y criw. Roedd pobol yn llenwi'r cae mawr o gwmpas y neuadd ac roedd cyffro ac awydd yn yr awyr. Teimlai Lois y cynnwrf yn treiddio i'w gwythiennau wrth iddi hi a'r merched gamu o'r bws. Ond aeth y cynnwrf heibio pan ddaeth hi'n amser i Annwfn i berfformio'u set arbennig. O'r eiliad y dechreuasant chwarae, roedd Cai yn gwbl feddw ac yn hollol afreolus ar y llwyfan. Sylwodd Lois ar Daniel yn gwelwi wrth i'r set fynd yn ei blaen, a'r gynulleidfa'n dechrau gwatwar y band. 'Off! Off!' gwaeddent, wrth i Cai faglu a syrthio o'u blaenau.

Daeth uchafbwynt i erchylltra'r noson pan daflodd rhywun botel yn llawn piso at Cai. Tasgodd yr hylif dros ei wyneb a'i gynddeiriogi'n lân. 'Chi isie pisho, y bastards anniolchgar? Y'ch chi?! Wel, dyma chi!' gwaeddodd. A gyda hynny, tynnodd ei bidyn allan o'i drowsus a dechrau piso dros res flaen y gynulleidfa.

Erbyn hyn, roedd Daniel wedi cael digon. Sylwodd Lois arno'n gosod ei gitâr yn ofalus ar y llawr a symud tuag at Cai yn fygythiol. Trawodd e ar draws ei wyneb gyda sŵn fel bwled o wn. Mewn eiliad, roedd Daniel a Cai yn rholio ar y llwyfan fel dau anifail gwyllt yn dyrnu ei gilydd yn ddidrugaredd. Ceisiodd Steve eu rhannu, ond roedd Daniel wedi colli pob rheolaeth. Mewn eiliadau, roedd y trais fel pe bai'n lledu drwy'r holl neuadd trwy rhyw osmosis rhyfedd ac fel golygfa allan o ffilm Western, dechreuodd pawb ymladd â'i gilydd fel anifeiliaid. Hedfanai gwydrau a photeli ar draws y neuadd a methai Lois gredu ei llygaid wrth weld dwy ferch oedd wedi bod yn sefyll wrth ei hochr yn tynnu gwalltiau'i gilydd fel dwy gath lloerig.

Yn sydyn, llanwyd y neuadd â golau mawr a gwelodd ddynion diogelwch yn rhedeg ymysg y dorf i geisio atal yr ymladd. Erbyn hyn roedd Cai yn un swp gwaedlyd ar y llwyfan a doedd dim sôn am Daniel yn unlle. 'Lois!' dywedodd Fflur, oedd yn edrych yn dipyn sobrach erbyn hyn. 'Rhaid i ni fynd mas o 'ma cyn i'r cops ddod.'

'Ond ma Daniel ar goll!' dywedodd Lois, â'i llygaid yn llawn dagrau.

'Ma'n rhaid ei fod e tu fas yn barod!' dywedodd Fflur.

Roedd yr ymladd yn parhau a rhedodd Lois, Steve, Fflur a Meleri allan o'r neuadd ferw â'u calonnau'n eu gyddfau. Roedd Donna ar y llwyfan yn magu corff diymadferth Cai ac unwaith eto roedd ei ffrog laes yn llawn gwaed.

'Beth am Donna a Cai?' holodd Lois wrth iddynt gyrraedd yr allanfa.

'Bydd yn rhaid i Cai fynd i'r ysbyty,' dywedodd Fflur yn gadarn. 'Ma'n rhaid i ni jwmpo yn y bws mini 'na a mynd mas o'r lle 'ma nawr, Lois! Neu fyddwn ni yn y *cop-shop* hefyd!'

Doedd dim sôn am Daniel y tu allan ond pan gyraeddasant y bws mini, dyna lle roedd e'n eistedd yng nghefn y bws, ei wyneb yn waedlyd a'r botel JD yn ei law.

'Daniel, wyt ti'n iawn?' rhedodd Lois ato a cheisiodd sychu'r gwaed o'i wyneb gyda'i dillad.

'Ydw, ma'n rhaid i ni fynd mas o 'ma! Steve, get her moving!' dywedodd Daniel, yn rhyfeddol o ddideimlad o ystyried ei fod newydd daro'i ffrind gorau nes ei fod yn ddiymadferth, meddyliodd Lois.

Doedd dim angen dweud ddwywaith. Taniodd Steve yr injan a gyrrodd y bws mini allan drwy'r fynedfa fel cath i gythraul tuag at y brif heol. Wrth iddynt yrru allan o'r pentre, clywsant sŵn seirenau'r heddlu a'r ambiwlans yn clochdar yn y pellter.

'Wel,' dywedodd Fflur, wrth gymryd llwnc go dda o'r botel fodca oedd ganddi yn ei bag. 'O'dd honna'n gìg a hanner!'

*

Cerys

Roedd Cerys yn nerfus wrth iddi aros i Marc ei chyfarfod yn yr orsaf fysys yn y Borth. Doedd hi ddim wedi'i weld yn iawn ers iddi hi a Lois ddychwelyd o'r clinig yn Abertawe a gwyddai y byddai'n disgwyl iddi gadarnhau ei bod wedi cael yr erthyliad. Teimlai'n falch nad oedd hi wedi cael gwared o'r babi. Efallai taw dychmygu roedd hi, ond yn ddiweddar, wrth gysgu, roedd hi'n siŵr ei bod yn medru teimlo'r babi yn ei bol. Roedd ei bronnau eisoes wedi tyfu ac roedd ei chroen yn ddisgleiriach nag yr arferai fod. Roedd hi hefyd yn bwyta fel caseg, meddyliodd iddi'i hun wrth orffen bar arall o siocled. Ond byddai'r cyfan yn werth chweil pan fyddai Marc a hithau'n dal eu babi bach perffaith yn yr ysbyty, gyda Marc wedi gadael ei wraig i greu teulu newydd gyda hithau.

Gwenodd Cerys wrth ei dychmygu hi, Marc a'r babi yn chwerthin gyda'i gilydd wrth roi bath i'r babi; y mwynhad wrth iddynt fynd â'u hepil am dro ar y prom a'r holl ddillad bach neis y gallai eu prynu i'r plentyn. Teimlai ym mêr ei hesgyrn mai merch fach oedd yn tyfu yn ei chroth, merch fyddai'n meddu ar wallt du sgleiniog ei thad, a llygaid glas golau ei mam; y gorau o ddau fyd.

Gwelodd BMW Marc yn cyrraedd a neidiodd i mewn i'r car yn ddiolchgar; roedd hi'n oer.

'Cerys, mae mor neis dy weld di,' dywedodd Marc gan roi cusan fawr iddi.

'Ie, o'n i'n meddwl dy fod ti wedi anghofio amdana i,' dywedodd Cerys, yn ffugio pwdu wrth i Marc ei gyrru at y traeth. Roedd hi'n anymarferol i aros yn y gwesty bach mwyach gan fod y perchennog, dynes fusneslyd yn ei chwedegau, yn gwybod yn iawn eu bod yn cael *affair*. Ac erbyn eu pedwerydd ymweliad â'r gwesty, roedd yn drwynsur iawn ohonynt. Ond roedd car moethus Marc yn fawr a chynnes ac roedd Cerys yn eitha mwynhau caru yn y car a chlywed tonnau'r môr yn y cefndir yn gyfeiliant rhamantus iddynt.

Stopiodd Marc y car a throdd i edrych ar Cerys. 'Ma golwg dda iawn arnat ti,' dywedodd yn serchus. 'Shwd wyt ti'n teimlo ar ôl y . . . llawdriniaeth?' Oedodd wrth ddweud y gair olaf a gwenodd arni wrth fwytho'i boch yn gariadus.

Trodd Cerys i edrych arno a dywedodd yn dawel

ond yn benderfynol, 'Es i i'r clinig yn Abertawe, Marc. Ond . . . ffaeles i wneud e. O'dd e'n ofnadw! O'dd Hoover neu rywbeth 'da nhw i dynnu fe mas! O'n i jyst ffaelu . . . Dwi isie cadw'r babi.'

Mewn amrantiad, trodd wyneb Marc o gariad i gasineb wrth i'w lais finiogi a dywedodd yn giaidd, 'O ffyc, Cerys! Beth ddiawl sy'n bod arnat ti, gwed? Wyt ti'n stiwpid 'ta be? Wyt ti ddim yn sylweddoli pa mor fregus ma'n swydd i'n barod gyda straeon amdanat ti a fi yn hedfan drwy'r Hen Goleg, gwed? O'n i'n meddwl ein bod ni wedi cytuno!'

'Marc,' dywedodd Cerys yn gadarn. 'Wnest ti benderfynu, ond nid ti sy'n gorfod cael dy gorff wedi'i faeddu gan ddoctoriaid oeraidd. Be 'swn i'n methu cael mwy o fabis ar ôl y tro 'ma?'

'Deunaw oed wyt ti, Cerỳs, mae gen ti o leia ugain mlynedd arall i gael plentyn!' dywedodd Marc, a'i lais yn meddalu wrth iddo sylweddoli bod dagrau'n cronni yn ei llygaid.

'Gwranda, oes rhywun arall yn gwybod dy fod ti'n feichiog?' holodd wedyn, yn dal ei llaw yn dyner.

'Dim ond Lois,' dywedodd Cerys, yn gwybod yn iawn y byddai'n colli ei limpyn yn llwyr petai'n dweud wrtho fod y Ffat Slags yn gwybod eu cyfrinach hefyd.

'Diolch am hynny!' dywedodd Marc gyda rhyddhad. 'Os byddet ti 'di dweud wrth y blydi Ffat Slags yna, man a man 'se ni'n rhoi'r newyddion yn y *Cambrian News*!'

'Pam 'i fod e'n beth mor wael i bobol wybod?' holodd Cerys, a'r dagrau'n llifo erbyn hyn. 'Smo ti wedi blino byw celwydd gyda dy wraig, gwed? Oni fyddai'n well iddi hi hefyd petaet ti'n onest gyda hi?'

'Dwi'n ffaelu, Cerys,' dywedodd Marc, â'i wyneb yn

tywyllu eto. 'Dim eto, dwyt ti ddim yn deall pa mor anodd yw hi i ddweud wrthi. Wyt ti ddim yn gwybod beth all hi wneud . . .' Oedodd gan danio sigarét a thynnodd y mŵg yn ddwfn i'w ysgyfaint. Cynigiodd sigarét i Cerys ond gwrthododd hithau. 'Reit, wel, dwi'n meddwl y byddai'n well i ni drefnu clinig preifat i ti tro nesa,' dywedodd Marc yn benderfynol. 'Mi wna i dalu am y cyfan a bydd e'n brofiad lot mwy cyfforddus i ti.'

Ni ddywedodd Cerys air, dim ond edrych allan ar y tonnau llwyd o'u cwmpas.

'Cerys?' dywedodd Marc a bodio'i hwyneb yn gariadus. 'Wyt ti'n cytuno?'

Trodd Cerys i edrych ar y dyn yma a garai gymaint a dywedodd yn dawel, 'Ydw.'

Gwenodd Marc a dweud, 'Bydd y cyfan drosodd cyn bo hir.' A dechreuodd y ddau gusanu wrth i'r glaw ddisgyn yn dawel o'u cwmpas. Ildiodd Cerys i'w gusanau ond gwyddai, yn ei meddwl, na fyddai byth yn erthylu'r babi yma. Yr unig rwystr oedd ei wraig ac roedd yn amlwg nad oedd gan Marc y nerth i ddianc o garchar ei briodas. Ond er mwyn eu babi, roedd gan Cerys nerth ar gyfer y ddau ohonynt . . .

*

Hywel

Eisteddai Hywel yn ei ystafell wely gartref yn ysgrifennu llythyr at Meleri. Teimlai fel petaent wedi bod ar wahân am fisoedd yn lle wythnosau. Roedd wedi derbyn llythyr gan Lois y diwrnod blaenorol yn disgrifio'r ymladd gwyllt yn y gìg ym Mhontrhydfendigaid. Roedd yn falch fod Lois yn edrych ar ôl Meleri, a phoenai y byddai'n goryfed eto heb iddo fod yno'n gefn iddi. Chwaraeai gân ELO, 'Mr Blue Sky', eu 'cân nhw', ar y stereo wrth iddo ysgrifennu. Ar ei ddesg, roedd yna lun ohono fe a Meleri o'r casgliad priodas roedd Lois wedi'i bostio ato ac roedd yn gysur mawr iddo. Gobeithiai drafod y posibilrwydd o ddychwelyd i Aberystwyth yr wythnos nesa gyda'i fam heno. Byddai'n dod o hyd i swydd dros dro yn llyfrgell y brifysgol efallai, cyn dechrau cwrs newydd ym Mhrifysgol Abertawe yn y tymor newydd, er mwyn bod yn nes at ei fam. Doedd e ddim wedi rhannu'r newydd hwn gyda Meleri eto, ond gobeithiai y byddai hi'n dod i Abertawe gyda fe i barhau gyda'i hastudiaethau yn yr ail flwyddyn yno yn lle aros yn Aberystwyth.

Clywodd ei fam yn ei alw o waelod y grisiau ac roedd ei llais yn finiog. 'Hywel! Ma rhywun yma i dy weld di!'

Deallodd Hywel oddi wrth oslef ei llais nad oedd hi'n hapus i weld yr ymwelydd. Cerddodd i lawr y grisiau a phwy safai yno yn edrych arno'n obeithiol ond Meleri! Roedd mor ddel ag erioed ond roedd yna straen yn ei llygaid glas nad oedd yno pan welodd hi ddiwetha. Roedd wedi bod yn hunanol, heb feddwl sut oedd hyn wedi effeithio arni. 'Meleri!' dywedodd Hywel mewn sioc llwyr. 'Beth wyt ti'n ei wneud yma?'

'Wedi dod i weld fy ngŵr!' dywedodd Meleri gan ei gofleidio'n falch.

Gwenodd Hywel arni, â'i galon yn dipyn ysgafnach ond yna edrychodd ar wyneb cwbl ddi-wên ei fam a gwyddai nad oedd croeso iddi yno o hyd.

'Dewch i'r ystafell fyw, Meleri,' dywedodd ei fam yn dawel. 'Mi wna i gwpaned i chi.'

'Diolch, Mrs Morgan,' atebodd Meleri'n gwrtais gan ei dilyn i'r lolfa. 'Ma'n ddrwg iawn 'da fi am eich profedigaeth chi.'

'Diolch,' dywedodd ei fam heb ronyn o gynhesrwydd yn ei llais, cyn diflannu i'r gegin i wneud te.

'Meleri!' dywedodd Hywel wrth i Meleri ei gusanu'n awchus.

'Hywel!' dywedodd hithau'n hapus. 'Mae mor neis dy weld di. Does gen ti ddim syniad cymaint dwi wedi dy golli di. O'n i'n ffaelu aros i dy weld di.'

'Dwi'n falch ofnadw o dy weld di hefyd,' dywedodd Hywel, a gwasgu'i llaw. 'O'n i'n ysgrifennu llythyr atat ti yn dweud wrthot ti mod i'n gobeithio dod 'nôl i Aber wythnos nesa.'

'Ydy dy fam yn gwybod?' holodd Meleri yn isel gan edrych yn betrus i gyfeiriad y gegin.

'Dim eto,' sibrydodd Hywel. 'Ma colli Dad wedi'i bwrw hi'n ofnadw, Meleri, ond o'n i'n meddwl cael gair gyda hi heno.'

Distawodd y ddau wrth i fam Hywel ddychwelyd o'r gegin yn cario hambwrdd trwm. 'Dyma chi, Meleri,' dywedodd Mrs Morgan. 'Mae yna ddarn o gacen yma, hefyd.'

'Diolch, Mrs Morgan,' dywedodd Meleri, gan ddechrau yfed y te. 'Mae'n ddrwg gen i am beth ddigwyddodd yma cyn y Nadolig.'

'Wel, ma hwnna'n rhan o'r gorffennol nawr,' dywedodd Mrs Morgan yn ddieneiniad gan yfed ei the hithau. 'Ydy Hywel wedi dweud wrthoch chi beth yw ei gynlluniau ar gyfer y dyfodol?'

'Na, Hywel?' holodd Meleri, yn amlwg yn gobeithio y byddai'n dweud wrth ei fam ei fod am ddychwelyd i Aberystwyth ar unwaith.

'Meleri, dwi'n teimlo y byddai'n well petawn i'n ailgydio yn fy nghwrs coleg yn y tymor newydd ym Mhrifysgol Abertawe, er mwyn bod yn agos at Mam,' dywedodd Hywel.

'Ma popeth wedi'i drefnu,' ategodd ei fam gan edrych ar Meleri gyda'i llygaid fel cerrig yn ei phen.

'Wel, ma hwnna'n syniad da iawn,' dywedodd Meleri yn siriol gan wenu ar y ddau ohonynt. Gosododd ei chwpan ar y bwrdd a throdd at Hywel gan ddweud, 'Wel, unwaith bydda i wedi gorffen fy mlwyddyn gyntaf yn Aber, galla i ofyn iddyn nhw a alla i wneud gweddill fy nghwrs i yn Abertawe hefyd. Dwi'n siŵr fod Adran Ddaearyddiaeth dda 'da nhw fan'na hefyd.'

'Na, dwi ddim yn meddwl eich bod chi'n deall, Meleri,' dywedodd ei fam yn gadarn. 'Does dim angen i chi wneud dim ond aros yn Aberystwyth a cario mlaen gyda'ch bywyd. Y'ch chi a Hywel yn llawer rhy ifanc i briodi, a chithau ond yn blant eich hunain. Mae priodas yn ymroddiad oes, nid rhywbeth chwareus i chi gael gwisgo ffrog ffansi a chael parti.'

Teimlodd Hywel gorff Meleri'n sythu wrth ei ochr a gwelodd fflach o dymer yn ei llygaid. 'Dwi ddim yn meddwl eich bod chi'n fy adnabod i'n ddigon da i lunio casgliadau o'r fath am fy rhesymau i dros briodi eich mab, Mrs Morgan,' dywedodd Meleri, yn edrych i fyw llygaid ei mam yng nghyfraith. 'Fe briodes i Hywel am fy mod yn ei garu gyda fy holl enaid a mod i am dreulio gweddill fy mywyd gyda fe. Dim o achos mod i isie gwisg newydd a pharti!' chwarddodd yn ddilornus.

'Ma Hywel yn deall beth yw fy nymuniad i,' dywedodd ei fam yn bwyllog gan edrych ar ei mab. 'Ac wrth gwrs, beth fyddai dymuniad ei dad hefyd. Mae yna ddigon o helbul wedi dod i'r teulu yma'n barod a does dim eisiau rhagor o gymhlethdodau arnom ni, Meleri. Ewch chi 'nôl i'r coleg a chario mlaen gyda'ch bywyd, a gadewch i fi a Hywel gario mlaen gyda'n bywydau ninnau.'

'Hywel!' dywedodd Meleri. 'Dwed wrth dy fam dy fod ti eisiau dod 'nôl i Aber ata i, dwed wrthi!' ac edrychodd arno'n daer.

Nid oedd Hywel yn gwybod beth i'w ddweud. Syllai'r ddwy fenyw bwysicaf yn ei fywyd arno a'u llygaid yn llosgi. Oedd yn rhaid iddo ddewis nawr?

Dywedodd ei fam yn dawel, 'Fe adawa i chi'ch dau i drafod y peth ar eich pennau'ch hunain.' Cododd o'i chadair a gadael yr ystafell, oedd mor ddistaw â'r bedd. Yr unig beth y gallai Hywel ei glywed oedd yr hen gloc ar y silff ben tân wrth iddo daro'r awr yn ddideimlad. Syllai Meleri arno, a'r dagrau'n dechrau cronni yn ei llygaid.

Cydiodd yn ei llaw yn dyner. 'Meleri. Gwranda, ma Mam mewn stad ofnadw, mae hi newydd golli Dad ac mae'n meddwl y bydd hi'n 'y ngholli fi hefyd os dof i 'nôl atat ti'n syth. Alli di aros am ychydig eto nes i bethau ddechrau setlo fan hyn?'

'Ond Hywel, mwya fyddi di'n aros, anodda fydd hi. Mae'n rhaid i ti ddangos i dy fam dy fod ti o ddifri am ein perthynas ni . . .'

'Mi rydw i!' ymbiliodd Hywel, yn gweddïo na fyddai Meleri'n gorfodi iddo ddewis. 'Ond alla i ddim mynd yn erbyn Mam ar hyn o bryd. Ti'n cofio beth ddigwyddodd y tro diwetha wnes i hynny . . .'

'Alli di ddim beio dy hunan am beth ddigwyddodd i dy dad. O'dd pwysau gwaed uchel arno fe . . . A dwi'n siŵr fod dy dad wedi maddau i ti am y gweryl.'

'Fydda i fyth yn gwybod hynny,' atebodd Hywel, a'i lais yn gryg gan deimlad. 'Alla i ddim risgio'r un peth eto, gyda Mam. Mae hi ar dabledi iselder yn barod, ti'n gwybod. Duw a ŵyr beth wneith hi hebddo i ar hyn o bryd . . . Cwpwl o fisoedd yn fwy, dyna i gyd.'

'Hywel,' meddai Meleri, 'rwy'n dy garu di, ond dwi'n adnabod siort dy fam. Y mwya wnei di aros, y mwya dibynnol arnat ti fydd hi, a fydd hi'n dy berswadio di i'n anghofio i . . .'

'Fydden i byth yn dy anghofio di!' dywedodd Hywel yn ffrom. 'Ti yw ngwraig i!'

'Ie, a mae'n rhaid i dy fam dderbyn hynny. Gwranda, gwed wrthi dy fod ti am ddod 'nôl gyda fi, ond y byddwn ni'n dod i lawr bob penwythnos i'w gweld hi . . . Mae gen ti dy fywyd dy hun, Hywel. Nid plentyn wyt ti nawr a nid ei gŵr hi wyt ti chwaith.'

Ar hyn, daeth mam Hywel yn ôl i'r ystafell. Roedd yn amlwg ei bod wedi bod yn gwrando'n astud ar eu sgwrs. Eisteddodd gyferbyn â'r ddau a dweud yn bendant, 'Meleri, dwi'n gwybod bod hyn yn anodd i chi, ond mae'n rhaid i chi ddeall bod cyfrifoldeb cynta Hywel i'w deulu. Y'ch chi ond wedi adnabod eich gilydd am chydig o fisoedd. Os y'ch chi o ddifrif am eich gilydd, mewn rhai blynyddoedd, gallwch chi ailgydio yn y berthynas – pan fyddwch chi wedi aeddfedu a minne'n ôl ar fy nhraed. Dwi'n adnabod cyfreithwr da, a gallwn ni drefnu popeth yn ddiffwdan.'

Trodd Meleri at Hywel a gafael yn ei fraich, 'Hywel, nid dy le di yw aberthu dy fywyd a dy hapusrwydd dros dy fam. A dwi'n ffaelu deall pam nad yw hi'n gallu gweld hynny . . . Mae'n hunanol . . . Mae wedi colli ei gŵr ei hun ac yn ceisio mynd â ngŵr i!'

Daeth cwmwl o ddigofaint dros wyneb Mrs Morgan wrth iddi wrando ar eiriau olaf Meleri. 'Hywel, eisiau fy mab ydw i, does gen i ddim gŵr a fydd gen i ddim gŵr fyth eto . . . Meddwl am dy dad, beth fyddai e eisiau i ti 'i wneud . . .' A chydiodd yn ei law yn dynn.

Syllodd Hywel o'r naill i'r llall, y ddwy yn gafael ynddo; dyheai am y Brenin Solomon i ddatrys ei broblem. Wrth syllu ar ei fam, ei llygaid yn gysgodion pŵl, a'i chorff bychan yn fregus gan alar, gwyddai beth oedd yn rhaid iddo'i wneud. Y tro diwethaf iddo adael ei deulu dros Meleri roedd Duw wedi'i gosbi trwy fynd â'i dad i ffwrdd. Ni allai fforddio colli'i fam hefyd. Allai e ddim byw gyda mwy o euogrwydd. Roedd yn mynd o'i go' yn barod yn meddwl am y geiriau croes erchyll rhyngddo fe a'i dad y tro diwethaf y gwelodd ef. A doedd hi ddim yn deg cadw Meleri yn aros a hithau ond yn dechrau ei bywyd.

Trodd at Meleri a dweud yn dawel, 'Meleri, dwi wedi colli Dad yn barod, dwi ddim isie colli Mam hefyd. Mae'n rhaid i fi aros yma. Mae'n ddrwg 'da fi, ond alla i ddim parhau gyda'r briodas. Dyw e ddim yn deg arnat ti . . .' Teimlodd y dagrau'n dechrau casglu yn ei wddf ond ymladdodd yn eu herbyn. Buasai'n haws i Meleri petai hi'n meddwl nad oedd e'n poeni cymaint ag yr oedd am wneud y fath benderfyniad anodd.

Dechreuodd y dagrau redeg i lawr gruddiau Meleri wrth iddi sylweddoli na fyddai Hywel yn newid ei feddwl a throdd at ei fam. 'Mrs Morgan! Dwi yma i fod yn gefn i chi'ch dau, nid i darfu ar eich bywydau. Beth sy mor ofnadw am y ffaith mod i wedi priodi Hywel? Dwi'n ei garu e gymaint!' A beichiodd grio ar y soffa. Roedd Hywel yn ysu i'w chymryd yn ei freichiau ond gwyddai mai'r peth gorau i Meleri fyddai iddo adael iddi fynd a dod o hyd i rywun arall i'w garu, rhywun heb ei gyfrifoldebau ef. Rhywun allai gynnig hapusrwydd a rhyddid iddi, nid galar a dagrau.

'Ma'n ddrwg gen i, Meleri,' dywedodd Mrs Morgan yn fwy tyner y tro hwn. 'Mewn amser, byddwch chi wedi symud ymlaen ac yn diolch i fi am wneud y penderfyniad 'ma.'

Cododd Meleri ar ei thraed a throdd i edrych ar Hywel. Holodd eto'n daer, 'Hywel? Plis? Dwed wrthi! Paid â gadael iddi dy flacmeilo di gyda dymuniadau dy dad! Mae e wedi marw! A deith dim byd â fe 'nôl!'

'Ma'n ddrwg 'da fi,' dywedodd Hywel yn dawel heb fedru edrych i'w llygaid – neu byddai'n newid ei feddwl.

'Well i ti gael hon 'nôl 'te!' dywedodd Meleri'n ddig gan daflu'i modrwy briodas ato. 'Ac o'n i'n meddwl dy fod ti'n wahanol i'r lleill,' dywedodd Meleri'n chwerw. Gyda Mrs Morgan yn ei dilyn, cerddodd allan o'r tŷ heb edrych yn ôl arno.

Unwaith y clywodd Hywel y drws ffrynt yn cau'n glep, rhedodd i fyny'r grisiau i'w ystafell a chau'r drws yn ffyrnig. Rhwygodd y llythyr yr oedd ar hanner ei ysgrifennu at Meleri yn ddarnau mân a thaflodd y llun ohonynt ill dau ar ddydd eu priodas yn erbyn y wal nes bod gwydr y ffram yn deilchion ar y llawr. Daliodd y fodrwy briodas yn dynn yn ei law cyn gwthio'i ben yn ddwfn i'w glustog a beichio crio.

Clywodd ddrws ei ystafell yn agor a daeth ei fam i mewn. Eisteddodd i lawr a dechreuodd fwytho'i ben yn dyner. 'Fe wnest ti'r peth iawn, Hywel,' dywedodd ei fam yn gysurlon. 'Byddai dy dad yn falch iawn ohonot ti.' Ond methai Hywel weld dim ond wyneb torcalonnus Meleri o'i flaen. Roedd wedi colli popeth; ei dad, ei wraig a'i ryddid.

'Ewn ni i'r cwrdd wedyn,' dywedodd ei fam yn dawel. 'Mi fyddi di'n teimlo'n well gydag amser . . .' A cherddodd allan o'r ystafell gan adael Hywel i lefain nes nad oedd dagrau ar ôl i'w crio.

Mis Mai

Lois

Nid oedd bywyd wedi bod yn rhwydd i Lois ers y gyflafan ym Mhontrhydfendigaid. Yn ffodus, doedd Cai ddim wedi dwyn cyhuddiadau yn erbyn Daniel am ei guro, er ei fod wedi bod yn yr ysbyty am wythnos yn gwella o'i glwyfau. Ond roedd Annwfn wedi darfod. Ni allai Daniel faddau i Cai am ddinistrio'u cyfle mawr ac roedd y label recordiau wedi canslo'r ddêl o ganlyniad i fethiant llwyr y lansiad. Nawr, treuliai Daniel ei amser yn cysgu neu'n crwydro'r bryniau o gwmpas Aberystwyth ar ei foto-beic. Roedd yn yfed ac yn smocio dôp yn drwm ac roedd yn gwbl oeraidd tuag at Lois.

Roedd Steve wedi ymuno gyda band tafarn lleol o'r enw Hellfire Club ac yn chwarae'n gyson gyda nhw yn nhafarn Rummer. A doedd dim sôn am Cai y dyddiau hyn, er y gwyddai Lois fod Donna wedi symud i mewn i'w fflat yntau gan adael y tŷ a rannai gyda Lois, Fflur a Steve heb air o ffarwél.

Roedd Meleri wedi symud i mewn i ystafell Donna ac roedd hithau hefyd yn ddarlun gwan o'r cymeriad llawen y bu yn y gorffennol. Ers i Hywel orffen pethau gyda hi, roedd hi wedi dechrau yfed yn drwm eto ac yn smocio dôp drwy'r dydd gyda Fflur a Steve yn eu hystafell glyd. Roedd Lois yn ceisio cadw'r ddysgl yn wastad trwy weithio yn ystod y dydd yn siop y Don a gweithio dair noswaith yr wythnos fel pianydd yn yr Inn on the Pier. Roedd yn waith oedd yn talu'n dda iawn – deuddeg punt yr awr a diodydd am ddim. Y cyfan roedd hi'n gorfod ei wneud oedd chwarae hen ganeuon Abba a Simon and Garfunkel i'r pyntars hynafol am dair awr. Roedd yr arian yn help mawr at rent Daniel a hithau.

Roedd Lois wedi ceisio trafod sefyllfa'r band gyda Daniel droeon a'r tro diwethaf, roedd dicter cyffredinol Lois gyda'r diffyg rhyw yn eu perthynas hefyd wedi codi. Fel arfer gyda chwympo mas tanllyd, roedd y cyfan wedi dechrau'n ddigon diniwed. Roedd Daniel, fel arfer, yn eistedd yn yr ystafell wely gyda'i ben yn ei blu yn smocio sbliff ac roedd Lois newydd ddod 'nôl o'i shifft nos yn yr Inn on the Pier.

'Daniel, wyt ti wedi meddwl ymuno â band arall fel ma Steve wedi'i wneud?' holodd Lois wrth weld ei gitâr yn dal yn segur ers gìg Pontrhydfendigaid.

'Dwi ddim isie, Lois!' dywedodd Daniel gan dynnu'r mwg o'r sbliff yn ddwfn i'w fynwes. 'Annwfn oedd yr unig fand o'n i isie chwarae ynddo. A does dim pwynt ymuno gyda neb arall.'

'Ond, pam 'se ti a Cai yn dod 'nôl yn ffrindie? Dwi'n siŵr gallech chi roi'r cwbl y tu ôl i chi a dechrau eto gyda label arall?' dywedodd Lois, gan eistedd wrth ei ochr.

'Dwi byth isie rhannu llwyfan 'da'r twat 'na 'to!' arthiodd Daniel. 'Ma fe off 'i ben! Ac mae e'n *addict*!'

'Ond o'ch chi'n ffrindie mor dda am flynyddoedd,' dywedodd Lois, yn mwytho'i fraich yn gariadus. 'Dwi ddim yn lico dy weld di'n isel fel hyn. O'dd dy gerddoriaeth di mor bwysig i ti . . .'

''Se angen *shrink* arna i, bydden i'n mynd i weld un proffesiynol, Lois,' dywedodd Daniel gan basio'r sbliff iddi. 'Newidia'r pwnc wnei di, er mwyn dyn, rwyt ti'n nagio fi drwy'r amser!'

'Nagio!' dywedodd Lois, gan dynnu'n ddwfn ar y sbliff. 'Dwi ddim isie dy weld di'n taflu dy fywyd bant yn llechu drwy'r dydd yn yr ystafell 'ma, Daniel. Pam 'se ti'n ennill bach o arian at y rhent, fel ma Steve yn neud, drwy chwarae mewn band? Wneith e les i ti fynd mas a chwarae eto!'

'Ffyc off, Lois!' dywedodd Daniel gan godi ar ei draed yn ddig. 'A meindia dy fusnes, wnei di! 'Y mywyd i yw e!'

'Ie, ac rwyt ti'n ei strywo fe!' gwaeddodd Lois yn ôl arno, wedi colli'i thymer yn lân ar ôl misoedd o ddelio gyda hwyliau duon Daniel. 'Wyt ti ddim yn ystyried sut ma dy hwyliau gwael di'n effeithio arna i? Ti'n dod â fi lawr hefyd, ti'n gwybod! Dwi jyst isie i ni fod yn hapus . . . i fod fel cyplau eraill . . .' Oedodd wrth weld Daniel yn gwelwi ar ei brawddeg olaf.

'O, 'na ni, o'n i'n meddwl 'i fod e'n *too good to be true*, y byddet ti'n troi'r gyllell yn y diwedd,' dywedodd Daniel yn oeraidd. 'Jyst fel Elin!'

'Dwi ddim fel Elin!' sgrechiodd Lois. 'Dwi jyst isie i ti 'y ngharu i, 'na i gyd!'

'Dwi yn dy garu di, Lois!' dywedodd Daniel yn dawel. 'Ond wedes i wrthot ti ar y dechre na ddylet ti ddim aros gyda fi.'

'Ond o'n i isie!' criodd Lois.

'Wel, dy gamgymeriad di oedd hynny,' atebodd

Daniel gan gerdded allan o'r ystafell a rhedeg i lawr y grisiau ac allan o'r tŷ.

Eiliadau'n ddiweddarach daeth cnoc ar y drws a daeth Fflur i mewn i'r ystafell yn betrus. Roedd Lois yn crio ar y gwely; teimlai fod ei pherthynas â Daniel yn anobeithiol. Roeddent yn dal heb gael rhyw llawn gyda'i gilydd ac roedd Daniel wedi suddo i iselder enbyd. Ac roedd Lois, er ei hymdrechion, yn methu â'i achub o bwll anobaith.

'Wyt ti'n iawn, Lois?' holodd Fflur, gan eistedd wrth ei hochr a mwytho'i gwallt o'i hwyneb chwyslyd.

'Ma popeth yn llanast llwyr, Fflur!' criodd Lois ar ei hysgwydd. 'Mae e'n 'y nghasáu i! Dwi ddim yn gwybod beth i'w wneud!'

'Ti 'di gwneud dy ore glas 'da'r boi, Lois,' dywedodd Fflur yn gadarn. 'Allai neb fod wedi gwneud mwy na ti gyda Daniel ac mae e'n gwybod 'ny. Ond falle y dylet ti ystyried . . .' ac oedodd Fflur cyn mynd yn ei blaen, '. . . ystyried gorffen y berthynas. Mae'n dechrau dy wneud di'n sal hefyd . . .'

'Ond dwi'n ei garu e, Fflur,' edrychodd Lois ar ei ffrind yn ddagreuol. 'Alla i ddim byw hebddo fe . . .'

'Ond alli di ddim byw gyda fe chwaith,' ychwanegodd Fflur.

Daeth cnoc arall ar y drws a sythodd Lois yn y gwely yn y gobaith fod Daniel wedi dod 'nôl a bod popeth yn iawn. Ond Meleri a safai yno gyda photel o fodca a thri gwydr yn ei dwylo.

'Alla i ddod mewn?' holodd Meleri'n betrus.

'Wrth gwrs,' dywedodd Lois gan wenu'n wanllyd arni.

Tywalltodd Meleri wydraid hael o fodca iddynt a dechreuodd y tair yfed yn dawel.

'O'n i'n dweud wrthi y byddai'n well iddi orffen 'da Daniel,' dywedodd Fflur yn dawel. 'Mae'n ei hala hi'n dost.'

'Ma dynion i gyd 'run peth,' dywedodd Meleri, a'i hwyneb yn tywyllu. 'Bastards llwyr sy'n gwasgu dy galon di nes ei bod hi'n ddarnau . . .' A chyneuodd sigarét a dechrau smygu.

'Wel, smo nhw i gyd yn wael,' dywedodd Fflur yn deg. 'Ond, ma Lois yn dal heb gael rhyw 'da Daniel. Mae'n amlwg fod problemau ofnadw 'da fe.'

'Falle 'i bod hi'n amser i ti ddechrau meddwl amdanat ti a beth sydd orau i ti, Lois,' dywedodd Meleri'n dawel. 'Y peth anodda yw gadael y person rwyt ti'n ei garu, ond weithiau, does dim dewis 'da ti . . .'

Meddyliodd Lois am ei geiriau wrth iddi geisio cysgu y noson honno. Heb Daniel wrth ei hochr, teimlai'n oer ac unig. A fyddai e byth yn dod 'nôl?

*

Trannoeth, roedd Lois wrth ei gwaith yn y Don a theimlai ychydig yn well. Roedd ei chalon wedi caledu ychydig ers ei noson ddagreuol a nawr teimlai'n ddig wrth Daniel am ei gadael i grio ar ei phen ei hun. Roedd yn amlwg yn ormod o gachgi i ddod 'nôl a gorffen pethau gyda hi.

Daeth un o'i chwsmeriaid rheolaidd, Matt, i mewn i'r siop. Roedd Lois wastad wedi meddwl ei fod yn olygus mewn ffordd *grungy*. Roedd ganddo wallt du anniben yn fop ar ei ben a llygaid gwyrdd chwareus. Roedd yn fwy solet yn ei gorff na Daniel, ac yn gês a hanner. Gwyddai Lois ei fod yn ei ffansïo gan ei fod wedi gofyn iddi fynd allan am ddrinc sawl gwaith yn y gorffennol ac roedd bob amser yn fflyrtio gyda hi yn y siop. Teimlodd ryw awch am hwyl yn treiddio drwy'i gwythiennau. Roedd hi wedi treulio gormod o amser yn crio ac yn poeni am Daniel. Roedd hi'n haeddu ychydig o hwyl yn ei bywyd hefyd.

'Haia, Lois,' dywedodd Matt yn gellweirus, 'ti'n edrych mor secsi ag erioed!'

'Diolch, Matt, rwyt ti'n edrych yn secsi dy hun!' A gwenodd arno'n awgrymog.

Gwnaeth Matt *double-take* oherwydd fel arfer roedd Lois yn gyfeillgar, ond byth mor fflyrti ag yr oedd hi heddiw.

'Wyt ti'n rhydd i gael drinc mewn rhyw awr pan dwi'n cau'r siop?' holodd Lois.

'Erm . . . wel, ydw,' dywedodd Matt yn syn.

'Grêt, dere 'nôl ac ewn ni allan,' dywedodd Lois yn benderfynol. 'Dwi'n ffansïo sesh.'

Ac ymhen awr, roedd hi a Matt wedi dechrau pybcrôl o gwmpas Aberystwyth ac roedd hi'n cael amser ffantastig. Roedd Matt yn astudio Ffilm a Theledu yn y brifysgol ac roedd yn gymeriad bywiog, llawen heb ronyn o ddüwch yn ei anian. Roedd hi'n gymaint o ryddhad, meddyliodd Lois, wrth iddi ddownio'i chweched gin a tonic, i gael cwmni rhywun 'normal'. Roedd Matt wedi tyfu'n dipyn fwy eofn wrth iddo ddownio'i gwrw ac erbyn hyn, roedd y ddau ohonynt yn cael eu diod ola yn nhafarn y Bear. Roedd Lois wedi osgoi hoff dafarndai Daniel, rhag iddo ddinistrio'i noson ac erbyn hyn roedd llaw Matt yn anwesu'i bron ac roedd yn ei chusanu'n nwydus.

'Wyt ti isie dod 'nôl i'n lle i?' holodd Matt wrth i'r ddau adael y Bear gyda'i gilydd.

'Pam lai?' dywedodd Lois, yn teimlo'n gwbl rydd a

hapus, diolch i'r alcohol oedd yn llifo drwy ei gwythiennau.

'Fi wedi dy ffansïo di ers achau, Lois,' sibrydodd Matt yn ei chlust wrth iddo'i charu yn ei wely y noson honno.

'Dwi'n gwybod,' dywedodd Lois gan ei gusanu'n nwydwyllt. Doedd hi ddim eisiau iddo wybod ei bod yn wyryf; roedd hi eisiau iddo ei gweld fel merch rywiol, brofiadol, merch fel Fflur neu Cerys. Nid methiant truenus fel yr oedd hi gyda Daniel. Ond doedd ddim angen poeni am Matt yn methu yn ei ddyletswydd wrywaidd; roedd yn garwr medrus ac roedd Lois yn falch ei bod wedi'i ddewis i fod yn garwr cynta go iawn iddi.

Doedd dim angen Daniel arni wedi'r cwbl, meddyliodd wrth i Matt gusanu'i bronnau'n awchus. Ac er ei bod hi'n anodd peidio meddwl amdano, gwthiodd Lois ei wyneb golygus o'i dychymyg a chanolbwyntio ar golli ei gwyryfdod, o'r diwedd.

*

Cerys

Eisteddai Cerys ar y soffa ledr foethus yn teimlo'n rhyfeddol o dawel ei meddwl. Nawr ei bod hi wedi penderfynu dweud y cwbl wrth wraig Marc Arwel, doedd dim troi 'nôl. Roedd hi wedi ffugio wrth Marc ei bod hi wedi cael yr erthyliad ond doedd hi ddim am gael gwared ar y babi yma ar unrhyw delerau. Roedd hi wedi aros nes ei bod yn ddigon cryf i wneud y weithred ac wedi penderfynu mai heddiw oedd y diwrnod. Gwyddai fod Marc yn dysgu yn y coleg drwy'r dydd ac y byddai ei wraig, gobeithio, gartre ar ei phen ei hun. Mater syml oedd curo ar y drws a dweud bod ganddi rywbeth pwysig iawn i'w drafod gyda Mrs Arwel Owen. A nawr, dyna lle'r eisteddent yn wynebu'i gilydd o'r diwedd yn lolfa grand Marc Arwel.

Roedd Cerys, yn naturiol, yn llawn chwilfrydedd i weld sut gartref oedd gan ei sboner llwyddiannus. Ac roedd, fel y dychmygai, yn foethus ac yn chwaethus. Roedd y muriau'n wyn a'r lloriau o bren derw ac yma a thraw roedd lluniau o'r plant o'u babandod i'r presennol. Un llun nad oedd Cerys wedi hoffi'i weld oedd llun priodas Marc a'i wraig oedd yn hongian uwch ben y lle tân. Edrychai'r ddau mor hapus ac ifanc yn y llun. A gwingai calon Cerys o feddwl ei fod wedi profi'r fath hapusrwydd gyda menyw arall.

'Nawr 'te, Cerys, beth yw'r broblem?' holodd Mrs Arwel Owen yn dawel wrth osod cwpanaid o goffi ar y bwrdd gerllaw iddi.

'Wel, Mrs Arwel . . .'

'Sioned,' meddai gan wenu'n ofalus. Edmygai Cerys y ffaith ei bod mor ddiemosiwn. Roedd yn eitha amlwg fod Cerys wedi dod yma ar berwyl annymunol ond llwyddai Sioned i beidio â datgelu dim poen meddwl o gwbl.

'Sioned,' meddai Cerys yn bendant. 'Ma'n ddrwg 'da fi mod i wedi gorfod dod i'ch gweld chi i rannu'r fath newyddion gyda chi. Ond dwi'n feichiog, a'ch gŵr chi yw'r tad.'

Bu saib hir cyn i Sioned ddechrau chwerthin. Syllodd Cerys arni'n syn. Oedd hi o'i cho? Roedd hi newydd ddatgelu rhywbeth a ddylai dorri calon y fenyw hon – bod ei gŵr wedi gwneud merch ifanc yn feichiog – a dyma lle roedd hi'n chwerthin! Ond nid chwerthin hwyliog ydoedd ond chwerthin oeraidd, miniog, a gwelodd Cerys fod llygaid tywyll Sioned bellach fel iâ.

'Wel, nid y chi yw'r gynta ac nid chi fydd yr ola i fod yn y fath sefyllfa, Cerys,' dywedodd Sioned gan yfed ei the yn ddideimlad.

'Beth?' meddai Cerys, â'i llygaid yn agor led y pen gan sioc.

'Dyma'r trydydd tro i un o hwrod Marc "anghofio" cymryd y bilsen,' dywedodd Sioned gan gynnau sigarét yn ddi-hid a syllu ar Cerys fel gwdihŵ yn syllu ar lygoden.

'Y'ch chi'n dweud celwydd!' meddai Cerys, gan feddwl mai tacteg i'w bwrw oddi ar ei hechel oedd hon.

'Na, nid celwydd yw e, Cerys,' dywedodd Sioned yn bwyllog, 'ond ffaith. Chi yw'r drydedd ferch o'r coleg mewn deng mlynedd sydd wedi'i chael ei hun yn y fath sefyllfa, diolch i Marc,' ategodd, gan ddal ati i yfed ei the. 'Ond chi yw'r gynta i gael y gyts i ddod i ngweld i'n bersonol. Ond fe weda i un peth wrthoch chi, Cerys: os y'ch chi'n meddwl y bydd Marc byth yn fy ngadael i, y'ch chi'n byw mewn byd ffantasi.'

'Ond mae e wedi dweud nad yw e'n eich caru chi!' dywedodd Cerys, yn benderfynol o droi'r gyllell gan fod y fenyw hon yn ymddangos yn uffernol o beryglus. Deallai nawr pam nad oedd Marc eisiau dweud wrthi, os oedd hi'n rhaffu celwyddau fel hyn.

'Wrth gwrs ei fod e!' chwarddodd Sioned. 'Dyna'r dacteg amlwg i gadw merch fach, dwp fel ti sy'n methu cau ei choesau am eiliad rhag meddwl pa mor annhebygol yw hi i ddyn fel Marc, sy'n caru ei statws, ei dŷ crand a'i deulu perffaith, i roi'r gorau i'r cwbl am ryw hwren ddwy a dime!'

'Dwi ddim yn hwren!' dywedodd Cerys yn ffrom. 'Mae Marc a fi yn caru'n gilydd a dwi wedi dod yma heddi i ofyn i chi roi ysgariad iddo fe er mwyn i ni a'r babi fod gyda'n gilydd.'

'Dwi'n ddigon hapus i ysgaru Marc,' dywedodd ei wraig gan wenu ar Cerys. 'Fe sydd eisiau parhau gyda'r briodas yma, nid fi.'

'Ond pam,' gofynnodd Cerys, yn methu deall y fenyw osgeiddig hon o'i blaen o gwbl, 'a chithe'n gwybod ei fod e'n cysgu 'da merched eraill?'

'Dwi'n cael hwyl gyda dynion eraill hefyd, Cerys fach,' dywedodd Sioned yn enigmatig. 'Mae gan Marc a fi briodas agored ac mae'n ein siwtio ni'n dau i'r dim. Mae Marc yn cael ei ryddid, mae Nhad i'n hapus, mae'r plant yn cael cartref sefydlog a does dim cymhlethdodau.'

'Eich tad?' holodd Cerys.

'Yr Athro Hywel Ceredig, Llywydd y Coleg . . .' dywedodd Sioned yn ddifater.

Dyna pam roedd Marc yn poeni cymaint am ei swydd, meddyliodd Cerys wrthi'i hun. 'Ond o'ch chi'n gwybod amdana i?' holodd Cerys.

'Wel, o'n i ddim yn gwybod dy fod ti'n feichiog!' dywedodd Sioned, â'i hwyneb yn tywyllu am eiliad.

'Ond . . . dwi ddim yn deall!' dywedodd Cerys mewn penbleth.

'Fe ddoi di i ddeall ymhen rhyw ugain mlynedd pan fyddi di wedi byw ychydig,' dywedodd Sioned gan godi o'i sedd. 'Ysgol ddrud yw ysgol brofiad. Nawr, os nad oes rhywbeth arall, wnei di fynd, plis?'

Cododd Cerys o'r soffa fel petai mewn breuddwyd a dweud, 'Ond, beth wna i nawr?'

'Cael gwared ar y plentyn ddylet ti wneud, Cerys,'

dywedodd Sioned yn ddiffuant. 'Jyst fel y lleill.' A gyda hynny, caeodd y drws yn glep yn wyneb Cerys, a safai ar y stepen fel petai wedi cael ei thrywanu gan fellten.

Wrth iddi gerdded i lawr y prom, ni wyddai Cerys beth i'w wneud nesa. Roedd ei breuddwydion yn deilchion. Roedd wedi disgwyl i Sioned wylo a gweiddi arni am ddwyn ei gŵr; doedd hi ddim wedi disgwyl yr oerni na'r derbyniad dideimlad i'w newyddion. Teimlai'n ffŵl am syrthio am eiriau gwag Marc Arwel. Mae'n rhaid ei fod e a'i wraig yn chwerthin ar ei phen hi wrth iddyn nhw eistedd gyda'i gilydd ar ei soffa grand! Gwelodd Cerys flwch ffôn gerllaw a ffoniodd rif swyddfa Marc. Roedd yn rhaid iddi gael gwybod y gwir. Gobeithiai fod Sioned yn dweud celwydd – allai'r hyn a ddywedodd hi byth fod yn wir. Gwyddai fod Marc yn ei charu hi; allai e byth ffugio'r fath deimlad pan oedd hi'n gorwedd yn ei freichiau. Allai e? Siaradodd i mewn i'r derbynnydd yn gadarn,

'Marc, mae'n rhaid i fi dy weld di heno. Ma rhywbeth ofnadw wedi digwydd. Mae'n bwysig, OK? Wela i di wedyn.'

A gyda hynny, gosododd y ffôn yn ôl yn ei grud. Byddai Marc yn gorfod gadael ei wraig nawr, gan ei bod hi'n amlwg yn nytar celwyddog. A hi, Cerys, fyddai'n ennill y frwydr hon, nid Sioned. Eisteddodd ar fainc wrth y traeth i feddwl yn glir am sut fyddai'n rhannu ei newyddion gyda Marc Arwel y noson honno . . .

*

Hywel

Ers iddo orffen pethau gyda Meleri, roedd Hywel wedi ceisio byw ei hen fywyd gartre gyda'i fam. Dilynai'r un rhigol ag y dilynai er yn blentyn. Cwrdd, helpu yn yr hostel, gofalu am Mam-gu a gwylio *Pobol y Cwm* bob nos. I ddechrau, roedd yn gysur cael dilyn bywyd heb gynnwrf, heb newid, ond nawr, roedd Hywel yn dechrau syrffedu ar yr awyrgylch leddf oedd yn dal i lenwi'r tŷ ers marwolaeth ei dad. Wrth gwrs ei fod e'n colli'i dad, ond ers profi rhyddid coleg, roedd hi'n anodd dilyn rheolau cul ei fam. Teimlai ei fod wedi dychwelyd i'w blentyndod, ond hefyd fod ei fam yn disgwyl iddo gymryd lle ei dad yn y capel ac yn yr hostel. Ac nid oedd Hywel yn barod i fyw'r bywyd llwydaidd hwn eto ac yntau newydd ddechrau mwynhau ei fywyd lliwgar fel myfyriwr.

Roedd yr euogrwydd am ei ran e ym marwolaeth ei dad yn ddigon i wneud iddo beidio â meddwl am y fath bethau, er ei fod, ers wythnos, wedi bod yn edrych ar y llun priodas ohono fe a Meleri, y llun yr oedd e wedi'i roi o'r neilltu am sbel yn ei ddrôr dillad isaf. Ond roedd e'n methu peidio meddwl amdani a gobeithiai ei bod yn iawn. Doedd e ddim wedi clywed gair oddi wrthi ers y diwrnod ofnadwy hwnnw pan ddaethai i lawr i'w weld. Roedd Lois wedi dweud yn un o'i llythyron ei bod wedi symud i mewn atyn nhw a'i bod yn iawn, er yn chwerw. Ond gwyddai na fyddai merch fel Meleri yn unig am sbel. Na, roedd yn rhaid iddo fe gyflawni'i ddyletswydd a chofio dymuniad ei dad ac ufuddhau i'w fam, er ei bod yn anodd gwneud hynny ar brydiau.

Roeddent yn yr hostel i'r digartref heno eto. Safai

Hywel ger ei fam yn tywallt cawl i gwpanau ar gyfer y trueiniaid digartref o'u cwmpas. Yr un wynebau oedd yno bob tro yr âi Hywel i'r lle, er y byddai rhai wedi diflannu i dref arall weithiau, neu i ryddid marwolaeth, diolch i heroin, oedd yn rhemp yn yr ardal.

'Bydd hi'n well yn yr haf,' meddai ei fam wrtho pan welodd rai ohonynt yn dod i mewn o'r oerfel y tu allan, yn wanllyd a diobaith. Er ei bod hi'n fis Mai, roedd yr awel yn dal yn fain yn y nos.

Yr haf . . . Sylweddolodd Hywel mewn fflach na allai oddef dod yn ôl yma am fisoedd eto. Gwyddai hefyd na allai barhau i fyw gartre gyda'i fam. Roedd y tristwch yn sugno'i ysbryd ac roedd colli Meleri wedi hanner 'i ladd. Doedd e ddim eisiau bod yn rhywun gwag, digariad, â'i fywyd ar ben, fel y dynion truenus yma o'i gwmpas – na'i fam, mewn gwirionedd. Trodd i edrych arni a rhoi ei law ar ei braich.

'Mam, dwi'n eich caru chi. Ond dwi'n gorfod mynd 'nôl i Aberystwyth at Meleri. Triwch ddeall!' A chyn iddi gael cyfle i ymateb, gadawodd Hywel hi'n sefyll yno gyda'i cheg yn 'O' fawr, a'r llwy gawl yn ei llaw yn gollwng hylif dros fenig bratiog yr hobo newynog oedd yn sefyll gerllaw iddi.

Neidiodd Hywel i gar ei dad tu allan i'r hostel a thanio'r injan. Edrychodd ar ei oriawr; roedd hi bron yn wyth o'r gloch. Os gyrrai fel y diawl, byddai yn Aberystwyth a gyda Meleri erbyn deg. Gyrrodd allan i'r brif heol gyda'i galon yn canu. Byddai yn ôl ym mreichiau Meleri unwaith eto, os gallai hi faddau iddo . . .

Yr un diwrnod

Lois

Pan dychwelodd Lois i'r fflat y bore hwnnw ar ôl treulio'r noson gyda Matt, teimlai'n rhyfedd. Doedd colli ei gwyryfdod ddim wedi newid dim arni mewn gwirionedd. Roedd wedi disgwyl rhyw ryfeddod mawr, fel petai'n camu o fyd plentyn i fyd oedolyn. Ond ni theimlai ddim, dim ond euogrwydd ei bod wedi cysgu 'da dyn arall heblaw Daniel – a chydig o boen gorfforol ar ôl y caru nwydwyllt. Roedd wedi codi'n dawel y bore hwnnw gan adael Matt yn cysgu'n sownd yn y gwely. Er ei fod yn fachgen golygus ac yn meddu ar gymeriad hyfryd, gwyddai Lois nad oedd pwynt ei weld eto. Roedd y cariad a deimlai tuag at Daniel yn dal heb fynd o'i chalon a byddai angen amser arni cyn dechrau perthynas arall.

Pan agorodd ddrws ei hystafell, cafodd sioc o weld Daniel yn gorwedd yn y gwely. 'Ble wyt ti wedi bod?' holodd e'n dawel.

'Yn . . . Nhaliesin; arhoses i 'da Cerys,' dywedodd Lois yn sydyn, yn synnu pa mor gyflym roedd y celwydd yn dod o'i cheg.

'Ma'n ddrwg 'da fi Lois, am bopeth,' dywedodd Daniel gan roi ei freichiau o'i chwmpas. 'Dwi'n gwybod mod i 'di bod yn fastard llwyr yn ddiweddar.

Mae wedi bod yn amser caled, gyda'r band yn methu. A . . . wel, dyma'r adeg wnes i golli Rhys . . .' a thawelodd yn sydyn.

'Mae'n iawn,' dywedodd Lois, gan gladdu 'i hwyneb yn ei wddf ac arogleuo'i arogl arbennig e, oedd mor gyfarwydd iddi bellach. 'Mae'n ddrwg 'da fi hefyd,' dywedodd, gyda'r euogrwydd am ei noson gyda Matt yn ei phigo.

'Dwyt ti ddim wedi gwneud dim byd o'i le,' dywedodd Daniel, a'i mwytho'n dyner. 'Dwi'n addo, bydd pethau'n newid i ni nawr. Ym mhob ffordd,' dywedodd, gan ei chusanu. A dechreuodd ei dadwisgo'n araf.

Roedd Lois yn syfrdan wrth iddi hi a Daniel ddechrau caru. Beth, roedd e eisiau rhyw nawr, a hithau newydd gael rhyw gyda rhywun arall? A oedd hi wedi tyfu'n fwy rhywiol dros nos? Roedd Daniel yn amlwg yn awyddus i brofi ei fod wedi newid. Roedd yn ei charu'n danbaid, yn llawn angerdd, a gwyddai Lois nawr y gwahaniaeth rhwng caru chwantus heb gariad a charu greddfol rhwng dau berson oedd yn caru 'i gilydd. Roedd yn difaru 'i henaid ei bod wedi gwastraffu'i gwyryfdod yn fyrbwyll wrth i Daniel ei chusanu a'i mwytho'n angerddol. Dechreuodd y dagrau lifo'n dawel i lawr ei gruddiau. Dywedodd Daniel yn dawel, 'Beth sy? Ydw i'n dy frifo di?'

'Na!' dywedodd Lois a'i dynnu'n agosach ati. 'Dwi mor hapus, dyna i gyd.' A daliodd y ddau ati i gusanu a charu.

Roedd Daniel fel petai wedi cael tröedigaeth. Roedd wedi trefnu gyda Steve y byddai'n ymuno gyda band yr Hellfire Club yn eu gìg nesa a theimlai Lois yn llawer ysgafnach ei meddwl wrth iddi ddechrau ei shifft yn y Don y diwrnod hwnnw. Gallai anghofio am Matt; doedd e ddim yn cyfri. Roedd hi'n meddwl bod Daniel wedi'i gadael pan gysgodd hi gyda Matt, felly doedd hi ddim wedi bod yn anffyddlon, ddim mewn gwirionedd.

Gwibiodd y diwrnod heibio'n eitha cyflym a phan oedd dim ond awr ar ôl cyn cau, pwy gerddodd i mewn i'r siop, ond Matt. Teimlai Lois ei bochau'n llosgi wrth ei weld. Roedd hi'n haws ffugio nad oedd dim byd wedi digwydd pan oedd e mas o'i golwg hi, ond nawr ei fod e yno'n sefyll o'i blaen, allai hi ddim anghofio cymaint y gwyddai amdani hi, a'i chorff.

'Helô secsi!' meddai Matt yn llawen gan roi cusan fawr iddi. 'Lle est ti bore 'ma? Deffres i ac o'n i'n meddwl mod i wedi cael breuddwyd erotig nes mod i'n dod o hyd i hon ar y llawr.' A thynnodd freichled arian oedd yn eiddo i Lois o'i boced. Roedd yn rhaid ei bod hi wedi'i gadael ar lawr ei ystafell.

Cymerodd Lois ei breichled oddi wrth Matt yn lletchwith, 'Diolch, Matt.'

'Croeso,' dywedodd Matt. 'Roedd angen esgus arna i i ddod i dy weld di eto . . . Wyt ti'n brysur heno? Beth am gwpwl o ddrincs ar ôl gwaith?' Aeth Lois â Matt i'r gornel posteri er mwyn cael gair tawel gyda fe allan o glyw'r cwsmeriaid eraill. 'Ma'n ddrwg 'da fi, Matt, ond dwi ddim yn meddwl ei fod e'n syniad da i ni weld ein gilydd eto.'

'Ond pam?' holodd Matt, â'i lygaid yn agor led y pen. 'O'n i'n meddwl ein bod ni wedi cael amser grêt neithiwr.' A mwythodd ei boch yn gariadus.

'Do, o'dd e'n lyfli. Ond, ti'n gweld, o'n i 'di cwympo mas da'n sboner i ddoe ac roeddwn i eisiau bach o gysur . . . A, wel . . . ma'n ddrwg 'da fi, ond allwn ni ddim gweld ein gilydd eto.'

'Beth?' dywedodd Matt yn ffrom. 'O grêt, diolch i ti, Lois. Un diwrnod ti'n fflyrtio ac ma dy goese di ar led cyn y galla i ddweud Durex, a nawr rwyt ti'n siarad am dy sboner. Wel, wnest ti ddim siarad amdano fe neithiwr . . .'

'Pam 'ny 'te, Lois?' holodd llais arall y tu ôl iddynt. Ac yno safai Daniel yn edrych yn syn arni, ei wyneb yn welw a'i lygaid yn llosgi yn ei ben.

'Daniel, o'n i'n meddwl ein bod ni wedi gorffen. Dim ond un noson oedd e, dyna i gyd, ar ôl i ni gael y gweryl fawr 'na. O'dd e'n golygu dim,' ymbiliodd Lois, â'r dagrau'n dechrau cronni yn ei llygaid. Pam oedd hi wedi bod mor ffôl â chysgu gyda Matt?

'Diolch yn fawr!' dywedodd Matt yn sych, gan droi at Daniel a dweud, 'Croeso i ti gael hon, mêt, ond faswn i ddim yn ei thrysto hi.' A cherddodd allan o'r siop mewn tymer.

'Mae e'n iawn, Lois,' syllodd Daniel arni cyn dweud yn dawel, 'Hwyl i ti,' a dilyn Matt allan drwy'r drws.

'Daniel!' gwaeddodd Lois wrth ei weld yn neidio ar ei foto-beic, oedd tu allan i'r siop. Ond roedd ei gweiddi yn ofer a gwyliodd yn ddiymadferth wrth iddo ddiflannu rownd y gornel ac allan o'i bywyd.

Ymlwybrodd Lois yn araf tua'r fflat ar ddiwedd diwrnod mwyaf ofnadwy ei bywyd. Roedd Daniel wedi'i gadael a gwyddai y tro hwn na ddeuai e byth adre. A'i bai hi oedd y cwbl. Cerddodd i mewn i'r gegin a mynd yn syth am y botel gin oedd yn y cwpwrdd. Eisteddodd wrth y bwrdd a dechrau tywallt. Cerddodd Fflur i mewn i'r ystafell a'i gwylio'n ofalus.

'Beth sy'n digwydd?' holodd gan eistedd wrth ei hochr ac estyn am y botel gin. 'Daeth Daniel mewn ginne fach a phacio'i fagiau, heb ddweud un gair, a bant â fe ar ei foto-beic!'

'Gysges i 'da rhywun arall ar ôl i ni gael y gweryl fawr yna a ffeindiodd e mas amdano fe heddi,' dywedodd Lois gan danio mwgyn yn ddiflas.

"Da pwy gysgest ti?' holodd Fflur yn gegagored.

'Y boi 'na sy'n dod i'r siop yn aml, Matt . . .'

'Hwnna o't ti'n gweud sy'n bishyn?' dywedodd Fflur gan ddrachtio'i gin yn awchus.

'Ie, wel, o'n i'n grac 'da Daniel ac o'n i'n meddwl 'i fod e wedi gorffen 'da fi. Eniwê, daeth e mewn i'r siop a gweld y Matt 'ma'n rhoi amser caled i fi achos o'n i ddim isie 'i weld e eto.'

'O na!' dywedodd Fflur.

'Ie, *caught red-handed*!' dywedodd Lois yn chwerw. 'A dwi'n gwybod pa fath o berson yw Daniel. Wneith e byth faddau i fi.'

'Wel, mae e'n grac nawr,' dywedodd Fflur yn bwyllog, 'Ond rho amser iddo fe. Fe ddaw e drosto fe, gei di weld. Nawr, dere mewn i'n ystafell ni a geith Steve sginio sbliffyn fel boncyff i ti!'

Dilynodd Lois yn ufudd. Fe fyddai sbliff a gin yn anesthetig da iddi am heno, ac yn help iddi anghofio. Setlodd Lois i lawr am noson o yfed ond roedd y botel gin wedi diflannu erbyn naw o'r gloch. Doedd neb yn teimlo'r awydd i fynd allan i'r siop a chofiodd Lois fod ganddi botel o rym heb ei hagor yn ei hystafell. Cerddodd i mewn i'r ystafell a sylwodd fod y mân bethau oedd gan Daniel yn ei hystafell wedi diflannu; edrychai'r lle'n ddieithr rywsut. Ar y gwely, roedd yna lythyr gyda'i henw mewn llythrennau bras wedi'i ysgrifennu'n frysiog ar yr amlen. Roedd hi'n nabod y llawysgrifen yn syth – Daniel. Agorodd y llythyr yn y gobaith y byddai'n dweud ei fod yn deall, ei fod yn maddau iddi, ac y byddai'n dod 'nôl ar ôl cael amser i feddwl. Ond na, dim ond ychydig eiriau oedd ynddo:

> Annwyl Lois
> Paid â beio dy hun. Roeddwn i'n gwybod y deuai rhywun arall i dy fywyd, rhywun allai gynnig mwy i ti na fi. Nawr, dwi wedi dy golli di ac unrhyw obaith am hapusrwydd yn y dyfodol. Ddaw Rhys byth 'nôl a ddo i byth 'nôl o'r uffern dragwyddol yma chwaith.
>
> Edrycha ar ôl dy hunan,
> Daniel x

Doedd gan Lois ddim syniad beth i'w wneud. Ai llythyr ffarwél oedd hwn ynteu llythyr ac iddo ystyr mwy brawychus, terfynol, y tu ôl i'r geiriau?

'Fflur!' gwaeddodd, â'i llais yn sgrech wrth iddi redeg i mewn atynt. 'Dwi'n meddwl fod Daniel yn mynd i wneud rhywbeth hurt! Mae e wedi gadael llythyr i fi. Ma'n rhaid i fi ei stopio fe.'

'Aros, ddown ni gyda ti!' dywedodd Fflur, yn ceisio codi o'r gwely'n lletchwith.

'Does dim amser!' meddai Lois gan ruthro allan o'r tŷ mewn panig. Lle roedd e wedi mynd? Edrychodd o'i chwmpas am eiliad ac yna gwelodd fryn Craig Glais fel bwgan mawr du yn y pellter. Dyna lle'r aeth e tro diwetha, meddyliodd Lois. Ac roedd y bryn yn lle diarhebol yn Aber i bobl oedd eisiau gorffen y cwbl. Dechreuodd Lois redeg yn gynt nag yr oedd hi wedi rhedeg erioed o'r blaen. Beth os byddai'n rhy hwyr?

Teimlai fel petai ei chalon ar ffrwydro gyda'r egni yr oedd wedi'i ddefnyddio i redeg i fyny'r bryn. Ond yno y safai, wrth y dibyn, yn ffigwr unig yn y golau egwan. 'Daniel!' gwaeddodd Lois, ei hanadl yn fyr. 'Paid â'i wneud e! Plis!'

Trodd Daniel i edrych arni am eiliad ac yna trodd yn ôl at y dibyn a heb oedi i ddweud dim wrthi, neidiodd. Safodd Lois fel delw am funud, yn methu credu ei fod wedi neidio. Yna rhedodd tuag at y man lle bu Daniel yn sefyll, gan obeithio mai tric oedd y cyfan ac y byddai yno'n sefyll y tu ôl iddi'n ddiogel. Ond doedd dim sôn amdano'n unman. Yn ofnus, edrychodd Lois i lawr dros y dibyn i weld dim ond tonnau tywyll yn chwyrlïo oddi tani.

Gobeithio i Dduw y gallen nhw ei achub e o hyd, os gallai hi gael help yn syth. Rhedodd eto fel y gwynt i lawr y bryn tuag at westy'r Bae – y man agosaf oedd â ffôn, ond beth os byddai'n rhy hwyr?

*

Cerys

Roedd Cerys yn aros yn ddiamynedd ar y traeth i Marc ei chyfarfod. Roedd yn ysu iddo roi diwedd ar ei briodas unwaith ac am byth, er mwyn iddynt ddechrau eu bywyd newydd gyda'i gilydd. Gobeithiai nawr y byddai wedi'i orfodi i orffen pethau gyda'i wraig.

Yna, gyda rhyddhad, fe'i gwelodd yn cerdded tuag ati. Roedd hi'n poeni y byddai ei wraig wedi'i droi yn ei herbyn ac na fyddai wedi dod allan i'w chyfarfod. Wrth iddo agosáu, gwelodd fod ei wyneb yn llawn dicter a dechreuodd boeni na fyddai ei chynllun yn gweithio wedi'r cwbl.

'Beth wnest ti, gwed?' sgrechiodd Marc wrth iddo afael yn ei braich yn boenus o dynn.

'Beth ti'n feddwl?' dywedodd Cerys, yn gwingo gan boen.

'Wedodd Sioned dy fod ti wedi galw a dweud y cwbl wrthi, y slwten hurt!' gwaeddodd Marc. 'Mae hi 'di dweud, os na fyddi di'n cael gwared ar y babi, y bydd hi'n dweud popeth wrth ei thad!'

'Dwi ddim yn mynd i gael gwared ar y babi!' gwaeddodd Cerys arno'n ddig. 'A dwi'n becso dim am Sioned na'i ffycin thad! Tyfa bâr o geilliau, wnei di, a gorffenna gyda hi!'

'Pwy ffyc ti'n meddwl wyt ti'n siarad fel'na gyda fi?' sgrechiodd Marc gan ei tharo'n galed yn ei hwyneb. 'Y bitsh fach! Dwyt ti'n deall dim, wyt ti? Dwi ddim isie dy fabi diawl di! Ti 'di dinistrio mywyd i, ti'n clywed? Mae Sioned yn gwybod y cwbl nawr!'

Roedd Cerys ar ei gliniau wrth y dŵr yn crio a'r boen yn ei boch yn llosgi. 'Ond o'dd hi'n gwybod y cwbl beth bynnag! Wedodd hi wrtho fi bo ti wedi gwneud hyn droeon!'

'O'dd hi'n gw'bod dim!' dywedodd Marc. 'Smo ti'n gweld? O'dd hi'n dweud 'na i gael dy wared di! Ond nawr, mae hi isie fi mas o'r tŷ! Fydd dim swydd 'da fi, dim cartre a galla i anghofio am weld y plant bob dydd!'

'Ond fydd plentyn 'da ni ein hunain!' sgrechiodd Cerys. 'Smo ti'n deall?'

'Dwi ddim isie clywed rhagor!' gwaeddodd Marc. 'Dim ond trwbwl wyt ti wedi bod ers i ni gwrdd!' A gyda hynny, tynnodd hi gerfydd ei gwallt i'r môr a dal ei phen yn galed o dan y dŵr. Teimlai Cerys yr heli'n dechrau treiddio i mewn i'w thrwyn a'i cheg wrth iddi geisio ymladd yn ei erbyn. Roedd e'n ceisio'i lladd hi! Beth oedd yn digwydd? Roedd hi'n meddwl ei fod yn ei charu! Ond yna, wrth iddi ddechrau teimlo'n ddiymadferth o dan y dŵr, teimlodd Marc yn gollwng ei afael arni a bachodd ar y cyfle i godi'i phen ac anadlu. Clywodd sŵn seiren yn canu yn y pellter a gwthiodd Marc nes iddo yntau syrthio i'r dŵr. Dechreuodd redeg fel cath i gythraul i fyny'r traeth i ddiogelwch y prom. Roedd yn rhaid iddi ddianc rhag iddo'i lladd hi! Rhedodd i mewn i'r lle agosaf y gallai ei weld yn ei phanig – gwesty'r Bae. Gwthiodd y drws ar agor, ei dwylo'n crynu, a rhedodd at y derbynnydd gan weiddi, 'Ffoniwch yr heddlu! Ma rhywun newydd geisio'n lladd i!'

'Cerys?' clywodd lais cyfarwydd Hywel y tu ôl iddi. Yno safai Lois, Hywel a Meleri yn syllu arni'n syn. Roedd Lois yn swp o ddagrau fel hithau. 'Lois!' meddai Cerys, yn teimlo rhyddhad wrth iddi weld ei hen ffrind a dechreuodd y ddwy feichio crio ym mreichiau'i gilydd.

*

Hywel

Roedd Hywel wedi gyrru fel dyn gwyllt ar hyd yr heolydd cul i Aberystwyth. Canai'r Beatles am ogoniannau cariad ar y radio wrth iddo yrru'n nes at ei hapusrwydd, ac at Meleri. Cymaint oedd ei awydd i'w gweld nes iddo lwyddo i wneud y siwrne o Lanelli mewn llai na dwy awr.

Parciodd ei gar tu allan i fflat Lois a Fflur, gan obeithio y byddai Meleri yno. Cnociodd ar y drws yn eiddgar ac ar ôl ychydig eiliadau, atebodd Fflur. Edrychai mor Gothaidd ag arfer yn ei ffrog borffor a'i cholur dramatig.

'Wel, ffycin 'el!' dywedodd Fflur yn ei llais dwfn. 'Y mab afradlon wedi dychwelyd!'

'Fflur!' meddai Hywel gan ei chofleidio'n falch. 'Lle mae Meleri?'

'Mae hi mas ar y *piss* heno, fel arfer ers i ti adael,' dywedodd Fflur wrth iddyn nhw gerdded i mewn i'r ystafell fyw lawn mwg. Yno eisteddai Steve yn smygu ei sbliff yn braf o flaen y teledu. Doedd dim sôn am Lois na Daniel yn unman.

'Lle mae hi, gyda Lois yn rhywle?' holodd Hywel.

'Na, ma Lois wedi mynd i chwilio am Daniel. Ma nhw wedi cwympo mas ac ma Lois fel *drama queen* wedi mynd ar 'i ôl e!' dywedodd Fflur gan gynnig gwydraid o win i Hywel.

'Na, dim diolch. Lle mae Meleri wedi mynd?'

'Wel, dwi'n meddwl ei bod hi'n cwrdd â rhai o'i ffrindiau yn y Bae,' dywedodd Fflur. Cyn iddi gael amser i ddweud mwy, roedd Hywel allan drwy'r drws ac yn anelu am y Bae fel taran.

Roedd yn fwy nerfus fyth nawr o feddwl y byddai'n gweld Meleri ar ôl cyhyd. Beth os na fyddai'n fodlon gwrando ar ei ymddiheuriad? Na, doedd methu ddim yn opsiwn, meddyliodd Hywel wrth iddo redeg i fyny'r grisiau i mewn i dafarn y Bae.

Edrychodd o'i gwmpas gan ryfeddu nad oedd dim wedi newid ers iddo adael fisoedd ynghynt. Yr un wynebau, yr un diodydd a'r un gerddoriaeth. Ond lle roedd Meleri? Ac yna, fe'i gwelodd hi. Roedd hi'n eistedd yn y gornel gyda'i ffrindiau o Daliesin, Nest ac Anwen. Cerddodd Hywel at y bwrdd a dweud yn dawel, 'Meleri.'

Cododd Meleri ei phen ac edrych ar Hywel mewn syndod. 'Hywel!' meddai, cyn i'w llygaid galedu. Trodd oddi wrtho a'i anwybyddu.

'Beth wyt ti'n moyn?' holodd Nest yn swta. 'Dyw Meleri ddim isie dy weld di; cer o 'ma, wnei di!'

'Na!' dywedodd Hywel. 'Dwi isie siarad gyda ti, Meleri. Mae'n rhaid i fi siarad 'da ti.'

'O, mae'n iawn i ti siarad gyda fi, odi fe?' holodd Meleri, yn sefyll ar ei thraed mewn tymer. 'Ar ôl misoedd o ddistawrwydd? Wel ffyc off, Hywel! Mae'n rhy hwyr i ti ymddiheuro nawr!' A cherddodd Meleri allan o'r bar i'r dderbynfa. Rhedodd Hywel ar ei hôl a gafael yn dynn yn ei braich.

'Gwranda,' dywedodd yn daer. 'O'n i ddim yn gwybod beth ddiawl o'n i'n 'i wneud. O'dd Dad wedi marw, o'dd Mam fel petai hi wedi colli'r plot yn gyfan gwbl. O'n i'n teimlo mor euog, achos bo fi heb gael cyfle i gymodi gyda Dad cyn iddo fe farw. Ac o'n i'n beio'n hunan am roi straen arno fe, digon o straen i achosi trawiad ar ei galon,' dywedodd gan edrych i fyw llygaid Meleri. 'Dwi'n meddwl mod i wedi cosbi fy hun trwy adael i ti fynd, Meleri. Ond dwi isie i ti wybod, na wnes i byth stopio meddwl amdanat ti, a dwi'n methu, methu, methu byw hebddot ti. Dwi wedi bod yn dwat llwyr a dwi ddim yn haeddu maddeuant, ond dwi'n gobeithio y caf i e – achos dwi isie ti 'nôl, mae'n rhaid i fi dy gael di 'nôl . . .' Dechreuodd y dagrau lifo i lawr ei ruddiau a chydiodd yn ei llaw yn dynn gan weddïo y byddai'n maddau iddo.

'Ond, sut alla i dy drysto di eto, Hywel?' dywedodd

Meleri'n dawel. 'Beth pe byddet ti'n dechrau teimlo'n euog eto ac yn fy ngadael i unwaith yn rhagor? Dwi ddim yn meddwl y gallwn i ymdopi 'da 'ny. Wyt ti'n gwybod pa mor anodd mae pethe wedi bod i fi? Un funud, fi o'dd y ferch hapusa yn y byd, yn briod ac yn edrych mlaen at y dyfodol. Y funud nesa, ma ngŵr i wedi ngadael i a ddim eisiau ngweld i!'

'Dwi'n gwybod,' dywedodd Hywel. 'Ond dwi'n addo ar fy llw na wna i byth, byth dy adael di eto. A wnei di fy nghymryd i 'nôl?' Aeth ar ei liniau o'i blaen hi. Yna, tynnodd ei fodrwy briodas allan o'i boced a'i chynnig iddi'n wylaidd.

Edrychodd Meleri arno ac ar y fodrwy am dipyn cyn dweud, 'Un cyfle arall, Hywel. Ond os ei di i ffwrdd unwaith eto, dyna fydd ein diwedd ni! Cwyd ar dy draed, er mwyn dyn!'

Cododd Hywel yn llawen a chofleidio'i wraig yn hapus. Yn ofalus, gosododd y fodrwy yn ôl ar fys ei wraig. Wrth iddynt gusanu, teimlodd Hywel ei ddagrau ef a dagrau Meleri'n cymysgu ar eu hwynebau. Roedd e mor falch ei bod hi 'nôl yn ei freichiau . . .

Ond yna, i darfu ar eu hapusrwydd, clywsant lais Lois yn gweiddi o'r drws, 'Ffoniwch am ambiwlans! Ma dyn wedi syrthio oddi ar y bryn i'r môr!' Rhedodd Lois heibio iddynt heb eu gweld, yn syth at y derbynnydd a syllai arni fel petai cyrn yn tyfu ar ei phen. 'Ffoniwch am ambiwlans, ddyn! Ma nghariad i wedi neidio oddi ar y bryn!' A dechreuodd Lois feichio crio. Rhedodd Hywel a Meleri ati mewn sioc.

'Lois, Lois,' dywedodd Hywel, yn ei dal yn ei freichiau. 'Beth sy'n bod?'

'Ma Daniel wedi trio lladd ei hun, Hywel!'

sgrechiodd Lois. 'A fy mai i yw e i gyd!' A beichiodd grio ar ei ysgwydd.

Wrth i Hywel a Meleri edrych ar ei gilydd mewn syndod am rai munudau, daeth mwy o sgrechiadau o'r drws ffrynt wrth i Cerys, yn wlyb socian, ruthro i mewn i'r gwesty fel creadur o'i cho.

'Ffoniwch yr heddlu!' gwaeddodd. 'Ma rhywun newydd geisio'n lladd i!'

Syllodd Hywel a Meleri'n syn ar ei gilydd. Am noson ryfedd!

Wythnos yn ddiweddarach

Lois

Roedd Lois yn ei hystafell yn y fflat yn pacio'i phethau. Roedd hi'n dal heb newid o'i gwisg angladd – roedd hi, Hywel, Meleri, Fflur a Steve newydd ddod 'nôl o gladdu Daniel wrth ochr ei frawd, Rhys, mewn mynwent yn Aberhonddu. Roedd y fflat yn gwbl dawel; dim cerddoriaeth fyddarol yn canu o'r stereo, dim chwerthin uchel o ystafell Fflur a Steve a dim sŵn cyfarwydd Daniel yn ymarfer ei gitâr. Eisteddai Hywel a Fflur ar ei gwely yn ei gwylio'n pacio.

Roedd hi'n dal heb grio ers y noson ofnadwy yna ar y prom. Teimlai fel petai hi mewn breuddwyd a bod dim byd yn real mwyach. Ond gwyddai un peth, roedd yn rhaid iddi adael y fflat ac Aberystwyth am byth.

'Wyt ti'n siŵr dy fod ti'n gwneud y peth iawn?' holodd Fflur gyda thristwch yn ei llygaid.

'Ydw, alla i ddim aros 'ma nawr, Fflur,' dywedodd Lois yn dawel. 'Ma Mam a Dad yn dod mewn hanner awr i fynd â fi adre.'

'Fydda i'n dod adre i weld Mam mewn cwpwl o ddiwrnode,' dywedodd Hywel yn gysurlon. 'Mi ddo i a Meleri draw i dy weld di,' meddai gan ei chofleidio.

Gwasgodd Lois ei gorff tenau'n dynn ati. Roedd

Hywel wedi bod yn ffrind da iddi trwy gydol y flwyddyn anodd hon a gwyddai y byddent yn ffrindiau am oes. Trodd i edrych ar Fflur a gofyn, 'Fyddi di'n gallu ffeindio rhywun arall i gymryd fy ystafell i?'

'Ma Rhydian, un o ffrindiau Steve, yn meddwl symud mewn gan nad yw Cai ddim yn ei dŷ e mwyach . . .' dywedodd Fflur. Rai wythnosau'n ôl, roeddent wedi clywed gan Donna fod Cai, ar ôl episod gwallgof arall, wedi'i gludo i ysbyty'r meddwl yng Nghastell-newydd Emlyn.

'Iawn,' dywedodd Lois, yn gafael mewn hen grys-T o eiddo Daniel a'i roi yn ei chês. Roedd y crys-T wedi bod yn gysur mawr iddi ers colli Daniel; roedd ei arogl arbennig yn dal i fod ar y dilledyn, a chysgai bob nos gydag e yn ei breichiau. Yn y cês hefyd roedd y llun hyfryd ohoni hi a Daniel ym mhriodas Hywel a Meleri. Teimlai fel petai'r diwrnod hapus hwnnw wedi digwydd flynyddoedd yn ôl, pan oedd pob dim yn berffaith yn ei bywyd . . .

'Ond fyddi di'n gallu ymdopi byw gyda dy fam am y misoedd nesa?' holodd Fflur yn betrus.

'Wel, alla i ddim dioddef yr atgofion sydd yn fan hyn,' dywedodd Lois yn lleddf.

'Wyt ti wedi meddwl beth wnei di ym mis Medi?' holodd Hywel yn ofalus.

'Mynd i Brifysgol Caerdydd, dwi'n meddwl . . . Cwrs Seicoleg falle, sai'n gwybod eto . . . Dwi jyst isie mynd o'r lle 'ma!' A dechreuodd y dagrau gronni yn ei llygaid. Ceisiodd reoli'i theimladau a gofynnodd i Fflur, 'Beth wyt ti'n mynd i' wneud nesa?'

'Dwi'n meddwl y bydda i a Steve yn ailddechrau'n

blwyddyn gynta fan hyn,' dywedodd Fflur. 'Dwi ddim eisiau bod yn rhy bell wrth Mam a Dad, ti'n gwybod.'

Cerddodd Fflur tuag ati a'i chofleidio. 'Cadwa mewn cysylltiad,' meddai gan roi cusan fawr i Lois ar ei boch. Cydiodd Lois yn dynn ynddi, ond gwyddai na fyddai hynny'n digwydd.

*

Cerys

Agorodd Cerys y drws i'w hystafell yn Neuadd Taliesin. Roedd ei bagiau wedi'u pacio'n barod. Roedd hi newydd ddod 'nôl o'r clinig yn Abertawe, a'r tro hwn roedd y weithred wedi'i gwneud. Doedd y babi ddim yn bodoli mwyach. Sylwodd fod cylchgrawn y neuadd, *Ceg y Môr*, wedi'i stwffio o dan ei drws. Cododd ef ac edrych ar y dudalen flaen lle roedd dau lun mawr ohoni hi a Marc Arwel. Darllenodd y pennawd, 'Jesebel feichiog y neuadd yn beio darlithydd ar gam!' gyda Sali, y Ffat Slag, yn awdur yr 'erthygl'.

Roedd dylanwad Llywydd y Coleg, tad yng nghyfraith Marc, yn ymestyn yn bellach nag oedd hi wedi meddwl. Doedd yr heddlu ddim eisiau gwrando ar ei chyhuddiadau fod Marc wedi ceisio'i lladd hi'r noson ofnadwy honno, er bod ganddi gleisiau ar ei garddyrnau ac ar ei boch lle trawodd e hi. Heb lygad-dyst, doedd dim gobaith ganddi o gael neb i'w chredu. Ac roedd Sioned, ei wraig, wedi rhoi *alibi* iddo – ei fod wedi bod adre gyda hi drwy'r adeg y noson honno.

Cerddodd allan o Daliesin am y tro olaf i gyfarfod â'i thacsi. Ddywedodd neb air wrth iddi gerdded trwy'r ffreutur, oedd wedi mynd yn ddistaw iawn yn sydyn.

Gwnaeth yn siŵr ei bod yn cerdded yn urddasol, gyda'i phen yn yr awyr yn falch. Pasiodd y Ffat Slags, oedd yn eistedd ar eu bwrdd arferol, lle'r arferai hithau eistedd gyda nhw, ac ni ddywedodd air wrthynt. Yna gwelodd Cadno a chriw'r Drydedd yn crechwenu ar ei gilydd. Ffycio chi i gyd, meddyliodd wrthi'i hun. Roedd hi'n well na nhw a'u defodau pathetig.

*

Eisteddodd ar y trên yn aros iddo gychwyn ar ei daith i Lundain er mwyn iddi allu gadael y twll 'ma am byth. Doedd hi ddim am ddychwelyd i Aberystwyth byth eto. Sut allai hi, gyda phawb yn gwybod ei chyfrinach? Nawr, roedd ganddi gyfle i ddechrau o'r newydd, dod o hyd i swydd dda yn gwneud beth, pwy allai ddweud? Ond roedd ganddi'r arian roddodd Marc Arwel iddi am yr erthyliad preifat a gallai werthu'r fodrwy a roddodd iddi – câi dipyn go lew o arian am honno, mae'n debyg. Yn sicr, byddai digon o ddynion cefnog yn Llundain y gallai ddod i'w hadnabod.

Tynnodd ei blwch bach colur allan o'i bag a rhoi minlliw coch ar ei gwefusau. Gwenodd yn ddel ar ddyn y tocynnau. Gwridodd yntau'n swil arni. Crechwenodd Cerys wrth iddo gerdded heibio iddi a baglu dros ei draed yn ei swildod. Edrychodd allan drwy'r ffenest wrth i'r trên ddechrau ar ei siwrne a chaledodd ei llygaid. Ni fyddai'n gwneud yr un camgymeriadau byth eto. Roedd Sioned yn iawn; ysgol ddrud oedd ysgol brofiad . . .

Yr un amser

Lois

Safai Lois yn lletchwith wrth i'w mam a'i thad bacio'i phethau yn eu car cyfforddus. Safai Hywel a Meleri wrth ei hochr yn barod i ddweud ffarwél. Doedd dim sôn am Fflur na Steve. Teimlai Lois y byddai'n well i bawb na pe byddai ei rhieni'n eu gweld nhw eto.

'Wela i ti cyn bo hir,' dywedodd Hywel wrthi'n dawel gan roi cusan iddi ar ei boch. Gwasgodd Meleri ei llaw yn dyner. Gwenodd Lois yn wan arnynt wrth iddi ddringo i sedd gefn y car. Clywodd sŵn chwiban y trên yn gadael yr orsaf yn y pellter a meddyliodd am Cerys yn dechrau ar ei siwrne i fywyd newydd.

Gyrrodd ei thad y car yn araf ar hyd y prom ac wrth iddi edrych allan drwy ffenest y car, gwelodd Lois Marc Arwel a'i wraig wrth y ffenest fawr yng ngwesty'r Belle Vue, yn bwyta'u cinio dydd Sul fel arfer. Edrychai ei wraig arno'n oeraidd ac yfai Marc yn ddwfn o'i wydr gwin.

Wrth iddynt yrru heibio'r traeth gyda Consti'n disgleirio'n brydferth yn yr haul, gwelai Lois y stiwdants yn chwerthin yn braf ar y traeth caregog wrth iddynt bartïo i ddathlu diwedd eu harholiadau. Yn eu plith roedd Fflur, Steve, Donna, y Ffat Slags, Cadno, Huw Rhuthun a bois Taliesin . . . Ond roedd hi, Lois, yn mynd adre.